Julius Fürst

Henriette Herz
Ihr Leben und ihre Erinnerungen

Fürst, Julius

Henriette Herz
Ihr Leben und ihre Erinnerungen

ISBN: 978-3-86741-348-0

Auflage: 1
Erscheinungsjahr: 2010
Erscheinungsort: Bremen, Deutschland

© Europäischer Hochschulverlag GmbH & Co KG, Fahrenheitstr. 1, 28359 Bremen (www.eh-verlag.de). Alle Rechte beim Verlag und bei den jeweiligen Lizenzgebern.

Bei diesem Titel handelt es sich um den Nachdruck eines historischen, lange vergriffenen Buches aus dem Verlag Bessersche Buchhandlung, Berlin (1858). Da elektronische Druckvorlagen für diese Titel nicht existieren, musste auf alte Vorlagen zurückgegriffen werden. Hieraus zwangsläufig resultierende Qualitätsverluste bitten wir zu entschuldigen.

Julius Fürst

Henriette Herz
Ihr Leben und ihre Erinnerungen

HENRIETTE HERZ.

Henriette Herz.

Ihr Leben und ihre Erinnerungen.

Herausgegeben

von

J. Fürst.

Zweite,
durchgesehene und vermehrte Auflage.

Berlin 1858.
Verlag von Wilhelm Herz.
(Bessersche Buchhandlung.)

Inhalt.

		Seite
Einleitendes	. . . .	1
Biographie	. . . .	11
Vorwort zu den Erinnerungen	. . . .	89

Erinnerungen.

I.	Aus den Kinderjahren	91
II.	Marcus Herz und das Haus	95
III.	Lesegesellschaften	102
IV.	Dorothea von Schlegel	110
V.	Zur Geschichte der Gesellschaft und des Conversationstones in Berlin	121
VI.	Karl Philipp Moritz	133
VII.	Mirabeau	139
VIII.	Friedrich von Gentz	141
IX.	Frau von Grotthuis. — Frau von Eybenberg . . .	150
X.	Ein Tugendbund. — Wilhelm von Humboldt . . .	156
XI.	Schleiermacher	164
XII.	Frau von Genlis	172
XIII.	Jean Paul Fr. Richter	177
XIV.	Ludwig Börne	184

XV. Die Herzogin Dorothea von Kurland und ihr Haus . 194
XVI. Elisa von der Recke 205
XVII. Frau von Staël. — August Wilhelm Schlegel . . 213
XVIII. Schiller. Göthe 221
XIX. Aus der Zeit der französischen Occupation 227
XX. Aus Rom 232
XXI. Ein Erlebniß bei Ernst Moritz Arndt 260
XXII. Zeitgeschichtliches 263

Das, dem Buche beigegebene, von Anton Graff gemalte, und von dem Kupferstecher Herrn Teichel gestochene Portrait befand sich früher im Besitze des verstorbenen Directors der königl. Akademie der Künste, Herrn Gottfried Schadow, von dessen Erben es mit dankenswerther Bereitwilligkeit Behufs des Stiches bewilligt worden ist.

Zur zweiten Auflage.

Die günstige Aufnahme welche dieses Buch, und selbst über die Gränzen Deutschlands und deutscher Zunge hinaus, gefunden hat durfte zu einer zweiten Auflage desselben ermuntern. Oder eigentlich zu einer dritten, da der größere Theil des Inhalts der zweiten bereits früher in einem Tagblatte erschienen war.

Dieser letztere Umstand hatte damals zu einer Beschränkung in der Benutzung des vorhandenen Materials veranlaßt; und auch nach der, nicht wesentlich vermehrten, ersten Auflage in Buchform blieb dessen noch genug übrig um einer ansehnlichen Vermehrung der gegenwärtigen dienen zu können.

Möge auch das neu Hinzugekommene freundlich aufgenommen werden! — Es beschränkt sich nicht lediglich auf den ganzen letzten Abschnitt; auch mehre der früheren haben Zusätze erhalten wenn sich dankbares Material zu solchen bot.

Aber auch eine sorgfältige Durchsicht des Inhalts der ersten Auflage hat sich der Herausgeber zur Pflicht gemacht, und war in Folge derselben in der Lage einige in diese eingeschlichene Ungenauigkeiten berichtigen zu können.

F.

Henriette Herz.

Ihr Leben und ihre Erinnerungen.

Paris ist eine Weltstadt. Es übt als solche eine unwiderstehliche Anziehungskraft auf die strebendsten Geister und die ausgesprochendsten Charaktere. Schwerer als anderswo ist daher dort die Aufgabe für den Einzelnen, eine hervorragende Größe zu werden. Der Name des Glücklichen aber, dem dies auf irgend einem Wege gelang, wird auch eben deshalb durch die ganze gesittete Welt getragen. Paris, im vergangenen Jahre*) gleichzeitig von einer furchtbaren physischen und einer noch furchtbareren politischen Krankheit heimgesucht, von dem Bangen vor einem androhenden Kampfe geängstigt, dessen Ausbruch allein schon ein Unglück gewesen wäre, von dessen Erfolg jedoch das Schicksal Frankreichs ja vielleicht Europa's abhing, hat inmitten der gährenden Aufregung eines so verhängnißvollen Moments Ruhe und Muße zur Besprechung des Todes einer von der ersten dieser Krankheiten hingerafften Frau gefunden, welche sich längst von der Welt zurückgezogen hatte, und nur noch in dem Umgange mit einigen treuen Freunden lebte. Aber diese Frau gehörte einst zu den Be-

---

*) Diese Einleitung zur ersten Auflage wurde im Jahre 1849 geschrieben.

rühmtheiten der Weltstadt, und der Bericht über ihren Tod hat der ganzen gesitteten Welt die Erinnerung an ihr Leben erneuert. Diese Frau war Madame Recamier.

Madame Recamier war die reizende Gattin eines Banquiers, der zu seiner Zeit ein großes, von den bedeutendsten Zeitgenossen besuchtes Haus machte. Es bot ihr Gelegenheit bekannt zu werden. Bald wurden diejenigen die sie näher kennen lernten inne, daß in dem schönen Körper ein noch schönerer Geist wohne. Madame Recamier war das hülfreichste Weib, und vor allem die treuste Freundin. Das Unglück ihrer Freunde kettete die edle Frau nur noch fester an sie. Sie trotzte dem Verbote wie dem Zorne Napoleons, ja dem Schicksal selbst verbannt zu werden, um ihrer verbannten Freundin, Frau von Staël, in Coppet Trost zu bringen.

Das Vermögen des Mannes ging durch die Unbilden eines despotischen Regierung verloren, Jugend und Schönheit der Frau durch die Unbilden der noch despotischeren Zeit, das Gemüth ging nicht verloren, ja es gewann an Schönheit in dem Maße als seine Hülle an dieser verlor. Sie blieb den Freunden, die Freunde blieben ihr, und diese Freunde waren die bedeutendsten Männer und Frauen Frankreichs.

Sie war so schön gewesen und so gut, daß es zu viel, und Manchen die ihr ferner standen zu verdrießlich gewesen wäre, würde ihr auch Geist zu Theil geworden sein. Auch machte sie keinen Anspruch geistreich zu sein, und es ist eine Eigenthümlichkeit des geistreichen Wesens, wenn es nur im Bereiche der Geselligkeit Gelegenheit hat sich auszusprechen, daß es selten in Dem anerkannt wird welcher es besitzt, wenn er nicht beansprucht es zu besitzen. Aber ihre näheren Freunde wußten dennoch daß sie Geist besaß, und war er nicht gerade von der blitzendsten, so war er doch von der erwärmendsten Gattung. Und wir auch in der Ferne, wir wissen es durch diese Freunde, wie wir alles wissen was sie betraf; wir wissen aus welchen der Notabilitäten von Paris ihr Umgang bestand, welche ihrer Freunde sie überlebte, welche Kinder einer späteren Generation die Abgeschiedenen ersetzten, wir wissen wie es in ihrem kleinen Salon in der Abbaye-aux-Bois aussah, ja wir kennen Stelle und Stellung in welcher ihr Freund Chateaubriand dort täglich saß. Wir hier in Deutschland wissen dies Alles auf's genaueste. Fünfzig Federn haben es uns beschrieben. Madame Recamier war eine Notabilität von Paris, und Paris ist eine Weltstadt.

Berlin ist es nicht. Hier starb vor etwa zwei Jahren eine Frau, reich, vielleicht unvergleichlich reich an Schönheit in der Lebensepoche, in welcher das Weib Anspruch auf diesen Vorzug hat, reicher noch an Gemüth, treu und aufopfernd in der Freundschaft gleichwie jene treffliche Französin, gleich ihr mit jenem wohlthuenden Geiste begabt, der darauf verzichtet zu blenden, in manchen Zweigen des Wissens bedeutender als sie, gleich ihr in genauester persönlicher Beziehung zu fast allen hervorragenden Geistern ihrer Stadt, und dies zu der Zeit als diese noch den Namen der Hauptstadt der Intelligenz Deutschlands beanspruchen durfte, so wie zu den auswärtigen wann diese irgend ihre Stadt besuchten, in brieflicher mit vielen der bedeutendsten Männer und Frauen Deutschlands, der Mittelpunkt eines geselligen Kreises, zu welchem die sammtbekleideten, goldbefranzten Stufen des Thrones nicht minder als die ärmliche Hütte des gesitteten Dürftigen, und alle Abstufungen zwischen beiden, ihr Contingent stellten. Auch sie war die Gattin eines Mannes gewesen dessen Haus der Sammelplatz der Notabilitäten war, wenngleich nicht sein Reichthum an Geld, sondern ein schätzenswertherer, der an Geist sie dort versammelte. Auch sie sah, gleich der Französin, Generationen an sich vorüberziehen, und auch sie blieb nicht verlassen, denn sie besaß noch in späten Jahren Anziehungskraft für diejenigen, welche nie Vorzüge des Körpers an ihr zu bewundern gehabt hatten. Auch sie hatte den Schmerz, die meisten Freunde ihrer Jugend, und Freunde deren Namen nicht blos sie, deren Namen das ganze Vaterland mit Stolz und Verehrung nannte, vor sich in das Grab sinken zu sehen, und folgte ihnen gern. Aber hinsichts des Zeitpunktes ihres Todes war sie glücklicher als die Pariserin, ja glücklicher als sie selbst es ahnte, denn sie erlebte den ihm nahe folgenden nicht, dessen wüste Wirren wie mit glühender Faust die harmonischen Saiten ihres Innern berührt hätten. Und muß unserer Ansicht von der Verwandtschaft beider Frauen nicht eine schlagende Bekräftigung durch den, einem tieferen Grunde als allein dem Zufalle zuzuschreibenden Umstand erlangen, daß der Prinz eines königlichen Hauses von einer Liebe zu der Französin erfüllt war welche ihn bis zu einem Eheantrage an die äußerlich so weit unter ihm Stehende trieb, während sein, ihm an Geist verwandter, aber hervorragenderer und liebenswürdigerer Bruder von dem lebhaftesten Interesse für unsere Landsmännin beseelt war? —

Von dem Ableben dieser Letzten aber sprachen nur einige dürftige Berichte der Zeitungen, die von ihrem Leben noch weniger sagten, weil dieses, wenngleich ihren Freunden bekannt, und denen welche von ihr wußten nicht fremd, doch nie Gegenstand der Besprechung seitens der periodischen Presse gewesen war. Denn die periodische Presse Berlins hat nicht gleich jener der Seinestadt vorauszusetzen, daß das Interesse ihrer Stadt mit dem der ganzen gesitteten Welt zusammenfalle.

Dürfen wir aber den Werth der Erfolge welche ein Mensch erreicht nach der Größe der Hindernisse abmessen welche sich ihm in ihrer Erreichung entgegensetzten, so möchte der der Erfolge unserer Landsmännin sie der berühmten Französin voranstellen. Denn Henriette Herz — sie ist es von der wir sprechen — war aus einer jüdischen Familie, und sie hatte die tiefe Kluft zu überschreiten, welche der hartnäckigste weil unvernünftigste Feind, das Vorurtheil, zu der Zeit, zu welcher sie in die große Welt eintrat, noch in dem Maße zwischen Christen und Juden geöffnet erhielt, daß selbst ihr väterlicher Freund und Glaubensgenosse Moses Mendelssohn, trotz seines damals schon europäischen Namens und seines liebenswürdigen Gemüths, nur solche seiner christlichen Mitmenschen zu seinen Freunden und zu seinem Umgange zählen durfte, welche ein wissenschaftliches Interesse ihm zugeführt hatte. Und sie überstieg diese Kluft, ja eigentlicher noch, sie zog die jenseits Stehenden zu sich herüber. —

So möchte es denn doch nicht ohne Interesse für die Mitlebenden sein, von der Frau deren Namen zur Kunde Vieler gekommen sein wird, wenngleich sie nicht einer Weltstadt angehörte, Näheres zu erfahren, und um so mehr als wir im Stande sein werden, dies zum großen Theil vermittelst ihrer eigenen Mittheilungen über sich und viele ihrer Verhältnisse, sowie ihrer eigenen Wahrnehmungen über Personen und Sachen zu bewirken. —

Doch fragen wir uns zuvor noch, wodurch diese Frau die Geltung und Wirksamkeit, deren sie sich erfreute, nicht nur im Lenze ihres Lebens schon erlangen, sondern auch während eines über das gewöhnliche Ziel des Menschen hinaus verlängerten sich erhalten konnte.

Schon dieser letzte Umstand sagt uns, daß ihre in der That seltene Schönheit allein dies nicht bewirkte, oder auch nur einen überwiegenden Antheil an solchem Erfolge beanspruchen durfte. Berlin zählte, besonders zur Zeit ihrer Blüthe, manche den gleichen Kreisen angehörende glänzende Schönheiten, aber die Kränze welche ihnen gereicht wurden verwelkten mit der Eigenschaft welche sie ihnen erworben hatte. Auch ihr Geist allein that es nicht. Schon zwei ihrer genaueren Freundinnen und Glaubensgenossinnen, Dorothea von Schlegel und Rahel von Varnhagen, überragten sie in dieser Hinsicht. Und doch, in wie naher und geistiger Beziehung auch sie zu den begabtesten Männern der Zeit standen, keine von ihnen konnte vielleicht gleich Henriette Herz sich rühmen, daß ein Mann von der Tiefe Schleiermachers in der schönsten Zeit seiner Productivität ihr fast täglich Bericht und Rechenschaft über seine wissenschaftlichen Leistungen gab. Ihr Wissen, wie schätzenswerth auch, konnte doch für die, sie darin so weit überragenden Koryphäen der Intelligenz, welche sie zu ihren nächsten Freunden zählen durfte, kein Reizmittel sein. An Gemüth und werkthätiger Liebe wurde sie vielleicht nicht übertroffen, aber doch von einigen edlen Frauen aus ihren eigenen Kreisen unzweifelhaft erreicht. Und selbst der Verein aller dieser schönen, ihr theils in höherem theils in minderem Maße inwohnenden Eigenschaften, konnte ihr den Zauber nicht verleihen, welcher, wo sie auch auftreten mochte, in der Heimath oder im fremden Lande, Höhere und Niedere magnetisch in ihren Kreis bannte.

Aber daß dieser seltene Verein auf dem Boden einer vollendeten Weiblichkeit ruhte, das ist es, was ihr eine eben so eigenthümliche als für sie erfolgreiche Bedeutung verlieh. Sie mußte sie gerade in den Augen derjenigen Männer welche diesen Namen am füglichsten verdienten, mit einem Reiz ausstatten, dessen viele ihrer gleichbegabten Schwestern entbehrten. Diese reine Weiblichkeit ließ ihre Sittlichkeit siegreich aus allen Versuchungen hervorgehen, welche in einer großen Hauptstadt einem schönen, feingebildeten und fühlenden Weibe Männern gegenüber nicht fehlen konnten, welche männliche Schönheit mit männlichem Geiste im verlockendsten Bunde vereinten, und verbreitete so einen Nimbus um sie, welcher dem Gemeinen, es zugleich blendend und zurückschreckend, ihr fern zu bleiben gebot, während sein Glanz das Reine und Edle mächtig antrieb sich ihr ehrfurchtsvoll zu nahen. Sie bot aber auch vermittelst dieser Weiblichkeit geistig den Männern etwas Anderes und Förderlicheres, als viele ihrer geistreicheren aber weniger weiblichen Schwestern es vermochten. Während die Letzteren, getrieben durch die mehr männlichen Eigenschaften ihres Geistes, sich kritisch, ja oft negirend gegen die geistigen Erzeugnisse der Männer verhielten, wobei jene Kritik bei der nie ganz zu beseitigenden Eigenthümlichkeit des weiblichen Geistes doch mehr das Einzelne als das Ganze umfaßte oder traf, und daher den gegen welchen sie gerichtet war, nicht auf eine entsprechendere Bahn leiten, noch weniger aber ihm eine neue eröffnen konnte, war auch der Geist unserer Freundin ein vollkommen weiblicher, ein empfangender. Nicht von sich abzuweisen, nicht der geistigen Schöpfung welche ihr geboten ward, eine andere eigene gewissermaßen feindlich entgegenzustellen, war hier ihr Bestreben, vielmehr in sich aufzunehmen, in sich weiter zu bilden, und so dem schaffenden Freunde den lohnendsten und förderlichsten Dank für seine Thätigkeit entgegenzubringen durch liebevolles Verständniß. Und dieser Weg, wie er antrieb ein so naturgemäßes Wechselverhältniß zu unterhalten, war auch für die Empfangende selbst um so mehr ein ersprießlicher, als, wie das sittlich Gemeine, auch das geistig Gewöhnliche ihr nicht zu nahen wagte.

Aber vertrug sich auch dieser Weg, der eine in die Augen fallende geistige Wirksamkeit für eine stillere doch vielleicht segensreichere aufgab, von allen welche sie hätte einschlagen können allein mit der ihr eigenen schönen weiblichen Bescheidenheit, so vertrug er sich doch wenig mit einer Productivität, deren Absicht es ist Eigenes hinzustellen. Doch jene Bescheidenheit, wie diese Wirkung derselben als deren nothwendiges Ergebniß, wurden selbst von denjenigen ihrer Geschlechtsgenossinnen anerkannt, welche durch eine von der ihren verschiedene Natur ihres Geistes zu andern Kundgebungen desselben getrieben wurden, und die meisten ihrer näheren Freunde waren deshalb weit entfernt ihr die Fähigkeit zur Production abzusprechen. Weniges könnte zu einem schlagenderen Beweise dafür dienen, und zugleich ehrender für die Ueberzeugung einer geistigen Befähigung sprechen, die hie und da unterschätzt worden ist, als ein Brief ihrer eben so gedankentiefen als geistsprühenden Freundin Rahel von Barnhagen, der einzige von dieser an sie welcher sich erhalten hat, und auch nur deshalb, weil die Schreiberin ihn mit den Worten schloß: „Bewahren Sie diese Charakteristik." Sie sagt in demselben: „Einen Fehler haben Sie, und hatten Sie von je, liebste Freundin: Ihre zu große Bescheidenheit, die Ihnen nicht alle Selbstthätigkeit erlaubt, deren Sie durchaus fähig sind. Aber Ihnen schadet das weniger bei Ihren hohen Tugenden, denen Sie mit dem größten Talente Folge leisten."*) — Erblickte übrigens Rahel in dieser Bescheidenheit einen Fehler, so haben wir dies an ihr nicht zu tadeln, vielmehr bei der entschlossenen Selbstthätigkeit ihres Geistes nur begreiflich zu finden.

Daß eine Frau wie Henriette Herz, nachdem eine hemmende äußere Schranke einmal siegreich durchbrochen war, noch den höchststehenden Männern nicht nur eine anziehende, sondern sogar eine imponirende Erscheinung sein konnte, wird nach dem Gesagten nicht befremden dürfen. Ihnen noch stand sie als eine, wenn auch gütige Gebieterin gegenüber. — „Möge die Herrin, die Herz, sich meiner freundlich erinnern!" —

---

*) Rahel. Ein Buch des Andenkens für Freunde. Berlin 1835. 3. Theil. S. 436. — Der Brief ist vom 30. Mai 1830.

schreibt Chamisso an Hitzig, und ebenso an Wilhelm Neumann: „Vor allem aber grüße mir meine Herrin, Hofräthin Herz!"

So sehen wir denn auch die äußerlich Höchstgestellten, die Prinzen der größten Königshäuser als mit einer Wohlberechtigten mit ihr verkehren, ja Preußens König, dessen früheste Erinnerungen mit der trefflichen Frau zusammenhängen, verleiht noch wenige Monate vor ihrem Tode durch den freundlichsten Besuch in ihrer Sommerwohnung im Thiergarten, und die zutraulichste Unterhaltung mit ihr, einer schon früher ihr erwiesenen werkthätigen Theilnahme eine höhere Weihe. — Und es sei uns vergönnt, diese einleitenden Worte mit einer anscheinend trivialen Anekdote zu beschließen, weil sie so bezeichnend für den Umfang des Kreises ist, in welchem stets förderlich, auf wie verschiedenen Wegen immer, aber stets auf für sie wohlthuende Weise anerkannt, unsere Freundin sich bewegte. Auf eben der Stelle auf welcher der König damals stand, hatte nicht viele Jahre vorher ein armes Dienstmädchen gestanden, welches ohne Zweifel von der liebevollen Thätigkeit vernommen hatte, mit welcher sie unbemittelten jungen Mädchen die sich dem Erziehungsfache widmeten, und denen sie zu diesem Zwecke unentgeltlichen Sprachunterricht ertheilte, nach beendeter Ausbildung entsprechende Stellen zu verschaffen suchte, und überzeugt, daß ihre hülfreiche Wirksamkeit in dieser Beziehung sich auch auf die Geringsten erstrecke, sie, die eben in den Vorgarten des Hauses trat, mit den Worten angeredet: „Wohnt hier die Hofräthin Herz, die die Mädchens vermiethet?" —

Die folgende biographische Skizze dürfte eben nur als ein Rahmen zu betrachten sein, den möglichst auszufüllen eine Reihe einzelner, theils aus den mündlichen theils aus den schriftlichen Mittheilungen der Verstorbenen hervorgegangener Aufsätze bestimmt ist, welche wir ihr folgen lassen. Diese Eintheilung schien schon deshalb die angemessenere, weil sie eine ununterbrochene Reihe solcher directen Mittheilungen gestattet. Der Biographie wird der geneigte Leser aber eben deshalb vielleicht einige Ungleichförmigkeit zugut zu halten haben. Sie mußte sich nämlich bescheiden da nur anzudeuten wo die Verstorbene selbst später berichtend eintritt, und ausführlich sein wo die unmittelbaren mündlichen Mittheilungen der Letzteren entweder fehlen oder doch nicht völlig Genügendes bieten. Letzteres ist hinsichts der Geschichte der Kindheit und erster Jugend der ausgezeichneten Frau der Fall. Wir nehmen jedoch um so weniger Anstand, diese in dem Folgenden einigermaßen ausführlich zu behandeln, als eine ausgebildete bedeutende Persönlichkeit uns gebieterisch auf die Geschichte ihres Werdens hinweist, ja erst durch sie uns ganz verständlich wird. Nächstdem aber führt diese hier in eine uns fernliegende und fast fremd gewordene Zeit zurück, deren Art und Sitte, namentlich so weit dies die jüdischen Glaubensgenossen betrifft denen die Verstorbene durch ihre Geburt angehörte, fast schon ein historisches Interesse in Anspruch nimmt.

Henriette Herz, zu Berlin am 5. September 1764 geboren, war die Tochter des Arztes de Lemos, eines Juden von portugiesischer Abkunft, aus dessen zweiter Ehe mit einer gebornen Charleville, nachdem der Tod die erste, aus welcher kein Kind am Leben verblieb, gelöst hatte. Diese zweite Ehe ward mit vielen Kindern gesegnet, von welchen sieben zu reiferen Jahren gelangten, zwei Söhne, welche sich dem Stande des Vaters widmeten, und deren einer in der Blüthe des Lebens in Warschau, der andere vor wenigen Jahren*) in Hamburg starb, und fünf Töchter, von denen drei sich verheiratheten, zwei jedoch unverehelicht blieben. Von allen war Henriette die älteste, und doch ward ihr der Schmerz, alle ihre Geschwister vor sich hinscheiden zu sehen. —

Der Vater, der in Hamburg geboren war und seine Studien in Halle gemacht hatte, galt längere Zeit für den ersten jüdischen Arzt Berlins. Einer Mittheilung der Tochter in von ihr hinterlassenen, jedoch nur eine sehr frühe Zeit ihres Lebens umfassenden Erinnerungen zufolge, war er ein eben so schöner als mildgesinnter Mann. Für die erste dieser Behauptungen spricht ein noch vorhandenes Portrait aus seiner Jugendzeit. Die Tochter weiß nicht genug das stattliche Ansehen des Vaters zu rühmen, wenn er in den stets mit Treffen

---

*) Obiges ward 1849 geschrieben.

besetzten tuchenen, seidenen oder gar sammtenen Kleidern, in Schuhen und seidenen Strümpfen, den dreieckigen Hut über der sorgfältig gehaltenen Knotenperrücke, und in feinster sauberster Wäsche — jemals einen Mantel umzunehmen hielt er der Würde nicht angemessen, welche der Arzt auch in seinem Aeußeren stets kundgeben müsse — seine Krankenbesuche machte. Diese reiche und zierliche Kleidung paßte nach ihrer Versicherung so durchaus zu dem ganzen Wesen des Mannes, seiner würdevollen Haltung, dem edlen regelmäßigen Profil mit dem schön gezeichneten Munde und den feingeformten Händen und Beinen, daß sie, als sie nachgrade altmodig geworden war, er sie jedoch gleich den anderen älteren Aerzten beibehielt, fast an ihm allein nicht auffiel. Und wie sehr er auch nach und nach den Leuten auf der Straße eine fremdartige Erscheinung werden mußte wenn er in der damals noch schlecht erleuchteten Stadt an Winterabenden, ein Bedienter mit einer Stocklaterne ihm vorleuchtend, in solcher Tracht gravitätisch einherschritt, sie standen ihm nachschauend still, aber keinem Munde entfuhr ein Wort des Spottes. Doch lieber sah ihn die Tochter noch im Hause, im Schlafrock von rothseidenem Damast und eben solcher Mütze, im Kreise der Seinen freundlich walten, Allen ein Gegenstand der Liebe und Verehrung. Ja schon seine, durch ein zugleich weiches und klangvolles Organ getragene Sprache hatte ihr Bestechendes für die Kinder, welche von ihren übrigen Glaubensgenossen nur den jüdischen Jargon mit absonderlichem Tonfall hörten. Denn nach Art der portugiesischen Juden, welche stets die Sprache des Landes in welchem sie sich niedergelassen haben möglichst rein sprechen, war sein Deutsch ein sehr gebildetes und ohne allen fremdartigen Accent. — Die Gesetze des Judenthums befolgte er streng, aber er war in seiner Milde weit entfernt von der zu seiner Zeit gewöhnlichen Unduldsamkeit der orthodoxen Juden gegen ihre minder glaubenseifrigen Genossen.

Nicht dem Vater gleich an Sanftmuth, namentlich nicht gegen die Kinder, war die Mutter, welche durch ein Augenübel an welchem sie bis zu ihrem Lebensende litt, die Folge allzureich vergossener Thränen über den Tod ihres erstgebornen zweijährigen Knaben, um so mehr und öfter bis zur Heftigkeit verstimmt wurde, als sie bevor dies Uebel sie entstellte sehr hübsch gewesen war. Aber sie war eine Frau welche ihr Hauswesen in strenger Ordnung zu halten wußte, gegen ihre Mitmenschen stets gefällig und dienstfertig, ja die Rathgeberin und thätige Helferin Vieler, und daher auch von Vielen geachtet und geliebt. Sie besaß, wie die Tochter berichtet, viel gesunde Vernunft, und, ohne selbst sehr unterrichtet zu sein, große Würdigung für eine höhere wissenschaftliche Ausbildung. Gern ließ sie sich vorlesen, und zu ihren vielen soliden Eigenschaften gehörte ein festes Gedächtniß, welches das einmal Aufgenommene sich nicht wieder entschlüpfen ließ.

Wenn nun Henriette sich selbst als ein Kind von wenig geordnetem Wesen, ja von einer so gesteigerten Lebhaftigkeit schildert, daß sie niemals im eigentlichen Sinne des Wortes ging, sondern immer nur sprang oder lief, so daß sie einst, mitten im Laufe stillstehend, sich selbst fragte, ob sie denn überhaupt niemals gehen könne? so wird es begreiflich, daß eine so ordnungsliebende und zugleich aufbrausende Mutter einer so verschieden gearteten Tochter häufig ihre Unzufriedenheit kundgab. Ja ihre Strenge gegen sie wie gegen alle ihre Kinder ließ vermuthen, daß sie diese als ein nothwendiges Gegengewicht gegen die große Milde des Vaters betrachtete. Aber der Stachel des Tadels wurde durch die allzuschnelle Wiederkehr desselben abgestumpft, und ein leiser Vorwurf des gütigen Vaters wirkte viel eindringlicher. Ging er, durch die ungünstigen Berichte der Mutter über die Tochter veranlaßt, gar so weit, dieser den Segen zu verweigern welchen die orthodoxen Juden am Sabbath ihren Kindern zu ertheilen pflegen, so war sie der Verzweiflung nahe, und umfaßte so lange weinend seine Knie bis er ihn ihr gewährte.

Was aber jedenfalls günstiger auf das empfängliche Kind einwirkte, als die oft zu weiche Milde des Vaters und die oft zu große Strenge der Mutter, war das schöne eheliche Verhältniß zwischen beiden. Gegen den Gatten kannte die Mutter keine Heftigkeit. Ihre Liebe zu ihm ging, wie die Tochter versichert, fast bis zur Anbetung, und wurde auf's innigste erwiedert. Einen Zwist zwischen Beiden gab es nie, nie wechselten sie auch nur ein unfreundliches Wort, und redeten sie einander an, so geschah es niemals bei ihren Namen, sondern bei irgend einer zärtlichen Benennung. Dieses schöne Beispiel leuchtete den Kindern für ihr gegenseitiges Verhältniß vor. Es war das liebevollste, namentlich aber galt dies von dem zwischen den Schwestern. Und so mußte denn im Ganzen das Haus doch das Bild eines schönen und förderlichen Familienlebens gewähren, geeignet die Gemüthsentwickelung des wohlgearteten Kindes zu begünstigen.

Früh schon scheint dieses die liebende Gesinnung des Vaters und die Werkthätigkeit der Mutter in sich vereint zu haben. Die edle Verstorbene bekennt, daß sie schon als Kind kleine Summen erborgte um sie zu wohlthätigen Zwecken zu verwenden. Eine Wohlthätigkeit, deren Kosten freilich zuletzt die Börse des Vaters tragen mußte. Aber dieser bezahlte die kleinen Schulden willig und ohne einen Vorwurf gegen die Tochter, nachdem er sich von der Art der Verwendung des Erborgten überzeugt hatte. Wie wir denn überhaupt das Kind schon da, wo es galt einer Noth oder nur einer Verlegenheit abzuhelfen, von einer Entschlossenheit finden, die von einer sehr frühen Ausbildung des Charakters zeugt. Wir werden dies später durch einen interessanten Zug aus ihren Mittheilungen weiter belegen können.

Ihre eben so frühe körperliche Ausbildung bei großer Schönheit gab sie andererseits manchen ungünstigen Einflüssen preis, welche nur bei einer so gesunden ursprünglichen Natur ohne nachhaltig schädliche Folgen bleiben konnten. In eine mit einer Pensionsanstalt verbundenen Schule geschickt, bei deren Wahl die Eltern wenig Vorsicht geübt zu haben scheinen, hörte sie schon als Kind von dort aus- und eingehenden jungen Officieren Schmeichelworte, welche ihre Eitelkeit anregen mußten. Glücklicherweise erzählte sie in ihrer Unbefangenheit zu Hause von diesen militairischen Besuchen, und die Eltern entschlossen sich von da an klüglich, sie im Hause unterrichten zu lassen. Aber diese selbst scheinen die Anlässe nicht gemieden zu haben, welche der Eitelkeit des Kindes, und vielleicht ihrer eigenen auf dasselbe, Nahrung geben konnten.

Als Prinzessin Amélie, die Schwester Friedrichs des Großen, einst eine der Lauben, in welchen die orthodoxen Juden am sogenannten Laubhüttenfeste ihre Mahlzeiten einnahmen, besichtigte, wurde ihr in der zu dem Zwecke ausgewählten eines der reichsten Juden als schönste Zier des prächtig geschmückten Raumes die kleine Henriette vorgestellt; und es ist fast zu verwundern, daß diese sich später eben so oft der schielenden Augen der Fürstin erinnerte, welche ihr sehr mißfielen, als der freundlichen Worte und Liebkosungen derselben, welche ihr sehr gefielen. Doch als einige Zeit darauf die Königin Ulrike von Schweden, eine andere Schwester des Königs, bei ihrer Anwesenheit in Berlin der Ceremonie einer jüdischen Hochzeit beiwohnen wollte, und das schöne Kind aus der jüdischen Gemeine, welches nun schon bei allen Feierlichkeiten bei denen ein solches anzuwenden war eine Rolle überkam, durch die Entzündung eines Auges verhindert wurde unter Ueberreichung eines Carmens eine Anrede zu halten, weinte es sich begreiflicherweise das gesunde Auge gleichfalls krank. Zur Entschädigung ließ man bald darauf das acht- bis neunjährige Mädchen in einem Concerte Clavier spielen, wobei ein junger Officier auf dem Cello begleitete. Man fand, daß sie sehr schön spielte, weil sie sehr schön war. Und als dem Concerte ein Ball folgte, und sie nun mit ihrem Tanzlehrer, einem kleinen ältlichen Franzosen, ein Menuet tanzte, fand man wieder daß sie sehr gut tanze. Und das Kind hatte wohl bemerkt, daß die hinteren Zuschauer sogar auf die Stühle stiegen um sie tanzen zu sehen, denn noch die Matrone erzählte davon.

Nicht größere Planmäßigkeit scheint hinsichts des Unterrichts gewaltet zu haben. Die Musik ward trotz der anscheinend glänzenden Erfolge des Kindes aufgegeben, weil der Lehrer, welcher die Stunden um einen billigen Preis gegeben hatte, gestorben war, und die Vermehrung der Familie Ersparnisse wünschenswerth machte. Die Gegenstände des häuslichen Unterrichts bestanden nun in Schreiben, Rechnen, Geographie, Französisch und vor Allem in Hebräisch. Da der Versicherung der Verstorbenen, sie habe schon damals angefangen das alte Testament nebst einigen Commentatoren desselben aus der Ursprache in's Deutsche zu übersetzen, aller Glauben beizumessen ist, so spricht dies für eine wunderbar frühe Entwickelung ihres allerdings bedeutenden Sprachtalentes. — Erst spät erwog man, daß es ihrem künftigen Gatten vielleicht eine angenehme Beigabe sein möchte wenn seine Frau tanze und französisch spreche, es ihm aber jedenfalls wünschenswerth sein müsse daß sie stricken und nähen könne, und schickte sie in eine Nähschule.

Auch die Lectüre des jungen Mädchens scheint einer angemessenen Leitung entbehrt zu haben. Schon früh las sie alles ohne Unterschied was die Bibliothek an Romanen bot. Die Unsittlichkeit mancher der Letzteren berührte ihren reinen Sinn nicht, aber die Romane aus der Epoche der Empfindsamkeit, welche mit ihrer Kindheit zusammenfällt, blieben weniger einflußlos. Der Same fiel hier in ein leicht bewegliches Gemüth, und sie ließen eine Reizbarkeit in ihr zurück, welche auch die Jahre nicht völlig bewältigten.

Ueberhaupt aber muß die Familie sich viel in romanhaften

Ideen bewegt haben, der alte Vater nicht ausgenommen. Henriette war zwölf Jahr alt, aber für ihr Alter sehr groß und entwickelt, da führte sich ein fremder ältlicher Jude portugiesischer Abkunft in das Haus ein. Das Mägdlein fand Wohlgefallen vor seinen Augen, und er warb um sie. Er wollte einen Aufschub von drei Jahren für die Vollziehung der Ehe bewilligen, aber die Zusage der Eltern verlangte er schon jetzt. Zur Unterstützung seiner Werbung versicherte er daß er unermeßlich reich sei, und daß seine Mohren mit seinen Schätzen und Papageien bald nachkommen würden. Und man war in der That gläubig genug, um en attendant Mohren, Papageien und Schätze dem Werber wenigstens keine abschlägliche Antwort zu geben. — Aber die Mohren, Papageien und Schätze kamen nicht, ihr angeblicher Eigenthümer jedoch verschwand, und mit ihm eine silberne Dose des Vaters.

Ist auch von diesem Versuche eines lüsternen Abenteurers lediglich auf die Schönheit und körperliche Frühreife Henriettens zu schließen, so sehen wir doch, nur ein halbes Jahr später, einen Freier auftreten, welchen schwerlich diese Eigenschaften allein zu seiner Werbung bestimmten. Sie zählte erst zwölf und ein halbes Jahr, als Marcus Herz, schon damals vielbeschäftigter praktischer Arzt, geachteter Schriftsteller, und vor allem vielgenannt als einer der geistreichsten Männer Berlins, um sie anhielt. Die Voraussetzung, daß diesem Manne die Eigenschaften des Gemüthes und des Geistes seiner künftigen Gattin gleichgültig gewesen seien, wäre durchaus unberechtigt. Die ersten gaben sich ohne Zweifel schon jetzt in dem Kinde auf eine wohlthuende, die anderen, welche er schwerlich schon ausgebildet vorfand, doch auf eine vielversprechende Weise kund. Er erhielt das Jawort der Eltern.

Befremden dürfte uns freilich die so frühe und eigenwillige Verfügung dieser Letzteren über das Lebensgeschick ihrer Tochter, wären damals bei der großen Mehrzahl der Juden hinsichtlich der Ehebündnisse andere Rücksichten als die auf die äußeren Verhältnisse maßgebend gewesen. Höchstens traten bei den Besseren, wie wahrscheinlich auch hier, die auf die geistigen und sittlichen Eigenschaften des Freiers hinzu. Aber auch gegen sie ließ sich in diesem Falle kein Einwand erheben, ja die ersten waren ausgezeichnet.

Führte man die kindliche Braut hier dennoch nicht in die Arme des Bräutigams ohne daß der Vater vorher eine Frage an sie richtete welche einige ferne Aehnlichkeit mit einer Frage nach ihrer Zustimmung hatte, so dürfen wir darin mehr nur eine Sache der Form finden. Wußten doch die Eltern sich keine Gründe anzugeben, welche die Einwilligung ihrer Tochter irgend zweifelhaft machen konnten. Denn selbst der Umstand, daß der Bräutigam mehr als das Doppelte der Jahre der Braut zählte, schien ihnen bei der so großen Jugend dieser um so weniger ein Mißverhältniß zu begründen, als bei einem jüngeren Manne kaum eine selbstständige Lebensstellung vorauszusetzen gewesen wäre. Das patriarchalische Verhältniß in den Familien machte nächstdem einen Widerspruch der Töchter gegen den Willen der Eltern, auch da wo es sich um ihre höchsten Interessen handelte, zu etwas beinah Unerhörtem.

Henriette war sehr erstaunt, als die Mutter sie aus der Nähschule nahm nachdem sie diese nur etwa ein halbes Jahr besucht hatte, und ihr erklärte daß sie nun bei einer alten Großtante, einer Hausgenossin, nähen lernen solle, deren Unterricht doch früher schon einmal wegen der zu großen Nachsicht der Alten gegen das Nichtchen beseitigt worden war. Doch bald löste sich das Räthsel. Die Tante sollte dem Kinde eröffnen, was die Mutter bei dessen großer Jugend ihm selbst zu sagen wohl innerlich eine Scheu trug. Bald vertraute denn auch die Alte der kaum zur Jungfrau Erblühenden, daß sie Gattin werden solle. Doch führen wir diese selbstberichtend über einen so entscheidenden Augenblick ihres Lebens ein, da wir hier durch ihre früher erwähnten Aufzeichnungen dazu in den Stand gesetzt sind.

„Und wer ist der Mann, den man mir bestimmt hat?" — fragte ich hastig. — Sie nannte mir Marcus Herz, einen angesehenen praktischen Arzt. Ich hatte ihn einigemal bei meinem Vater gesehen, wo er sich jedoch mehr beobachtend als mittheilend gegen mich verhalten hatte, und auch wohl an seinem Fenster, denn er wohnte in unserer Nähe, und ich mußte vor seiner Wohnung vorübergehen, wenn ich mir Bücher aus der Leihbibliothek holte, was oft genug geschah. — Ich weiß nur noch, daß ich eine kindische Freude darüber empfand Braut zu werden, ob eben darüber dieses Mannes Braut zu werden, davon weiß ich nichts. Auf's Lebhafteste malte ich mir aus, wie ich nun von einem Bräutigam geführt spazieren gehen, wie ich schönere Kleider bekommen würde, und vor Allem, sobald ich verheirathet sei, einen Friseur. Denn bis jetzt machte mir die alte Tante das Haar, und dies mit Pomade die nicht viel besser war als Talg, und nach ihrem Geschmack, der gar nicht der meine war. Auf einen Antheil an den kleinen feinen Gerichten, welche zuweilen eigens für meinen Vater bereitet wurden, rechnete ich nebenbei fortan mit Wahrscheinlichkeit, und auf eine Erhöhung meines Taschengeldes, welches sich bis jetzt monatlich auf zwei Groschen belief, mit Sicherheit. Was wollte ich mehr?" —

"Mit Ungeduld erwartete ich den Tag der Verlobung, den die Tante mir ebenfalls im Vertrauen verrathen hatte. Sie hatte mir zugleich gesagt, daß mein Vater mich über meine Zufriedenheit mit seiner Wahl befragen würde, was mir sehr schmeichelte. — Der ersehnte Tag erschien. Der Morgen verstrich, auch der Vormittag, mir wurde nichts gesagt, ich wurde um nichts gefragt. Wir setzten uns zu Tisch, ein Gericht nach dem andern ward aufgetragen, immer noch kein sterbendes Wort. Bei dem letzten endlich sprach mein Vater: „Mein Kind, wen möchtest du lieber heirathen, einen Doctor oder einen Rabbiner?" — Mir klopfte das Herz mächtig. Ich antwortete, daß ich mit Allem zufrieden sei was er über mich beschließen würde. Aber schnell bedachte ich daß ich dem guten Vater, der noch dazu selbst Arzt war, doch entgegenkommen müsse, und fügte hinzu: „Ein Doctor wäre mir freilich lieber."

"Dies war nun eine Einwilligung, so gültig als hätte ich sie durch Brief und Siegel bekräftigt, und nach dem Mittagessen eröffnete mir meine Mutter, daß ich am Abend dem Doctor Marcus Herz verlobt werden würde, den ich ja genug kenne durch persönliche Bekanntschaft sowohl als durch seinen Ruf als Arzt und Gelehrter. Sie hielt mir dann eine lange Rede, die mir in dem Augenblick sehr ungelegen kam und mir sehr langweilig war, die ich aber dennoch aus kindlicher Pietät und nicht ohne Nutzen für mich anhörte, denn sie enthielt manche gute Lehre, deren ich mich später erinnerte und die mir wohl zu Statten kam. An kleinen Anweisungen darüber, wie ich mich als Braut gegen meinen Bräutigam zu benehmen habe, fehlte es auch nicht, und zuletzt empfahl sie mir ihre Ehe als Muster für die meine. Und in der That, eine glücklichere hat es nie gegeben."

„Gegen Abend versammelte sich die Gesellschaft in den Zimmern meiner Eltern. Ich befand mich allein in einem andern. Denn der damaligen und vielleicht noch heut bestehenden Sitte unter den Juden gemäß, trat die Braut erst in den Kreis der Familie und der Gäste nachdem der Ehecontract von dem Notarius aufgesetzt, und sie um ihre schon im voraus unzweifelhafte Einwilligung befragt worden war. Beklommen, in banger Erwartung saß ich in meinem Putze da. Ich glühte vor Angst. Es mußte mich doch eine Ahnung von dem Verhängnißvollen des Schrittes durchflogen haben. Ich versuchte zu nähen, die Hand zitterte mir. Ich sprang von meinem Sitze auf, und ging im Zimmer auf und ab. Ich kam dabei vor dem Spiegel vorüber, und zum erstenmal erschien ich mir mehr als hübsch. Die Röthe der Wangen verlieh meinem dunkeln Auge einen noch erhöhten Glanz, der kleine Mund war noch anmuthiger als sonst. Und das apfelgrün- und weißgestreifte seidene Kleid und der schwarze Federhut, wie vortrefflich standen sie mir! — Viele Jahre sind seitdem an mir vorübergegangen, aber das jugendliche bewegte

Gesicht jenes Augenblicks, die ganze Gestalt, stehen so lebendig vor mir daß ich sie malen könnte."

„Endlich öffnete sich die Thür, und der Notar, von zwei Zeugen gefolgt, trat ein. Ich suchte mich zu fassen, ich wollte ruhig scheinen, aber ich glaube nicht daß es mir gelang. Denn ich weiß, daß ich, über meine Einwilligung befragt, mein Ja! nur stammeln konnte. Bald darauf kam mein Bräutigam, küßte mir die Hand und führte mich zu der Gesellschaft. Ich wußte kaum mehr von ihm als daß er Arzt und Gelehrter war. Daß er wenig von einem der Liebhaber in meinen Romanen hatte sah ich wohl. Er war funfzehn Jahr älter als ich, klein und häßlich, und ich glaube kaum, daß ich damals schon seine Häßlichkeit über dem geistreichen Ausdruck seines Gesichts vergaß. Aber ich drängte Alles in mich zurück was mich hätte stören können, weil ich meine Eltern so gar heiter sah, so ganz glücklich, daß sie noch liebevoller gegen einander waren als sonst. Eine Nachbarin machte meinen Bräutigam mit der Bemerkung aufmerksam darauf, daß es eine Freude sei eine solche Ehe zu sehen. — „Gedulden Sie sich ein paar Jahre," antwortete Herz, „und Sie werden eine zweite sehen." —

„Blieb gleich diese Voraussagung nicht unbewährt, so kann ich doch von meinem etwa brittehalbjährigen Brautstande nicht sagen, daß er für mich ein sehr freudevoller war. Mein Bräutigam, so viel älter als ich, und als praktischer Arzt, als deutscher Gelehrter und als wissenschaftlicher Schriftsteller nothwendig noch älter als seine Jahre, behandelte mich als ein Kind, und was mich am meisten verdroß, auch von mir sprechend, nannte er mich: das Kind. Allerdings war ich das noch, aber seitdem ich Braut war wollte ich es nicht mehr hören, und am wenigsten von meinem Bräutigam. Vom Spazierengehen am Arme des Bräutigams war auch nicht viel die Rede, wenngleich ich oft genug in seiner Gesellschaft war. Denn er kam fast allabendlich zu uns, und zwar um seine Partie bei uns zu machen. Ich aber, die ich keine Karte kannte, mußte beim Spiele neben ihm sitzen. Er wünschte das so weil es ihm angenehm war, und ich langweilte mich dabei zu Tode. — Daß man sich auf diese Weise unser Zusammensein nicht als das zweier Liebenden zu denken hat, leuchtet ein. Geistig suchte jedoch Herz schon damals auf mich einzuwirken, so viel sich's eben im Vorübergehen thun ließ."

„Endlich erschien der Hochzeittag. — Viele, viele Jahre sind seitdem verstrichen, und doch ist mir noch fast jeder Moment, des Morgens wie des ganzen Tages, erinnerlich. — Nach einer unruhigen Nacht erwachte ich mit einem Gefühl unendlicher Wehmuth. Der Gedanke, meine Familie, zumal meinen Vater, zu verlassen, zerriß mich. Kein Blick in die Zukunft welche meiner wartete, vermochte das Dunkel in meiner Seele zu erhellen. Wie hätte mich das schöne, mit Rosen besetzte Kleid von weißem Atlas, welches man mir bald als mein Brautkleid brachte, zu anderer Zeit erfreut! Ich betrachtete es gleichgültig, ließ mich mechanisch ankleiden, und weihte es durch meine strömenden Thränen. Der Bräutigam kam, die Gäste versammelten sich, mein Sinn war nur bei den Meinen. Schon nahte die Zeit der Trauung. Ich mußte versuchen, meinen Vater noch einmal zu sprechen. Es gelang. Meine Liebe wußte in dem Augenblick keinen anderen Ausdruck zu finden, als in der flehentlichen, von heißen Thränen begleiteten Bitte, mir in dieser Stunde der Trennung Alles zu verzeihen wodurch ich ihn je gekränkt haben möchte, und mir seinen Segen zu ertheilen. Er that es, umarmte mich dann weinend, und winkte mir zu gehen, indem er mit halberstickter Stimme sagte: „Kind, brich mir das Herz nicht!" — Ich werde diese Worte bis zu meinem letzten Athemzuge hören. — Gott hat seinen Segen erhört. Ich ging einem reichen, ja einem schönen Leben entgegen." —

„Es war der erste December des Jahres 1779. Auf dem Hofe, auf welchem der Baldachin stand, unter dem ich nach jüdischem Gebrauch getraut wurde, lag hoher Schnee. Vornehme Herrschaften, Bekannte meines Bräutigams, umstanden mit kalten neugierigen Blicken den Baldachin. Ich war wieder zur Schau gestellt, zum ersten Male zu meiner Pein. Alles war winterlich." —

„Am andern Morgen saß die funfzehnjährige Neuvermählte allein in ihrem Zimmer. Noch hatte ich als Frau Niemanden gesehen. Tausend widersprechende Gefühle durchwogten mich. Wie gern hätte ich ihnen, so weit ich vermochte, Worte gegeben gegen einen meiner Lieben im väterlichen Hause! Auch sie dachten dort gewiß bewegt an mich! Ich hoffte von jedem Augenblicke, er würde mir einen von ihnen zuführen. Endlich höre ich Tritte, die sich von der Treppe her nahen. Es sind

Männertritte. Gewiß mein Vater! — Die Thür geht auf. — Da wird ein langgehegter Lieblingswunsch zur Unzeit erfüllt. Es ist der Friseur. —"

Wie kurz und abgerissen auch der letzte Theil dieser Mittheilungen sein möge, sie bieten uns doch genügenden Stoff zu einem Vergleich der Empfindungsweise Henriettens am Tage ihrer Hochzeit und dem ihm folgenden mit der zur Zeit ihrer Verlobung. Und dieser berechtigt uns wiederum zu dem Schlusse auf eine mächtige und förderliche innere Entwickelung während der drittehalb Jahre ihres Brautstandes. Zufällig sind wir im Stande, ebenfalls vermittelst ihrer eigenen Feder die Empfindungen darzustellen, von welchen acht und dreißig Jahre später, und zwar in Rom, die edle und noch immer schöne Frau, jetzt schon seit länger als vierzehn Jahren Wittwe, am Jahrestage ihrer Hochzeit durchdrungen war. Wir nehmen um so weniger Anstand dies zu thun, als sie nicht blos das eheliche Verhältniß betreffen welches wir begründen sahen, und welchem die Verstimmung der Braut am Hochzeitstage nicht zu einem üblen Omen wurde, sondern ein durch sie veranlaßter Rückblick der Schreiberin auf den bis dahin zurückgelegten Lebenslauf einen wesentlichen Beitrag zu ihrer Charakteristik gewährt.

„Am 1. December 1817. Welch ein wichtiger Tag für mich! Mein Hochzeittag! — Viele Jahre sind seit jenem Tage hingeschwunden, vieles habe ich erlebt, erlitten, genossen. Gott war immer von hoher Gnade gegen mich. Mein Leben war doch im Ganzen ein glückliches, und selbst den Schmerz möchte ich nicht missen, welchen die Liebe zu manchen Menschen, Liebe aller Art, mir verursachte. Reich war mein Leben an mannigfachen Gütern, die eben dieser Tag mir zuführte. Aechte Gottesfurcht mag spät in mir aufgegangen sein, aber Gott sei Dank, daß sie es doch endlich ist. Unsittlich freilich habe ich nie gelebt, wenn auch Jugend mich fehlen machte. Weich und treu war ich immer. Liebe der Menschen war mir stets viel, und jetzt, da Jugend und Schönheit entschwunden sind, die Lebhaftigkeit des Geistes gedämpft ist, jetzt, da die Welt sich nicht mehr zu mir drängt, fühle ich doppelt daß ich ohne diese Liebe nicht glücklich sein kann. Oft wohl gilt mir der Glaube an Gott, das Vertrauen auf ihn, mehr als Alles was mir durch Menschen werden könnte. Bald aber wird das Verlangen nach diesen wieder mächtig in mir. Ich sehne mich nach solchen auf welche ich mich mit Vertrauen stützen kann."

„Die Zeit der Täuschungen über die Menschen ist freilich vorüber. Wäre ich jetzt so reich und so vornehm als ich schön und liebenswürdig war, sie könnte noch fortdauern. Wie ehemals die Schönheit mich in den Augen der Leute klug und geistreich machte, so würden es jetzt Reichthum und Stand thun. Besser daher für meine Seele, daß ich ohne Vermögen und geringen Standes bin; um so früher bin ich enttäuscht worden. Dank daher auch dafür dem gütigen Gotte! — Möge er mich im Glauben stärken!" —

Es folgt nun die Erinnerung an die bereits mitgetheilte Scene mit dem Vater am Hochzeitstage. Dann fährt die Schreiberin fort: „Meine Ehe darf ich ein glückliches Verhältniß nennen, wenn vielleicht nicht eigentlich eine glückliche Ehe. Die Ehe bildete für meinen Mann nicht einen Mittel-

punkt seines Seins, und nächstdem war die unsere nicht durch
Kinder gesegnet. Wäre mir dies Glück vergönnt gewesen, ich
weiß, ich wäre eine gute Mutter geworden, wie ich eine gute
Gattin war. Denn das Zeugniß darf ich mir geben: Mein
Mann wurde durch mich so glücklich, als er es überhaupt
durch eine Frau werden konnte."

Das Letztere bezeugten Alle welche ihr eheliches Verhältniß näher kannten. Ludwig Börne, als Zögling ihres Gatten
längere Zeit Hausgenosse des Ehepaars, und daher hier um
so urtheilsfähiger als eheliche Mißklänge oft vor der Welt in
die befriedigendsten Consonanzen aufgelöst werden, während
sie daheim unaufgelöst das Haus durchschrillen, versicherte,
wie Gutzkow in dessen Leben berichtet, nie eine Frau gekannt
zu haben, welche sich besser in einen viel älteren Mann zu
schicken gewußt hätte als Henriette Herz. Weniger dürften
ihre Zeitgenossen mit ihrer Behauptung einverstanden gewesen
sein, daß zur Zeit als sie die vorstehenden Worte schrieb ihre
Schönheit schon entschwunden war. Ihre Reize waren eben
während ihres Aufenthalts in Italien noch mächtig genug, um
einen um zwanzig Jahre jüngeren Freund zu dem lebhaftesten
Wunsche einer ehelichen Verbindung mit ihr hinzureißen.

Und hier sei es uns um so mehr vergönnt einiges Nähere über ihr Aeußeres zu sagen, über welches wir bisher
nur andeutend sprachen, als es ein mächtiges erstes Anzie-
hungsmittel für viele der bedeutendsten Männer war, welche
durch ihre inneren Eigenschaften später für das Leben an sie
gefesselt wurden. Noch ist ein sie als Hebe darstellendes
Portrait in halber Figur von der Hand der bekannten Malerin

Dorothea Therbusch aus der Zeit ihres Brautstandes vorhanden, und ein anderes von Anton Graff, sie als junge Frau darstellendes, welches im Besitz ihres Jugendfreundes Gottfried Schadow, Director der Akademie der Künste zu Berlin, war. Diese Bilder im Verein mit einer ebenfalls erhaltenen Büste von der Hand des Letzteren aus dem Anfange ihrer zwanziger Jahre, und den eigenen Erinnerungen des Schreibers dieser Zeilen aus einer späteren Epoche ihres Lebens, bieten alle zur Schilderung ihrer Persönlichkeit erforderlichen Anhaltspunkte.

Henriette Herz war von einem so hohen Wuchse, daß ihre Gestalt ziemlich weit die durchschnittliche Größe ihrer Geschlechtsgenossinnen überragte. Unter den Frauen Berlins möchte ihrer Zeit nur die Königin Louise von Preußen sie in dieser Beziehung erreicht haben. Bis zum Eintritt des Alters gesellte sich diesem ausgezeichneten Wuchse eine höchst gefällige Fülle der Formen, welche scharf das Maaß innehielt, erforderlich um der ganzen Gestalt nicht den Eindruck des Schlanken zu rauben. Gewährte sie hiernach beim ersten Blicke vorherrschend ein imposantes Bild, so daß es ihr in Berlin den Namen der tragischen Muse zuwege brachte, so bot bei einem näheren ihr Kopf das der zugleich reinsten und mildesten weiblichen Schönheit. Selten nur mag die Natur ein Profil erzeugt haben, welches sich in solchem Maaße wie das ihre den schönsten aus der Zeit griechischer Kunst näherte. Namentlich war die fast lothrechte Linie, in welcher die Nase sich an die Stirn ansetzte, in dieser Beziehung klassisch, ein Vorzug, welcher noch an dem Kopfe der Greisin zu erkennen war, und nicht minder staunenswerth war die Reinheit des Ovals ihres Gesichts. Dem kleinen Munde, dessen perlengleiche Zahnreihen von zugleich feingezeichneten und vollen Lippen umsäumt wurden, war das anmuthigste Lächeln eigen. Der Glanz der dunklen, im Bogen von feinen schwarzen Brauen überwölbten, in mildem Feuer leuchtenden Augen, wurde durch einen frischen, aber durchaus zarten Teint gehoben, und dieser wieder durch das reichste dunkle Haar. Was Laien an ihrem Aeußeren tadelten, während Künstler auch darin eine wunderbare Uebereinstimmung mit dem kanonischen Verhältnisse aus der klassischen Zeit griechischer Skulptur sahen, war, daß der Kopf im Verhältniß zu dem übrigen Körper etwas klein erschien.

Zu den vielen an Geist und Herz hochstehenden Männern, welche allein ein in so hohem Grade anziehendes Aeußere, ohne daß sie die durch dasselbe Begünstigte irgend weiter kannten, eine Zeit hindurch magnetisch überall hinzog wo sie hoffen durften sich ihres Anblicks zu erfreuen, gehörte unter Anderen der in Berlin im Jahre 1839 als Geheimer Ober-Bergrath in hohem Alter verstorbene Carl v. Laroche, Sohn der Schriftstellerin Sophie v. Laroche, welcher in seiner Jugend, wie Henriette Herz zu den schönsten Frauen, so zu den schönsten Männern der Zeit gezählt wurde. Und als dem Sehen und Betrachten die persönliche Bekanntschaft gefolgt war, blieb er ihr länger als ein halbes Jahrhundert hindurch der treuestergebene Freund. — Ja sie wurde eine Art von Probirstein für weibliche Schönheit. Man setzte berühmte Schönheiten dem Focus der ihren aus, um zu erkunden ob sie nicht durch diese vernichtet werden würden. Ein Beispiel unter mehreren. Wenige Jahre nach ihrer Verheirathung kam ein russischer General mit seiner Frau nach Berlin, einer Cirkassierin, wegen ihrer Schönheit selbst in ihrem Vaterlande, dem Stammsitze der Schönheit der kaukasischen Race, berühmt. Einige vornehme Polinnen welche sich von Marcus Herz ärztlich behandeln ließen und ihre Bekanntschaft gemacht hatten, behaupteten daß die Gattin des Letzteren sie dennoch hinter sich lasse. Einen lebhaft deshalb geführten Streit, der sich auch über weitere Kreise verbreitete, auf die angemessenste Weise zu schlichten, ordneten sie ein Dejeuner an zu welchem beide Frauen geladen wurden, Henriette wenigstens ohne den Zweck desselben zu kennen, welchen sie erst später erfuhr. „Ich sehe sie noch in ihrer ganzen Schöne vor mir," sagt diese darüber in ihren Erinnerungen, „die anmuthige Gestalt deren kleinste Bewegung zierlich war, im leichten weißen Morgengewande von dünnem, schöne Falten werfenden Stoffe, mit dem schwarzen langen, sie umwallenden Haar. Und zog sie durch ihre Schönheit an, so noch mehr durch ihre Kindlichkeit, durch ihre naive Ausdrucksweise. Wäre ich der trojanische Königssohn gewesen, ich wüßte daß ihr der Apfel zu Theil geworden wäre." — Ob die Gesellschaft diesem Urtheile beistimmte muß dahin gestellt bleiben. Kaum dürfte es anzunehmen sein, denn andernfalls würde die Schreiberin es berichtet haben.

Wie könnte es befremden, daß so viele äußere Schönheit, gepaart mit einem liebenswürdigen Gemüth, und beide bald durch eine nicht gewöhnliche Geistesbildung noch gehoben, viele der Jünglinge, welchen es vergönnt war sich der jungen Frau zu nahen — und ihr Gatte beschränkte sie in ihrem Umgange nicht — sogar zu leidenschaftlicher Liebe hinriß. Die Beziehungen mehrer geistreicher, später zu europäischem Rufe gelangter Jünglinge zu ihr trugen in ihren Anfängen diese Farbe. Aber die Wogen der Leidenschaft brachen sich zuletzt an der Sittlichkeit der Geliebten. Hatte sie mit ihrer Hand auch nicht zugleich ihr Herz vergeben, ihr Pflichtgefühl schützte sie vor jedem Fehltritt. Und bald machte dann die Leidenschaftlichkeit der jungen Männer einem reineren Gefühle Platz, der Achtung, deren Frucht auch hier wieder eine innige, das Leben hindurch währende Freundschaft ward. Heiße Kämpfe mögen bis zu dieser Umgestaltung des Verhältnisses die Brust der jungen Frau bewegt haben. Die Gewöhnlichkeit, in welch ein gleißendes Gewand sie sich auch vor ihr verhüllte, hätte diese freilich nie in ihr hervorrufen können, aber die Männer welche in Liebe für sie glühten waren befähigt durch alle Blitze des Geistes zu zünden.

Und die Behauptung, daß Männer solcher Art ihr aus allen Ländern Europas zuströmten, ist keine übertriebene. Der Ruf ihrer Schönheit war bald so verbreitet, daß kaum ein ausgezeichneter Mann einen auch nur kurzen Aufenthalt in Berlin machte, ohne die Bekanntschaft der schönen Henriette Herz gesucht zu haben. So darf es nicht Wunder nehmen, daß wir auch Mirabeau, zur Zeit seines hiesigen Aufenthaltes schon als geistreicher Schriftsteller berühmt, und wenngleich noch nicht der Held der französischen Revolution, doch der Held mancher Liebesabenteuer deren Geschichte Europa durchflog, unter denjenigen finden, welche sich um die damals etwa zweiundzwanzigjährige Frau schaarten.

Sollen wir behaupten, daß solche Huldigungen ihrer Eitelkeit nicht schmeichelten? — Wir würden dadurch der Wahrheit zu nahe treten. Und in der That wäre dies von einem Weibe zu viel verlangt gewesen. Sie selbst hat sich in reiferen Jahren wegen ihres Verhaltens gegen manchen ausgezeichneten jungen Mann scharf getadelt. Sie schreibt über eines jener Verhältnisse zu einem, später als Gelehrter wie als Staatsmann gleich berühmt gewordenen Jüngling: „Sein Gefühl zu mir hätte sich nie zur Leidenschaft gesteigert, wäre ich zurückhaltender gewesen. Nicht irgend ein Verhältniß eines Mannes zu einer Frau, selbst nicht das welches man: den Hof machen nennt, kann stattfinden, geht die Letztere nicht auf irgend eine Weise darin ein, oder läßt doch geschehen, was sie nicht geschehen lassen sollte. Auf wie feine, geistige Weise ein Mann sich auch einer Frau nähere, sie hat es in ihrer Gewalt, ihn von sich entfernt zu halten. Sieht er die unzweifelhaft ernste Absicht dazu, er wird fern bleiben. Die entstehende Neigung wird im Keime unterdrückt, ja selbst das schon angefachte Feuer der Leidenschaft wird erstickt; und — hiermit habe ich mir mein Urtheil gesprochen. Meine Eitelkeit allein war schuld, daß so viele Männer aller Arten und Stände mir den Hof machten, ja in heftiger Leidenschaft zu mir entbrannten."

Jedenfalls aber hüten wir uns, dieser Selbstanklage der Schreiberin einen schwereren Fehl zu Grunde zu legen als den einer Läßlichkeit. Unsittliche Verhältnisse tadelte die sonst mildgesinnte Frau an Anderen zu lebhaft als daß sie selbst sich solche gestattet hätte. So finden wir in ihrem italienischen Tagebuche über ihre Besuche in den Häusern Orlandini und Santini in Florenz im Jahre 1817 Folgendes: „In beiden Häusern fand ich viele schöne Frauen, aber fast alle hatten roth und weiß aufgelegt. Dies paßte auch ganz zu ihren Verhältnissen. Denn nur zwei waren in Gesellschaft ihrer Männer da, die meisten aber mit ihren cavalieri serventi. Diese der Ruchlosigkeit Thür und Thor öffnende Sitte ist noch in völligem Flor."

Jene Herzensergießung zeugt vielmehr von der Strenge, mit welcher sie über sich selbst urtheilte, eine um so achtungswerthere als die Huldigungen, welche ihr vielleicht in höherem Maaße als irgend einer Frau ihres Standes gezollt wurden, auf minder bevorzugte Naturen ohne Zweifel die entgegengesetzte Wirkung hervorgebracht hätten. Aber wir sind sogar in dem Falle sie gegen sich selbst vertheidigen zu müssen. Daß die Neigung so ausgezeichneter junger Männer ihr schmeichelte haben wir zugegeben. Schreibt sie diese jedoch allein ihrem Verhalten gegen sie zu, so ist dies eben nur Wirkung ihrer Bescheidenheit, einer aus so ernster Selbstprüfung mit Nothwendigkeit hervorgehenden Tugend. Daß sie schön war und geeignet zu gefallen, mußte sie freilich, und die Unwahrheit und Heuchelei dies Bewußtsein zu läugnen war ihr fremd. Erachtete sie jedoch Art und Maß dieser Vorzüge nicht genügend, um allein die Gefühle jener Jünglinge für sie bis zur Liebe, ja bis zur Leidenschaft zu steigern, so thut sie sich Unrecht. Ein noch größeres aber, wenn sie sich anschuldigt ein gänzlich leeres Spiel der Eitelkeit mit ihnen getrieben zu haben. Die Kälte des Gemüths, welche dazu erforderlich gewesen wäre, war ihr fremd. Ihr Herz war, wie wir dies schon aussprachen, sicher von dem Verhältnisse zu ihnen nicht unberührt geblieben. —

Das Bedeutende des geistigen Moments, welches damals schon in den Beziehungen der jungen Frau zu ihren zum Theil noch jüngeren Freunden waltete, dürfen wir mehr voraussetzen als daß wir es belegen könnten. Ihren höchst ausgedehnten Briefwechsel, welcher am besten geeignet gewesen wäre Auskunft darüber zu ertheilen, ja überhaupt vermittelst der Art, auf welche ihr Wesen aus der Auffassung der Freunde zurückstrahlte mehr als irgend eine directe Schilderung geeignet ein Bild ihrer ganzen Individualität zu geben, und für dessen Werth schon die berühmten, zum Theil europäischen Namen der Schreiber der Briefe sprechen, hat sie bis auf einige kleine Ueberreste in einem Augenblicke vernichtet, als Publikationen, welche sehr zarte Verhältnisse werther Freunde und Freundinnen der Oeffentlichkeit anheimgaben — sie glaubte, in der Absicht einen Schatten auf deren Charakter zu werfen — sie tiefschmerzlich berührten. Der Verlust ist nach der Kenntniß, welche der Schreiber dieses von einem nur kleinen Theile dieser Briefe zu einer Zeit erlangte als er jenen plötzlichen Entschluß noch nicht ahnen konnte, ganz unersetzlich. Und hier die Bemerkung, daß uns auch in diesem Zuge eine beachtenswerthe Aehnlichkeit ihrer Sinnesweise mit derjenigen der Recamier aufstößt. Auch diese hat, sehr wahrscheinlich aus ähnlichen Beweggründen, die Veröffentlichung der in ihrem Nach=

laſſe befindlichen Briefe unterſagt. Aber unter jenen Reliquien war ein Schreiben eines jüngeren Freundes ſchon vom Jahre 1788, in bramatiſcher Form, welches ſie und ihre Freundin Dorothea Veit, die Tochter Moſes Mendelsſohns und ſpäter Gattin Friedrich Schlegels, redend, und, wie die Verſtorbene verſicherte, mit aller Treue, ja einige ihrer Anſichten wörtlich wiedergebend, einführt, und welcher für einen eben ſo geiſt= reichen als anregenden mündlichen Verkehr ſpricht. —

Der Trieb zu geiſtiger Ausbildung war in Henrietten ohne Zweifel ſchon ſehr frühe wach, ſo wenig dieſe auch geregelt worden ſein mochte. Die Wahl des klugerwägenden Marcus Herz ſpricht nicht nur für dieſe Annahme, ſondern auch dafür, daß die Hoffnungen welche ſie in dieſer Beziehung in ihm er= weckte ſehr große waren. Vermöge ſeines geiſtreichen Weſens, ſeines Witzes und ſeiner geſelligen Talente befähigt und ge= neigt, durch bedeutende Verbindungen faſt genöthigt, ſein Haus zu einem Mittelpunkte höherer Geſelligkeit zu erheben, wäh= rend er zugleich bei dem Umfange ſeiner Berufsgeſchäfte vor= ausſehen konnte, ſeiner Gattin oft die Sorge für die Ehren deſſelben allein überlaſſen zu müſſen, mußte dieſe befähigt ſein ihm in entſprechender Weiſe zur Seite zu ſtehn. Und ſo dürfen wir einem noch vorhandenen Hochzeitcarmen, welches neben ihrer Schönheit und ihrem Gemüthe ſchon ihren Geiſt feiert, auch in dieſer Hinſicht wohl mehr Glauben beimeſſen als ſonſt Gelegenheitsgedichte ſolcher Art verdienen.

Aber die eigentliche Entwickelung ihrer natürlichen Anla= gen haben wir erſt von ihrer Ehe an zu datiren. Ihr Gatte war in dieſer Beziehung ſo lange zugleich ihr Erzieher bis ſie auf eigenen Füßen stand, wo sie dann den Kreis ihres Wissens nach Wahl und Neigung erweiterte. Bei der geistigen Klarheit und Schärfe, welche ihm, und der geistigen Empfänglichkeit welche ihr eigen war, dürfen wir nicht bezweifeln, daß auch im Gebiete der schönen Literatur, auf welches ihr Geschlecht sie vorzugsweise hinwies, seine Ansichten maßgebend für sie wurden. Doch werden wir in ihren Mittheilungen Beweise einer frühen, für ihre Selbstständigkeit sprechenden Emancipation finden. Diese trat ein, als eine neue belletristische Schule erstand, welche sich vorzugsweise an die Phantasie und das Gemüth wendete, und daher zu ihrem Gatten, bei der in ihm vorherrschenden Verstandesrichtung, in einer ihm fremden Zunge sprach, während ihr eben jene Eigenschaften bei der Gattin zu einer wirksamen Empfehlung wurden. Auch über den Antheil welchen sie sich an dem geistigen Leben in ihrem Hause zuschrieb, werden wir sie am füglichsten später selbst berichten hören. Wenn sie jedoch bei dieser Gelegenheit flüchtig nur erwähnt, daß sie „mehrere Sprachen trieb", so müssen wir bei diesem Gegenstande ergänzend einige Augenblicke verweilen.

Ihre Sprachkenntnisse gaben Anlaß sie zu den gelehrten Frauen zu zählen. Und in der That wußte sie von den alten Sprachen hebräisch, griechisch und latein, von den neueren französisch, englisch, italienisch, spanisch und schwedisch, und die Letzteren, namentlich das Französische, Englische und Italienische sprach sie mit Geläufigkeit. Aber die Sprachen, mit Ausnahme der hebräischen welche sie erlernen mußte weil ihr Religionsunterricht es erforderte, waren ihr nie etwas Anderes als ein Mittel auf dem geeignetsten Wege die Kenntniß der Literatur der betreffenden Völker zu erlangen, sowie bei ihrer Hinneigung zu einer höheren Geselligkeit und ihrem Bestreben aus ihrem Umgange den möglichst größten geistigen Nutzen zu ziehen, dazu, sich mit den vielen Ausländern zu welchen sie in Beziehung kam in deren Muttersprache unterhalten zu können. Ja, um den Letzteren so wenig fremd als möglich entgegenzutreten, bemühte sie sich sehr, und bei ihrem angebornen Talente dafür mit großem Erfolg, um eine richtige und elegante Aussprache der neueren Sprachen. Nächstdem können wir ihr noch, wenn wir uns so ausdrücken dürfen, eine gewisse linguistische Neugier zuschreiben. Sie fand ein Vergnügen darin sich auch von solchen Sprachen eine Notion zu verschaffen, mit welchen sich ernst zu beschäftigen sie nie beabsichtigte. So hat sie, irren wir nicht, durch Bopp, einige Ansichten vom Sanskrit zu erlangen gesucht, ja noch in ihren letzten Lebensjahren sich bestrebt sich einiges Türkisch und Malayisch anzueignen. Zu dem ersteren Zwecke benutzte sie eine flüchtige nachbarliche Bekanntschaft mit einem Attaché bei der türkischen Gesandtschaft, als der damalige Gesandte Kiamil Pascha neben ihrer Sommerwohnung im Thiergarten die seine hatte, zu letzterem die Anwesenheit eines ihrer Neffen, niederländischem Beamten auf Java, in Berlin; Bestrebungen welche immerhin von ihrer bis in das späteste Alter hineinreichenden geistigen Regsamkeit zeugen mögen. — Von einem eigentlich philologischen Standpunkte aus hat sie sich jedoch nie mit den Sprachen beschäftigt, und noch weniger war es ihr Zweck in die Tiefen des Sprachgeistes einzudringen.

Aus ihrer Kenntniß des Englischen gingen auch die beiden einzigen literarischen Leistungen hervor welche sie hinterlassen hat, wenn nämlich die Uebersetzung zweier englischen Reisewerke ins Deutsche diesen Namen verdient. — Sie fühlte sich gedrungen, einen Beitrag zu der Aussteuer einer nahen Verwandtin zu leisten, und ihre stets zur That bereite Liebe scheute die mühsame und wenig dankbare Arbeit des Uebersetzens nicht, um die Mittel dazu zu beschaffen. Diese Werke sind: Mungo Park's Reise in das Innere von Afrika in den Jahren 1795—97*); und: Weld's des Jüngeren Reise in die vereinigten Staaten von Nordamerika**). — Bibliographen dürfte die Kunde interessant sein, daß Schleiermacher welcher auch in Gemeinschaft mit Heindorf die Vermittelung bei den Verlegern übernahm, denen es unbekannt blieb von wem die Uebersetzungen herrührten, beide durchgesehen, und an der des letztgenannten Werkes sogar bedeutenden Antheil hat, und Freunden Schleiermachers die, daß der ihnen wohlbekannte Schreibschrank, an welchem sie ihn so oft arbeitend fanden und an welchem er den größten Theil seiner Werke schrieb, der Dank der Freundin für diesen Antheil war. Die Zeit zu welcher sie des Honorars bedurfte rückte nämlich heran, und die Uebersetzung war kaum zur Hälfte beendet. Da übernahm der treue Freund, mit Hintenansetzung eigener Arbeiten,

---

*) Im 12. Bande der Geschichte der See- und Landreisen. Berlin, Haude. 1799.

**) In dem Magazin von merkwürdigen neuen Reisebeschreibungen von J. R. Forster. Berlin, Voß. 1800.

die eines großen Theiles des noch Fehlenden. Die Annahme eines Theils des Honorars verweigerte er jedoch entschieden. Doch die Freundin wußte, daß er einen Schreibschrank mit vielen Behältern, demjenigen gleich an welchem Spalding arbeitete, stets für sich sehr wünschenswerth erachtet hatte. Sie ließ einen völlig gleichen anfertigen, und diese Gabe durfte der Freund nicht ablehnen.

Ein Zufall verschaffte der Uebersetzerin etwa achtzehn Jahre später die Bekanntschaft des Autors eines jener Werke. Sie war in Rom und stieg eben die spanische Treppe hinauf, als ein Herr herbeikam, welchen ihr Begleiter, nachdem er einige Worte mit ihm gewechselt hatte, ihr als Mr. Weld vorstellte. Sieh da, es war ihr Reisebeschreiber! Sie hatte ihn jedoch als solchen viel unterhaltender gefunden als sie den Reisenden fand. —

Mit eigenen Schöpfungen an die Oeffentlichkeit zu treten wagte sie nicht, und dieser Mangel an Vertrauen zu ihrer schaffenden Kraft dürfte zu bedauern sein. Sie hatte zwei Novellen geschrieben, deren eine sich sogar des Beifalls ihrer scharf kritisirenden Freundin, Dorothea v. Schlegel, zu erfreuen hatte, während Diese die andere langweilig fand. — „Ich übertrug den Tadel auch auf die Erste", erzählte die Verstorbene. „Ich sah beide von da ab mit Unlust an und vernichtete sie bald mit Lust." —

Wenden wir uns zu den Verhältnissen zurück in welche ihre junge Ehe sie zunächst einführte. — Erst mit ihr trat sie in das Leben ein; und bildet überhaupt schon das Leben in höherem Maaße als die Wissenschaft, so mußte dasjenige welches sich ihr eröffnete vorzugsweise so wirken. Marcus Herz war mit allen damaligen Trägern der Intelligenz Berlins befreundet, und gern übertrugen diese ihre Freundschaft auch auf die junge, schöne und empfängliche Frau. Daß die innigsten Beziehungen in welche sie zunächst trat die zu den Koryphäen der Belletristik und den geistvollen Freunden derselben waren, ist begreiflich. Wir finden in ihrem näheren Umgange die damals glanzvollsten Namen unter den Ersteren, deren Glorie freilich eine spätere Literaturepoche um etwas verdunkelt hat. Ramler, Engel, Moritz gehörten in Kurzem zu den Schriftstellern, mit welchen sie vielfach in und außer ihrem Hause verkehrte. Aber auch zu dem älteren Spalding, der trotz vorgerückter Jahre den Bewegungen der schönen Literatur mit Theilnahme und jugendlicher Lebhaftigkeit folgte, zu Teller, welchem bis zu seinem Lebensende der Sinn für alles Schöne treu blieb, zu Zöllner, trotz seines geistlichen Standes sehr gewandter Weltmann und angenehmer und belehrender Gesellschafter, bildeten sich bald freundschaftliche Verhältnisse, ein noch vertrauteres zu Dohm, etwas später ein Gleiches zu dem jüngeren Spalding. Die Musik war in ihrem Kreise durch den vielseitig gebildeten Reichardt vertreten, die Sculptur durch Schadow. Auch der nirgend fehlende Nicolai huldigte trotz der ihm inwohnenden Prosa der Jugend und Schönheit, ja sogar der damals fast schwärmerischen Sentimentalität der interessanten Frau. — Schon in den achtziger Jahren traten, kaum noch Jünglinge, die Brüder Humboldt in ihren Kreis und ihre Beziehungen zu ihnen wurden bald sehr freundschaftliche, nicht lange nach ihnen Graf Christian

Bernstorff, Gentz und der spätere preußische Minister Graf Alexander von Dohna-Schlobitten, dessen Verhältniß zu ihr vielleicht mehr als das irgend eines ihrer anderen Freunde den Charakter der Liebe trug, und welcher, trotz seines hohen Standes und seiner hervorragenden Stellung in der Gesellschaft wie im Staatsdienste, nicht Anstand nahm ihr nach dem Tode ihres Gatten seine Hand anzubieten, welche sie jedoch aus den achtungswerthesten Motiven nicht annahm*). Die neunziger Jahre führten ihr unter mehreren ausgezeichneten Männern v. Brinckmann, Feßler, Friedrich Schlegel, endlich Schleiermacher zu, welcher wohl derjenige ihrer Freunde war, an welchen das innigste und dauernste Band sie knüpfte. Daneben blieb ihr von fremden Notabilitäten welche Berlin zu

---

*) Die betreffende dankenswerthe Notiz wurde uns nach dem Erscheinen der ersten Auflage dieses Buches von einem Jugendfreunde Henriettens, einer hochachtbaren Autorität, in folgenden Worten gegeben: „Ich glaube, daß das Umschlagen einer ehelichen Verbindung mit einem mir befreundeten edlen Menschen, dem Minister Grafen Dohna-Schlobitten, (ein Umschlagen aus den uneigennützigsten, zartesten Motiven) wohl eine Erwägung verdient hätte, da sie unsere Freundin sehr groß zeigt, und die ehrenvolle Thatsache schon ohnedies früher durch mehrere Zeitungen bekannt worden war." — Wir kannten dieselbe jedoch früher noch nicht, ungeachtet wir wußten, daß das Bildniß des Grafen zu den theuersten in ihrem Besitz befindlichen Andenken Verstorbener gehörte, und daß sie es als sie ihren Tod herannahen fühlte in eine Kiste legte, um in dieser nach ihrem Ableben der Familie des Grafen übersendet zu werden damit es nicht in die Hände Gleichgültiger gelange. Ihr Wille ist ohne Zweifel erfüllt worden.

seinen Mauern sah fast nichts fern, und für Mehre derselben ward ein kurzer Aufenthalt Anlaß zu lange fortgesetzter brieflicher Mittheilung.

Hervorheben müssen wir hier, weil es, wir wollen nicht sagen einen tiefen Scharfblick, doch mindestens einen feinen geistigen Takt in der jungen Frau beweist, daß sie nicht erst die Berühmtheit der sich ihr Nahenden abwartete um sie bedeutend zu finden, sondern lange vorher ihren Werth wenn nicht erkannte doch ahnte. Ja enger vielmehr als ihren übrigen Freunden schloß sie sich diesen „Werdenden" an, welche als solche um so „dankbarer" waren, was hinwieder die Zuneigung der Freundin steigernd, die gegenseitigen Bande zu den festesten gestaltete. —

Als einen Mangel an ihr würden wir es jedoch erkennen müssen, hätte ihre Anziehungskraft sich nur bei Männern geltend gemacht. Ihre reine Weiblichkeit führte auch die bedeutendsten Frauen ihr entgegen. Und Berlin war in ihren früheren Jahren an diesen sehr reich. Sie webten die duftendsten Blüthen in den Kranz der Geselligkeit. Sie waren es welche dieser eine eigenthümliche, noch heute merkbare Färbung verliehen, ja man darf sie vielleicht die eigentlichen Schöpferinnen des Conversationstones dieser Hauptstadt nennen.

Die in Geist und Gesinnung Verbundenen suchten bald, sich für das gemeinsame Streben eine festere Form zu schaffen als das bloße gesellige Zusammenleben bot, welches man mit Vielen, mitunter Gleichgültigen zu theilen genöthigt war. Ein Bund zu gegenseitiger sittlicher und geistiger Förderung ward namentlich unter den jüngeren Freunden geschlossen.

In diesen fanden auch außerhalb Berlins lebende hervorragende weibliche Persönlichkeiten Aufnahme, Frauen und Jungfrauen, von denen durch die männlichen Theilnehmer dem hiesigen Kreise Kunde gekommen war. Die weiblichen Mitglieder des Letzteren, welche kein Bedenken tragen durften gegen ihre Geschlechtsgenossinnen entgegenkommend zu sein, setzten sich brieflich in Beziehung zu ihnen. Ohne sich von Person zu kennen eröffnete man einander Herz und Sinn, und die fruchtreichste Mittheilung erwuchs. Viele Mitglieder des Bundes, zumal die mehr als die Männer an die Scholle gefesselten Frauen, lernten einander niemals persönlich kennen, andere erst in sehr späten Epochen ihres Lebens. Aber im letzteren Falle trat man sich auch dann noch als innig Vertraute entgegen. Lernte man doch nur die Hüllen der Geister und Herzen kennen, die sich längst schon bis in ihre geheimsten Falten hinein erschlossen hatten.

Gleichwie ein Mittelpunkt für die höhere Geselligkeit Berlins vermöge des Hauses welches sie im Verein mit ihrem geistreichen Gatten machte, und dessen äußerer Aufrechterhaltung Dieser den größten Theil der Einnahme widmete welche die ausgedehnteste ärztliche Praxis ihm ertrug, war Henriette Herz auch jenem Bunde ein Mittelpunkt. So auf mannichfachen Wegen anregend und fördernd, ja wo es nöthig erschien mit Entschlossenheit eingreifend, wirkte sie segensreich im weitesten Kreise. Eigene Mittheilungen der trefflichen Frau werden den Leser mit der Frische der Unmittelbarkeit in manche ihrer Verhältnisse aus diesem Zeitraum ihres Lebens einführen. Wir haben sie eben deshalb hier nur flüchtig angedeutet.

Doch während sie auch den bevorzugtesten Naturen nicht nur genügte, sondern eben wegen ihrer schönen Wirksamkeit ein Gegenstand der Liebe und Verehrung war, that sie sich selbst nicht genug. Gleich allen tüchtigen Charakteren erachtete sie sich als ein begabtes Glied der menschlichen Gesellschaft dieser gegenüber in viel höherem Maaße verpflichtet als berechtigt. Wir können es uns nicht versagen eine Stelle aus einem Briefe Schleiermachers hier mitzutheilen, welcher eine betreffende Klage ihrerseits zum Grunde liegt. Sie wird zugleich beurkunden, in welchem Grade dieser ausgezeichnete Mann die Bedeutung der Freundin und den Werth ihrer Wirksamkeit würdigte. — Der Brief ist aus Landsberg und vom 6. Sept. 1798.

„Eigentlich," schreibt Schleiermacher, „giebt es doch keinen größeren Gegenstand des Wirkens als das Gemüth, ja überhaupt keinen anderen; wirken Sie etwa da nicht? — O, Sie Fruchtbare, Sie Vielwirkende, eine wahre Ceres sind Sie für die innere Natur, und legen einen so großen Accent auf jene Thätigkeit in die Außenwelt, die so durchaus nur Mittel ist, wo der Mensch in dem allgemeinen Mechanismus sich verliert, von der so wenig bis zum eigentlichen Zweck und Ziel alles Thuns hingedeiht, und immer tausendmal so viel unterweges verloren geht! — Und jenes Thun und Treiben, wobei sich der Mensch müht und schwitzt — was er doch eigentlich nie thun sollte — ist es nicht lärmend und tobend gegen unsere stille Thätigkeit? Wer vernimmt etwas von uns? was weiß die Welt von unserer inneren Natur und ihren Bewegungen? ist ihr nicht Alles Geheimniß? — Eine Priesterin der Venus Urania sollte nie der Isis dienen, der ungestalten mit ihren tausend Brüsten, an die sich alles Nichtswerthe anlümmelt. Jene Göttin hat freilich nur zwei; aber sie sind der Sitz der Freundschaft und Liebe, und sie deckt sie mit einem Häubchen gegen die Blicke aller Profanen der Welt. Die, und nur die wollen wir anbeten. Und vor diesem Altare werden Sie gewiß bekennen müssen, daß Sie an der rechten Stelle stehen. — Sehen Sie nur was Sie gethan haben und noch thun und thun werden, und gestehen Sie, daß dieses Thun und Bilden unendlich mehr ist, als alles was der Mensch über das große Chaos welches er sich zurecht machen soll, gewinnen kann."

Doch des Freundes schöne und bedeutsame Worte waren vergebens gesprochen. Ein unbefriedigtes Sehnen nach einer ihr entsprechenden Wirksamkeit zog gleich einem Mißklang durch das Innere der sonst in sich so harmonischen Frau. Noch bis zu ihrer letzten Lebenszeit erfüllte es sie mit Wehmuth. Von der Zeit an, von welcher die Abnahme ihrer physischen und geistigen Kräfte sich ihr merkbar machte, pflegte sie dies Gefühl in die Klageworte zu kleiden: "Man hat mich nicht genug benutzt als ich noch fähig war zu nützen!" — Sollen wir den Grund dieses Sehnens und der Vergeblichkeit aller Bestrebungen ihrer Freunde es zu beseitigen aussprechen? Das Schicksal hatte ihr das schönste und befriedigenste Feld der Wirksamkeit einer Frau verschlossen. Sie, welche die liebendste Mutter gewesen wäre, blieb kinderlos. Keine Wirksamkeit wäre vermögend gewesen ihr diese zu ersetzen. Dies war die ihr selbst niemals bewußt gewordene Ursache jener Unbefriedigung.

Andererseits freilich gewährte ihr ihre Kinderlosigkeit eine um so freiere Verfügung über ihre Zeit. Und die Freundlichkeit ihres Gatten gegen sie, sein Wunsch daß stets neue Anschauungen ihr stets neue Quellen inneren Reichthums eröffneten, gestattete ihr öftere Ausflüge mit Freundinnen, von welchen sie nicht ohne Ausbeute selbst an den interessantesten persönlichen Bekanntschaften heimkehrte. Sachsen, der Harz, Braunschweig waren das Ziel wiederholter Reisen. Aber zuerst im Jahre 1799 wurde ihr die Freude Dresden und seine artistischen Schätze zu sehn, zu welchen schon längst ihre Liebe zur Kunst sie um so mehr hingezogen hatte, als Berlin vor der Errichtung des Museums Weniges der Art bot, und der Zugang zu diesem Wenigen für das größere Publikum mit Schwierigkeiten oder doch mit Umständlichkeit verbunden war. Ihrem auf dieser Reise geführten Tagebuche zufolge erfreute sie sich dort des Umgangs mit vielen Notabilitäten dieser Stadt. Sie war viel mit dem berühmten Componisten Neumann und seiner von ihr sehr liebenswürdig gefundenen Familie. Die Sammlungen Dresdens sah sie in kunstverständigster Gesellschaft; in der der Frau Körner, welche selbst sehr gut in Sepia zeichnete, — wie sie überhaupt viel in der Körnerschen Familie war, bei welcher Gelegenheit wir denn auch von ihr fahren, daß der „kleine Theodor", damals acht Jahr alt, „mit vieler Leichtigkeit zeichnet" — der Stock, einer Schwester der Frau Körner und trefflichen Pastellmalerin, und der berühmten Seidelmann. Bildete sich gleich ihr Kunsturtheil erst später durch ihre italienische Reise aus, namentlich von der Zeit an als sie die Schätze dieses Landes in Begleitung ihrer geistreichen und kunstsinnigen Freundin Caroline von Humboldt sah, so treten uns doch auch schon aus ihren damaligen Kunsturtheilen zahlreiche Beweise eines durchaus gesunden Gefühls entgegen. Führen wir als Beleg ihrer Aeußerungen über das bedeutendste Werk in der Dresdner Gallerie und eines der hervorragendsten der bildenden Kunst überhaupt an, über Raphaels Sixtinische Madonna. „Gewaltig, ja bis zu Thränen ergriffen" — schreibt sie — „ward ich von der Hoheit der Madonna mit dem Christkinde von Raphael. Leicht steht sie da von Wolken getragen, in vollster jungfräulicher Unbefangenheit, Unschuld und Schönheit. Ihr zugleich erhabenes und anspruchloses Wesen flößt hohe Ehrfurcht ein, ohne sie zu gebieten. Das Kind ist völlig Kind; nur der ernste tiefe Blick verräth welch ein Kind es ist, und welch ein Mann es einst werden wird." — Unsere heutigen Kunstphilosophen mögen über die Einfachheit dieses Urtheils lächeln, wir bezweifeln jedoch, ob prunkendere und philosophisch klingende Worte Wahreres und Treffenderes über das Werk aussprechen würden. — Wenn „Correggio's Nacht nicht den erwarteten großen Eindruck" auf sie machte, so haben wir bei der damaligen Vergötterung dieses Werkes, welche es weit über jenes Raphaels stellte, darin eine erfreuliche Selbstständigkeit des Urtheils zu erkennen. Ihr stand die Conception eines Kunstwerkes in erster Linie, und keine schlagendsten Lichtwirkungen, keine schwierigsten Verkürzungen, keine weltliche Anmuth konnten ihr einen Ersatz für den dem Werke abgehenden Ernst und für die Hoheit der Auffassung bieten, welche sein Gegenstand ihr gebieterisch zu fordern schien. —

Inzwischen erweiterte sich mit dem Ende des vorigen Jahrhunderts und in den ersten Jahren des gegenwärtigen der Kreis der Befreundeten äußerlich immer mehr. Zwar hatte der Tod älterer Freunde auch manche Lücke gerissen, und nicht minder die Abwesenheit jüngerer von Berlin, unter welchen die langdauernde Alexanders von Humboldt wohl am tiefsten empfunden wurde, aber sie füllten sich durch neue, unter welchen wir hier nur Friedrich Schlegel, Zelter, Hirt, Delbrück erwähnen wollen. — Da traf sie ein tief erschütternder Schlag durch den Tod ihres Gatten, welcher Anfangs des Jahres 1803, erst im höheren Mannesalter, nach kurzer Krankheit starb. — Berechtigen uns gleich die Mittheilungen der Gattin über ihr eheliches Verhältniß zu der Annahme daß es der höchsten Weihe entbehrte, so war sie dem Gatten doch durch die treueste, auf Achtung und Dankbarkeit gegründete Freundschaft verbündet, und geistig mannigfach mit ihm verwachsen. Mit Recht bemerkte ihr daher Schleiermacher, als er den Tod des Mannes welcher auch ihm ein Freund war von ihr erfahren hatte: „Herz's Verhältniß zu Dir und Deinem Leben war ein vielfaches und wunderbar verschlungenes." — Ihr Schmerz aber war fast ein halbes Jahr nach dem Tode des Gatten noch so frisch, daß sie dem Freunde schrieb: „Wenn ich recht in mich hineingehe möchte ich immer weinen", und das Gefühl, einen Theil ihrer selbst mit ihm in die Gruft gesenkt zu haben, so lebendig daß sie hinzufügte: „Mir ist, als könnte ich nie wieder so werden wie ich war!" —

Auch ihren äußeren Verhältnissen drohte mit dem Tode des Gatten eine empfindliche Wandelung. Ihr Leben und

Wirken fußte auf der Geselligkeit. Herz hatte, wie wir schon sagten, den größten Theil seiner reichen Einkünfte darauf verwendet sein Haus zu machen. Waren es freilich nicht die den Gästen dort gebotenen materiellen Genüsse was sie hinzog, so sind diese doch in der deutschen Gesellschaft einmal ein hergebrachtes Erforderniß. Mit Recht bemerkte Henriette Herz in dieser Beziehung in ihrem italienischen Tagebuche als sie bei der gelehrten aber alten, kränklichen und häßlichen Signora Marianna Dionigi, wie früher schon in Florenz bei einer alten Dame gleichen Schlages, jeden Abend Gesellschaft junger und älterer Männer fand: "Das ist etwas, was wir in Berlin und überhaupt in Deutschland nicht kennen. Mit Essen und Wein können wir es allenfalls erzwingen, mit Verstand und einer Oellampe wie hier wahrhaftig nicht!" — Und eine nicht gar bedeutende Wittwen-Pension, welche nunmehr an die Stelle der reichen Einnahme des Gatten treten sollte, setzte auch sie in den Fall, ihren Gästen vielleicht wenig mehr als Verstand und eine Oellampe bieten zu können.

Aber die Freunde verließen sie deshalb nicht, ja neue Bande knüpften sich. Und sah sie ihre Lieben fortan vielleicht seltener im eigenen Hause, doch um so mehr bei gemeinschaftlichen Freunden. Auch wäre vielleicht früher schon einige Beruhigung bei ihr eingekehrt, hätten nicht kurz nach dem Tode ihres Gatten erschütternde Ereignisse sie von Neuem tief ergriffen.

Ludwig Börne, damals noch Louis Baruch geheißen, und für die Arzneiwissenschaft bestimmt, war auf den bringenden Wunsch seines Vaters von Marcus Herz in sein Haus aufgenommen worden, und befand sich beim Tode des Letzteren noch in demselben. Der siebzehnjährige Jüngling faßte eine so glühende Leidenschaft für dessen um einundzwanzig Jahr ältere Wittwe, welche daher ihrem Alter nach füglich seine Mutter sein konnte, daß er, von der Hoffnungslosigkeit seiner Liebe überzeugt, zweimal seinem Leben ein Ende zu machen beschloß. Beide Male verhinderten nur Zufälligkeiten, über welche wir später die Mittheilungen der Verstorbenen selbst geben werden, die Ausführung des unheilvollen Vorsatzes. — Ein ferneres Verweilen des jungen Menschen in ihrem Hause war dadurch unmöglich geworden, und er hinterließ ihr bei seinem Abschiede gleichsam als ein Vermächtniß ein Tagebuch, welches die innere Geschichte seiner Liebe enthielt, und welches dem Schreiber dieses längere Zeit anvertraut war. Er kann auf Grund der Kenntniß desselben versichern, daß Gutzkow's Annahme (Börne's Leben. S. 88.): „man übertreibe, wenn man ihm hoffnungslose Liebe zu der geistvollen und schönen Herrin des Hauses, in dem er gastlich lebte, zuschreibe", eine völlig willkürliche ist. — Das Tagebuch, weit entfernt davon in Börne's späterem geistvollen Styl geschrieben zu sein, gab in einfachster aber ergreifendster Sprache Kunde von allen Regungen seines Herzens in Beziehung auf die Geliebte, je nachdem ihre Worte oder Handlungen sie hervorriefen. Die innere Wahrheit sprach aus jedem Satze dieses interessanten Documents, und man hätte glauben können daß es aus der Feder eines bloßen Gefühlsmenschen geflossen sei, hätte es nicht nebenbei in ruhigen Augenblicken niedergeschriebene Reflexionen über sein Empfinden, sowie über das ganze Verhältniß im Allgemeinen enthalten.

Leider ist dies Tagebuch nicht minder vernichtet als sämmtliche Briefe Börne's an Henriette Herz, welcher er nachdem das Feuer der Leidenschaft verraucht war stets ein anhänglicher Freund blieb. Die größere Zahl dieser Briefe datirte aus der Zeit kurz nach seiner Entfernung aus Berlin, und der Verlust eines derselben ist unersetzlich für die Würdigung Börne's als Mensch wie als Schriftsteller. Er war, irren wir nicht, aus Heidelberg, und vom Jahre 1807, und seine Veröffentlichung würde alle diejenigen tief beschämt haben, welche Börne's Wirksamkeit stets als einen Ausfluß aus unlautersten Quellen, namentlich als eine Ausgeburt des Hasses und der innersten Verbitterung darzustellen gesucht haben. Unter politischen Constellationen sehr verschieden von denjenigen, unter welchen er seine Laufbahn als politischer Schriftsteller etwa zehn Jahre später begann, zeichnete sich in diesem Briefe der zwanzigjährige Jüngling sein künftiges Wirken mit größter Schärfe und Genauigkeit ganz in der Art vor wie die Welt es kennt. —

Und doch diente dieser Verlust wahrscheinlich der Erhaltung eines größeren Schatzes. Als die Verstorbene, deren Gedächtniß der Inhalt jener Briefe meist entfallen war, aus der Bestürzung welche die gänzlich unerwartete Nachricht von der Vernichtung derselben, namentlich des zuletzt erwähnten, verursachte, auf die Bedeutung des Verlustes zu schließen Ursach fand, ließ sie einen Vorwurf darüber laut werden, nicht früher wenigstens auf die Wichtigkeit jenes einen aufmerksam gemacht worden zu sein. — „Ich hätte ihn sicher nicht vernichtet!" rief sie schmerzlich bewegt. — Und an diese Reue konnten mit Erfolg Vorstellungen für die Erhaltung der Briefe Schleiermachers geknüpft werden, welche ebenfalls schon der Vernichtung bestimmt waren. Sie sind dem größten Theil ihres Inhaltes nach erhalten, nicht zwar in den Originalen, doch in völlig genauen Abschriften von treuer Hand, in welchen nur Einiges ausgelassen ist was der Oeffentlichkeit füglich vorenthalten werden mußte. Das Uebrige wird dieser hoffentlich nicht lange entzogen bleiben*). Freilich hat Schleiermacher einige der Standpunkte, auf welchen er in jener früheren Zeit seines Lebens in welche die meisten der Briefe fallen stand, später überwunden, aber schon deshalb sind sie für die Geschichte der Entwickelung des ausgezeichneten Menschen und Gelehrten unentbehrlich. Dabei sind sie zugleich von einer Leichtigkeit und einer Tiefe, von einer Frische und einer Reife, von einem Ernst und einem Humor, wie diese Eigenschaften sich vereint kaum noch ein zweites Mal finden möchten, und von solcher Vielseitigkeit, daß sie zugleich die größten Interessen der damaligen Zeit und die kleinsten des Schreibers umfassen, sowie sie nächstdem höchst wichtig für die Genesis und Geschichte mehrerer seiner bedeutendsten literarischen Leistungen, und von größtem Interesse hinsichts seiner Urtheile über diejenigen der hervorragendsten Geister der Zeit sind. — Die ganze Bedeutung der Empfängerin der Briefe für den Freund, ja im Allgemeinen, geben sie nächstdem deutlicher kund als dies durch irgend ein anderes Mittel der Darstellung geschehen könnte.

---

*) Diese Hoffnung geht jetzt, wie wir aus guter Quelle versichern können, baldiger Erfüllung entgegen. Anmerk. zur 2. Aufl.

So betrübende, das Gemüth der tiefempfindenden Frau in wie verschiedener Weise auch doch mit gleicher Heftigkeit ergreifende Ereignisse, hatten das Bedürfniß einer Kräftigung in ihr rege gemacht. Sie fand sie an den ewig frischströmenden Heilquellen für zugleich unverdorbene und sinnige Menschen, der Natur und der Kunst. Nach einem kurzen Aufenthalte auf dem Lande bei einer befreundeten Familie, in deren Mitte sie öfter einen Theil des Sommers verlebte, trieb es sie mächtig zu den Kunstschätzen des ihr liebgewordenen Dresden. In der That gesundete sie wieder, und konnte von Neuem Freude an jener höheren Geselligkeit finden die ihr so förderlich war, und in welcher sie hinwieder so förderlich wirkte. Ja ihre Verbindungen gewannen bald nach ihrer Rückkunft eine für sie sehr interessante Ausdehnung, als Göcking sie mit der edlen und geistreichen Herzogin Dorothea von Kurland bekannt machte, welche damals ihre Residenz in Berlin genommen hatte, und durch ihre mit Henriette Herz befreundete Schwester Elisa von der Recke bereits genug von ihr wußte um ihre Bekanntschaft zu wünschen.

Das Haus der Herzogin vereinte alle durch Geburt, äußere Stellung und Intelligenz glänzendsten Persönlichkeiten, und ein großer Theil der Letztern schloß sich unserer Freundin eng an. Zu diesen gehörten unter Andern Frau von Staël, mit deren Freunde und späterem Begleiter August Wilhelm Schlegel sie schon früher in Verbindung stand, und der geniale Prinz Louis Ferdinand, den sie ebenfalls bereits kannte, der sich jedoch zuerst hier mit großer Lebhaftigkeit für sie zu interessiren begann.

Das nächste Jahr führte ihr Schiller bei dessen Anwesenheit in Berlin zu, der zweite unter den zumeist gefeierten Dichtern Deutschlands, dessen Bekanntschaft sie machte, denn zu Jean Paul war sie schon etwa vier Jahre zuvor bei zweimaligem Aufenthalt desselben in Berlin in nahe Beziehung getreten, das Jahr 1805 Zacharias Werner. Auch über mehrere dieser Verhältnisse, sowie über das Haus und die Gesellschaften der Herzogin, werden wir aus ihrem eigenen Munde Ausführlicheres hören.

Etwa ein Jahr später wurde ihr durch ihren Freund Delbrück, ohne Zweifel in Folge höheren Auftrages, ein überaus ehrender Antrag, welcher sie, wenn auch nicht über ihren Werth, doch über den Ruf dessen sie sich erfreute belehren konnte. Es war der, die Erziehung der Prinzessin Charlotte, ältesten Tochter des Königs, jetzigen Kaiserin von Rußland*), zu übernehmen. Ihr Uebertritt zur christlichen Religion wurde jedoch dabei zur Bedingung gemacht, eine Bedingung welche man ihr ohne Zweifel um so füglicher auferlegen zu dürfen glaubte, als sich in ihrem vielgekannten Wirken stets der Geist der reinsten Liebe aussprach. Doch aus Gründen kindlicher Pietät wies sie die zugleich glänzende und ihr einen segensreichen Einfluß verheißende Stellung zurück. Noch lebte ihre bejahrte Mutter, eine sehr orthodoxe Jüdin, — den geliebten Vater hatte sie schon wenige Jahre nach ihrer Verheirathung verloren — und sie wußte wohl, daß keine noch so glänzende Stellung der Tochter die Mutter darüber be-

---

*) Seit 1855 Kaiserin-Wittwe. Anmerk. zur 2. Aufl.

ruhigen würde daß sie den Glauben ihrer Väter verlassen habe. —

So nahte allgemach der für Preußen so verhängnißvolle Herbst des Jahres 1806. Und zwar nicht ohne daß unsere Freundin den politischen Verwickelungen, welche der traurigen Katastrophe vorangingen, mit besorgtem Blicke gefolgt wäre. Diese Besorgniß hatte ihren Grund weniger in ihrem politischen Scharfblick, als in den Befürchtungen welche Wilhelm v. Humboldt schon früher hegte und ihr ausgesprochen hatte. Die betreffende mündliche Mittheilung der Verstorbenen wird durch einen Brief Humboldts an sie aus Rom vom Jahre 1807 bestätigt. „Ja, meine Liebe, Gute," — schreibt er — „wir sind Alle unglücklich, ich sage wir Alle, die sonst ein froher und harmloser Kreis umschloß. Die Samen unseres Unglücks lagen in unserer damaligen Sorglosigkeit. Mir war seit lange vor dem Ausgang bange, und ich zitterte vor dem Augenblick der Entscheidung." —

„Es war damals" — erzählt Henriette Herz — „an jedem Sonntag Nachmittag im Schloßgarten zu Charlottenburg Militairmusik, während welcher die königliche Familie sich entweder an den Fenstern des Schlosses zeigte oder auf der Terrasse desselben spazierte. Ich ging an diesem Tage nie dorthin, selbst nicht wenn ich meinen Sommeraufenthalt in Charlottenburg hatte. Aber an dem Sonntage des Herbstes 1806, dem Vorabend des Tages an welchem der König und die Königin zur Armee abreisen wollten, trieb es mich gewaltsam hin. Mir war als ob das schöne edle Königspaar an einem verhängnißvollen Wendepunkt seines Geschickes stünde, und als müßte ich es zuvor noch einmal in aller Glorie eines ungetrübten Glanzes sehen Ich hatte nie geglaubt daß die Königin mich von Ansehen kenne. Wie überrascht war ich nun, ja wie bewegte es mich bei der Stimmung in welcher ich mich befand, als sie, im Begriff ins Schloß zurückzukehren, auf der Terrasse nahe bei mir vorübergehend, mir mit ihrer wunderbar klangvollen Stimme zurief: „Adieu, Madame Herz!" Sie schien so heiter, sie schien so gar keine Ahnung von der Gewichtigkeit des Augenblicks zu haben! — Mir aber blieb dies „Adieu!" lange in bedeutungsvollem Angedenken."

Zu dem Schmerze mit welchem Befürchtungen für das fernere unabhängige Bestehen des Vaterlandes, erwachsen aus den nachfolgenden verhängnißvollen Tagen, sie erfüllten, gesellte sich bald nagende Besorgniß um das eigene. Ihre Einkünfte, aus welchen sie noch zu dem Unterhalte der alten fast blinden Mutter und einer unverheiratheten Schwester beizusteuern sich verpflichtet fühlte, floßen aus der Wittwenkaffe und aus den Zinsen einiger Kapitalien, welche sie von dem wenig bedeutenden Nachlaße ihres Gatten erworben hatte. Aber bald zahlte weder die Wittwenkaffe die Pensionen, noch zahlten die Schuldner die Zinsen. Der Schlag war zu Boden werfend. Und dabei war der Kreis der Befreundeten zum Theil zerstreut, die theuersten, in deren Mitgefühl ein Trost zu finden gewesen wäre, waren abwesend, die zurückgebliebenen in ähnlicher Bedrängniß wie sie, alle Geselligkeit war durch das allgemeine Unglück vernichtet, bei der drückenden materiellen Noth nicht irgend ein geistiges Gegengewicht! Noch eine Zeit hindurch vermochte sie sich und die Ihrigen von einigen früheren, nicht zinsbar angelegten Ersparnissen zu erhalten. Sie hätte auch dies nicht so lange gekonnt, wäre sie nicht, wahrscheinlich vermittelst der Fürsprache eines ihr unbekannt gebliebenen Freundes*), auf Befehl des Generals Hüllin, des ersten französischen Commandanten von Berlin, von aller Einquartierung verschont geblieben. Aber auch diese Erleichterung hörte auf als im nächsten Jahre Hüllin auf einen andern Posten berufen wurde. Und nun waren ihre Mittel so geschmolzen, daß sie sich in der unausweichlichen Nothwendigkeit sah ihre Selbstständigkeit so wie ihr Domicil in Berlin, der Stadt mit welcher sie so fest verwachsen war, aufzugeben.

Sie wendete sich an ihren damals in Rom befindlichen Freund Wilhem von Humboldt mit der Bitte, ihr entweder in Rußland, oder, sei es durch seine Bekannte in Paris oder mittelbar durch seine römischen Freunde, in der Maison de St. Cyr eine Stelle als Erzieherin zu verschaffen. Doch inzwischen hatte sie die Bekanntschaft des Sohnes der Vorsteherin dieses Erziehungshauses, des jungen Henri Campan, Auditeur im französischen Staatsrath und eine Zeit hindurch Chef der preußischen Postverwaltung, gemacht. So konnten denn die Verhandlungen mit Madame Campan auf dem kürzesten Wege geführt werden, und Diese erklärte bald ihre Bereitwilligkeit, die Erziehung einer Nichte Joachim Murats, Schwager Napoleons und bald nachher König von Neapel, der alleinigen Leitung der Frau Herz anzuvertrauen. Doch

---

*) Ihre Bekannte vermutheten es sei die Bignon's gewesen.

auch an diese Erzieherinnenstelle wurde eine Bedingung geknüpft. Sie sollte ihren Namen ändern, vielleicht nur weil er einer französischen Zunge nicht bequem genug auszusprechen war. Hiergegen empörte sich ihr Selbstgefühl, auf dem Bewußtsein beruhend, daß der Name welchen sie aufgeben sollte ein von ihr und dem Gatten von welchem er ihr überkommen mit Ehren geführter war.

Da kam zu rechter Zeit die Antwort Humboldt's. — Unter den großmüthigsten Anerbietungen jeglicher Unterstützung seinerseits rieth er ihr entschieden ab das Vaterland zu verlassen. „Schreiben Sie mir offenherzig, liebe Freundin", heißt es in dem aus Rom vom 18. Nov. 1807 datirten Briefe, „sagen Sie mir was Sie brauchen, wünschen, ich thue sicherlich was ich kann. Ich danke Ihnen sehr viel, ich habe es nicht vergessen, ich werde es nicht vergessen. — — Ich war einer der genauesten Freunde Ihres Mannes. Sie hatten sonst Güte und Freundschaft für mich. Wenige haben so gegründete Ansprüche auf Ihr Vertrauen. — — Ihr Plan nach Frankreich oder Rußland schmerzt mich vorzüglich, und gefällt mir ganz und gar nicht. Ich möchte Sie Deutschland erhalten, wieder nur Deutsche könnten Ihren Werth in jenen Landen erkennen, und sollten wir, nachdem schon so viel verloren gegangen, auch noch die besten Menschen verlieren?" —

Die Ansicht des Freundes ward entscheidend. Das Erbieten der Madame Campan wurde abgelehnt. Doch die Last eines fortdauernden Domicils in Berlin wäre nicht zu ertragen gewesen. Henriette Herz begab sich im Frühling des folgenden Jahres 1808 nach der Insel Rügen, wo sie viele

Freunde hatte, um in dem Hause einer ihrer Freundinnen, der Frau von Kathen auf Götemitz, den Unterricht der Kinder zu übernehmen.

Ein freudiges Ereigniß schmückte ihren Aufenthalt auf dieser Insel. Ihrem Freunde Schleiermacher, der sich schon seit lange einem schönen ehelichen Verhältnisse entgegengesehnt hatte, sollte dort dieser Wunsch erfüllt werden. Er fand in der Wittwe eines, Beiden befreundet gewesenen Predigers von Willich die Frau, im Verein mit welcher er hoffen durfte ein schönes Familienleben um sich erblühen zu sehen. Die Hochzeitsfeierlichkeit sollte zugleich das Ende des Aufenthalts der Freundin auf Rügen bezeichnen. — Schon das neu zu begründende Haus des Freundes, in welchem sie sich als ein allseitig geliebtes Mitglied betrachten durfte, ja welches ihr gewissermaßen eine zweite Häuslichkeit verhieß, zog sie mächtig nach Berlin zurück. Aber nächstdem hatten sich auch wie ihre besonderen so auch die allgemeinen Verhältnisse inzwischen wesentlich geändert. Ihre besonderen: denn die Wittwenkasse hatte ihre Pensions=Zahlungen wieder aufgenommen; die allgemeinen: denn von der nunmehr von dem Feinde geräumten Hauptstadt Preußens aus begann auf den Ruinen des altermorschen, zusammengestürzten Staates ein neuer, lebenskräftiger, für das ganze Deutschland verheißender Bau sich zu erheben. Wohl hatte Oesterreich sich gegen den französischen Aar erhoben, und noch dauerte der blutige Kampf mit unentschiedenem Erfolge. Doch selbst wenn dieser günstig für jenes Reich ausfiel, wurde von ihm sehr wenig für die Sache Deutschlands gehofft. Deutschland hatte sich damals wahrhaft in dem kleinen Preußen concentrirt, und wieder alle tüchtigsten Elemente deutscher Sitte, deutschen Wissens und freisinniger Staatskunst in der Hauptstadt dieses Reiches. Da war denn der von hoher Vaterlandsliebe beseelten Frau, gewöhnt auf die schöpferischsten Geister der Zeit einzuwirken wie von ihnen Einwirkungen zu empfangen, der Aufenthalt auf der abgeschiedenen Ostsee=Insel welche kaum von den äußersten Schwingungen der neuen Bewegung erreicht ward, ferner eine Unmöglichkeit, wie schmerzlich auch die Trennung von alten und neugewonnenen Freunden werden mochte.

Aber ein unerwartetes, und wie auch hoffnungreiches doch für den Augenblick erschreckendes Ereigniß schien sich plötzlich gleich einer Mauer zwischen der hochzeitlichen Gesellschaft und ihrem ersehnten Ziele aufzubauen. Das Ufer an welchem man landen mußte war mitten im Frieden zu einem Kriegs=schauplatze geworden, und die Gerüchte welche darüber auf die Insel gelangten verliehen den Ereignissen drüben einen noch viel drohenderen Charakter als sie in Wirklichkeit trugen. Es war gegen Ende Mai 1809. Schill, von den Dänen und Holländern gedrängt, hatte sich nach der gegenüberliegenden pommerschen Küste gewendet. Die Gesellschaft wußte unter diesen Umständen nicht wo sie landen sollte, und in welche Kriegswirren sie gerieth wenn sie überhaupt landete. Und doch fühlte man sich um so mehr zu dem Ziele hingezogen, als es eben in dem Kreise dieser Freunde für möglich gehalten werden durfte, daß der Kriegsfunke zur Kriegs=flamme angefacht werden würde. Aber im Augenblicke größter Rathlosigkeit erschien ein helfender Freund. Man hatte sich drüben erinnert, daß für den möglicherweise nahen Augenblick der Entscheidung über die Geschicke Deutschlands die Insel einige bedeutende maßgebende Persönlichkeiten umfaßte. Der damalige Hauptmann, später genugsam bekannt gewordene General von Lützow, war, nachdem er sich von den Stellungen der Truppen unterrichtet hatte, zur Erlösung der Freunde aus der Gefangenschaft nach Rügen hinübergeeilt, und geleitete sie nicht ohne Fährlichkeiten über Greifswald glücklich nach dem Festlande. —

Jener inmitten der äußeren Erniedrigung des Vaterlandes still erfolgte großartige Umschwung mußte nothwendig auch der Geselligkeit einen von dem früheren verschiedenen Charakter verleihen, welche sich in der preußischen Hauptstadt eben wieder zu bilden begann nachdem die feindliche Occupation, und das mit ihr verbunden gewesene alle freie Mittheilung ertödtende Spionirsystem, ihr Ende erreicht hatte. Die Gesellschaft hatte an äußerem Glanze verloren, das leichte, petillirende, geistreiche Wesen war vor dem schweren Ernste der Zeit verstoben, aber sie hatte an Gesinnungstüchtigkeit und an Tiefe gewonnen, so wie die Gegenstände der Besprechung, hinsichtlich derer früher vorherrschend ihr ästhetisches Interesse maßgebend gewesen war, an Umfang. Die vordem in derselben wenig berührten Interessen des Vaterlandes nahmen jetzt einen ersten Platz ein, und namentlich in den Kreisen in welchen Henriette Herz sich bewegte hielt ein Jeder sich verpflichtet, von jedem Bereiche seiner Wirksamkeit aus und mit jedem ihm zu Gebote stehenden Mittel an dessen Neugestaltung mitzuarbeiten. So konnte man auch den gesellschaftlichen Ton jetzt einen vorherrschend deutschen nennen, während er früher die kosmopolitische Färbung oder eigentlich Farblosigkeit trug, welche der Salonconversation in den Zeiten der Stockung des politischen Lebens eigen ist. Auch die äußeren Elemente der Gesellschaft hatten sich geändert. Während früher die höhere Geselligkeit nur mehr zufällig an Mitgliedern des hohen Beamtenstandes eine förderliche Erwerbung machte, weil der Anspruch auf die oberen Staatsstellen mehr durch Geburt als durch geistige Tüchtigkeit bestimmt ward, wurden sie jetzt zu einem hervorragenden Bestandtheile derselben; denn im Augenblicke der Noth war man wohl gedrungen dem Geiste den ihm gebührenden Vorzug einzuräumen. Nicht minder bedeutende geistige Notabilitäten führte ihr die eben im Werden begriffene Universität zu, das lebensfrischeste und vielleicht anregendste Element aber eine thatkräftige und thatenlustige, geistreiche, von einer schönen Vaterlandsliebe poetisch gesteigerte Jugend, welche in Berlin als dem Brennpunkte deutscher Bestrebungen den Augenblick der Ermannung Deutschlands mit Zuversicht aber auch mit Geduld erharrte, um in den vordersten Reihen der Vorkämpfer einer neuen, die Schmach des Vaterlandes rächenden Zeit zu stehen. —

Die Darstellung einer, vorzugsweise in der Gesellschaft wirkenden Persönlichkeit schien uns hier eine wenn auch nur flüchtige Schilderung der Elemente jener Geselligkeit zu fordern, die mehr als dies heute geglaubt wird auf die großen Gesinnungen und Thaten der nächsten Folgezeit wirkte. Keiner der bedeutendsten Charaktere innerhalb derselben blieb unserer Freundin fremd, zu den Meisten stand sie in naher Beziehung.

Aber auch an viele der edlen patriotischen Frauen, für welche sich bald eine so schöne Wirksamkeit eröffnen sollte, knüpfte sie schon jetzt enge Bande der Liebe. Wir wollen unter den Männern aus den verschiedensten Sphären, mit denen sie sich entweder jetzt erst befreundete oder welchen gemeinsame ernste Bestrebungen sie mehr als früher näherte, Niebuhr, Nicolovius, Uhden, Philippsborn, Chamisso, Varnhagen, Alexander von der Marwitz, Reinhardt, Reimer nennen, unter den Frauen voran die treffliche Gattin des Letzteren, deren, nur von ihrer Anspruchslosigkeit übertroffene werkthätige Liebe ihr bis zu ihrem Lebensende ein Gegenstand innigster Verehrung blieb, und die Schwestern ihres Freundes Schleiermacher, deren einer sie schon früher befreundet war, während sie der anderen, später Gattin Ernst Moritz Arndt's, sich erst jetzt enger anschloß. — Die Erwähnung des genialen Marwitz veranlaßt uns hierbei zu der Bemerkung, daß die öfter gehörte Behauptung eines mehr als freundschaftlichen Verhältnisses zwischen ihr und Diesem auf einem Irrthum, vielleicht auf einer Verwechselung mit einer ihrer Freundinnen beruht. Marwitz war überdies dreiundzwanzig Jahre jünger als sie, und starb schon in seinem siebenundzwanzigsten. —

Kunstliebe und Freundschaft veranlaßte in den einigen Jahren, während welcher der längst vorausgesehene große Kampf noch auf sich warten ließ, einige nähere und weitere Ausflüge. Der des Jahres 1810 war wiederum nach Dresden gerichtet. Hier führte der Zufall, welcher überhaupt ihr ganzes Leben hindurch ihr Zusammentreffen mit den bedeutendsten Persönlichkeiten begünstigte, ihr Goethe entgegen, dessen

Bekanntschaft sie längst gewünscht hatte, und welcher auch seinerseits, vorzüglich durch den gemeinschaftlichen Freund Zelter, viel von ihr wußte. Wir werden über dies Zusammentreffen ihre eigenen Mittheilungen geben. — Im folgenden Jahre war es der Wunsch ihre Freundin Dorothea von Schlegel wiederzusehen, der sie nach Wien zog. Auch in der Kaiserstadt hatte sie Gelegenheit die Bekanntschaft fast aller Notabilitäten zu machen. Ihre Jugendfreundinnen, die Baroninnen von Arnstein und von Eskeles, machten selbst in dem prunkvollen Wien Häuser welche zu den glänzendsten gezählt wurden, und einige Jahre später, während des Wiener Congresses, eine Art europäischer Berühmtheit erlangten, und das Haus Friedrich Schlegels verschaffte ihr Gelegenheit die meisten geistigen Größen Wiens kennen zu lernen. Doch die Kreise in welchen sie sich in Berlin bewegte waren in dieser Beziehung zu bedeutend, als daß die Gesellschaft Wiens sie hätte befriedigen können. „Wien", erzählt sie, „hat im Ganzen keinen wohlthuenden Eindruck in mir zurückgelassen. So viel leibliches Wohlbehagen neben geistiger Armuth, daß jenes fast beleidigend wird. Dabei sind diejenigen welche der Gesellschaft etwas zubringen viel anspruchsvoller als bei uns, wohl schon deshalb weil sie seltener sind. Vielleicht hat schon weil sie darin eine Ausnahme machte Caroline Pichler allein eine angenehme Erinnerung in mir hinterlassen. Aeußerlich häßlich, aber angeregt und sehr anregend, und dabei gemüthlich und einfach." —

Das Jahr der Entscheidung der Schicksale Europa's war endlich gekommen. Henriette Herz gehörte in dieser verhängnißvollen Zeit zu den Frauen, welche dem Vaterlande leisteten was ein Weib ihm nur zu leisten im Stande war. Sie scheute um zu helfen nicht die Annäherung an die Verwundeten und Sterbenden, noch die typhusgeschwängerte Luft der Hospitäler, und ihre Wirksamkeit konnte sich um so zweckmäßiger, ja für ihre Genossinnen in den schönen Werken der Liebe gewissermaßen maßgebend gestalten, weil Reil, welcher die Oberleitung der Lazarethe auf dem linken Elbufer übernommen hatte, ihr Freund war und ihrer Thätigkeit die förderlichste Richtung gab. — Söhne hatte sie dem Vaterlande nicht zu bieten, aber mit Stolz und Genugthuung sah sie alle drei Söhne einer ebenfalls einem Arzte — dem Dr. Herz in Prenzlau — verheiratheten Schwester, deren jüngster fast noch Kind war, freiwillig in die Reihen der Vaterlandsvertheidiger treten. Und als der älteste derselben in Folge eines Sturzes mit dem Pferde in der Schlacht bei Groß-Beeren eine höchst gefährliche Verletzung des Beines davon trug, wurde die besondere und aufopfernde Pflege welche sie ihm in dem langwierigen Uebel widmete, ihr nicht ein Anlaß sich den übrigen Leidenden weniger hinzugeben, die Leiden des ihrem Herzen so nahe Stehenden steigerten vielmehr ihr Mitgefühl für alle übrigen. —

Doch auch diese Kriegsperiode ward Anlaß zu einer Reise, die aber diesmal eine Flucht war. Und da ein Theil der heutigen Generation wohl die großen und allgemeinen Begebnisse jener interessanten Zeit kennt, wenig aber von den mit ihnen zusammenhängenden kleinen der Einzelnen weiß, die doch ebenfalls einen wie leichten Pinselstrich auch zu dem bewegten Bilde derselben beisteuern, so wollen wir die Verstorbene selbst Einiges über diese Flucht erzählen lassen, und dies um so mehr, als der Leser in der Mittheilung einer eigenthümlichen und anmuthigen Darstellungsweise begegnen wird.

„Die verhängnißvolle Zeit zwischen der Schlacht bei Jena und der bei Leipzig gab oft zu dem schnellsten Wechsel der Empfindungen, ja mitunter überhaupt zu den wunderlichsten Gegensätzen und Scenen Anlaß. So bleibt mir die Erinnerung an den Tag der Dankfeier für den Sieg bei Groß-Görschen stets gegenwärtig. Mit aufrichtigster Andacht und tiefstem Dankgefühl gegen den Höchsten hatte ich ihr in der Dreifaltigkeitskirche beigewohnt, wo Schleiermacher sie abhielt. Unmittelbar nach derselben gehe ich, Freude und Ruhe im Herzen, zu Diesem, um mich noch an seinem voraussetzlich heiteren und dankbaren Gesichte ein wenig nachzuerbauen. Was finde ich? — ihn und sein ganzes Haus in Bewegung. Und mit unsäglichem Erstaunen höre ich von ihm, daß er seine Frau und Kinder am nächsten Tage mit dem Frühesten fortschicke, weil man Berlin gegen einen feindlichen Ueberfall nicht sicher glaube. Er rieth mir schleunigst dem Beispiele seiner Familie zu folgen. — Das war ein Abstand von dem was ich erwartete! — So eilte ich denn von der Siegesfeier nach Hause, um das zu thun was nur in Folge einer Niederlage hätte geschehen müssen, einzupacken, und mich für mich und eine alte kranke Mutter und eine kränkliche Schwester, welche beide ich nicht den Eventualitäten einer feindlichen Besetzung der Stadt aussetzen durfte, nach einer Gelegenheit umzuthun die uns schnell aus Berlin brächte. Aber wo eine solche finden? Alles was einen Wagen bezahlen konnte und nicht durch Pflichten an Berlin gebunden war wollte fliehen, denn was kampffähig war war ins Feld gezogen. Und wohin fliehen? Darüber entstand ein förmlicher Meinungskampf. Die Furcht des Einen wollte in dieser Beziehung immer scharfsinniger sein als die des Anderen."

"Endlich aber gingen die kleineren Fractionen ziemlich alle auf in zwei großen Parteien, der der Schlesier und der der Pommeraner, das heißt derjenigen welche nach Schlesien, und derjenigen welche nach Pommern davonlaufen wollten. Ich schlug mich zu den Schlesiern, und nach unglaublichen Bemühungen saßen wir am nächsten Nachmittage in einem Wagen vor dem Thore Berlins."

"Breslau wimmelte schon von noch rascheren Flüchtlingen als wir es waren. Kaum irgendwo ein Unterkommen. Wer Bekannte dort hatte eilte sie aufzusuchen. Ich ging sogleich zu Steffens'. Sie waren schon bis zur Erschöpfung von Flüchtlingen überlaufen worden die sie kaum kannten. — "Nach so vielen Leuten endlich ein Mensch!" rief mir Frau Steffens in sehr schmeichelhafter Uebertreibung zu als sie mich erblickte. — Aber bald hielt man auch Breslau nicht mehr für sicher, und wir gingen, um der Grenze des damals noch neutralen Oesterreichs näher zu sein, nach der Festung Neiße. Hier erreichte mich aber die Nemesis für die Ueberschätzung, die ich mir von Frau Steffens hatte gefallen lassen. Eine Verordnung gebot hier, daß alle „Ueberflüssigen" die Stadt räumen sollten. Die Meisten zögerten sich selbst für solche zu erklären, zumal die Berliner, auch ich, wie sich versteht. Da waren denn ich und die Meinigen von den Ersten, welchen die Behörde kund that, daß sie „Ueberflüssige" seien. — Was half's? Wir mußten Knall und Fall fort, und gingen nun nach Zuckmantel, wo wir uns in schöner Gebirgsgegend aufhielten bis man Berlin sicher glaubte."

„Als aber später zwei Meilen von Berlin die Schlacht von Groß-Beeren geschlagen wurde, und die Gefahr in der That bringend war, dachte Niemand daran zu fliehen. Es fehlte an Zeit um sich zu fürchten." —

Doch die Fährlichkeiten der Kriegszeit wurden glücklich überwunden. Die Unabhängigkeit des Vaterlandes war wiedererkämpft, sein Ruhm wiederhergestellt. Und gehörte der Kreis in welchem Henriette Herz lebte früher zu denen, in welchen die Zeit der Abhängigkeit und des Verfalls am schmerzlichsten empfunden worden war, so jetzt zu denjenigen in welchen man, im Bewußtsein den Umschwung der Dinge mit allen geistigen Mitteln gefördert zu haben, sich von den neuen Zuständen, die auch für die innere Entwickelung des Vaterlandes so verheißend schienen, am mächtigsten gehoben fühlte. Und auch den kurzen Sturm welchen das neue Erscheinen Napoleons in Frankreich im Jahre 1815 heraufbeschwor, sah man im wiedererlangten Selbstgefühl ohne die schweren Befürchtungen heranziehen, zu welchen die anfänglich so raschen Fortschritte des entthronten Helden zu berechtigen schienen. — Mit den Verhältnissen des Staates hatten sich nächstdem auch die pecuniären der Freundin wieder geordnet, ja ihre früheren unfreiwilligen Entbehrungen hatten ihr jetzt die Frucht eines kleinen aufgesammelten Capitals eingetragen.

So hätte sich denn diese Zeit zu einer der befriedigendsten ihres Lebens gestalten können, wäre sie nicht eben damals durch harte Schläge in ihrer Familie betroffen worden. Schon im Jahre 1815 verlor sie eine geliebte unverheirathet gebliebene Schwester, von allen ihren Geschwistern anscheinend die ihr an Geist und Gemüth verwandteste und, daher wohl auch ihrem Herzen am Nächsten stehende, mit vielem Sinn für Kunst begabt, sogar tüchtige Pastellmalerin, und im Frühjahr 1817 ihre Mutter, welcher sie, bei allem ihrem Walten in der großen Welt, doch stets als eine liebende und aufmerksame Tochter zur Seite gestanden hatte.

Der Tod der Letzteren bezeichnet jedoch eine neue Phase ihres Lebens, ihren Uebertritt zur christlichen Religion. — Sahen wir eine Frau deren Bildung fast gänzlich auf dem Boden des Christenthums ruhte, und die wir so lebendig von dem Geiste des Gründers desselben durchdrungen erkannten, sich äußerlich noch immer nicht zu demselben bekennen, so haben wir dies jener pietätvollen Rücksichtnahme zuzuschreiben welche den Besseren ihrer Generation eine zweite Natur war, während sie einen Theil der heutigen vielleicht als eine Uebertreibung, ja als eine an das Unsittliche streifende Verletzung des Rechtes der freien Selbstbestimmung erscheinen würde. Genug, für sie war der Gedanke an die Kränkung bestimmend, welche es der orthodox=jüdischen Mutter verursachen würde, in der Tochter eine Abtrünnige von dem Glauben der Väter zu sehen. Eben so wenig aber konnte ein heimlicher Uebertritt ihrem Charakter zusagen, obgleich ein Solcher auch ihrer Mutter bei der Abgeschiedenheit, in welcher diese in ihren letzten Lebensjahren von der Welt lebte, verborgen geblieben wäre. Auffallend möchte es hiernach nun aber erscheinen, daß der öffentliche welchen Schleiermacher nunmehr von ihr verlangte von ihr abgelehnt wurde, ja daß dies Verlangen die erste und einzige Wolke heraufbeschwor, welche, wie vorübergehend auch, ihr schönes Verhältniß zu diesem Freunde umflorte. Aber auch hier waren Rücksichten auf werthe, dem jüdischen Glauben anhängende Freunde und Freundinnen wohl vorzugsweise maßgebend für ihre Weigerung. Diese hätten in ihrem öffentlichen Uebertritte zum Christenthume eine mindestens überflüssige Demonstration gegen den Glauben gesehen welchen sie verließ. Gewiß aber ist es nächstdem, daß ein solcher bei der bekannten und bedeutenden Persönlichkeit der Uebertretenden, wie er ein Gegenstand der Theilnahme aller Klassen gewesen wäre, Vielen doch auch lediglich zur Befriedigung einer leeren, gaffenden Neugier gedient hätte. Auch dies schon widerstrebte ihrem Selbstgefühl wie ihrer Weiblichkeit, ja es widerstrebte selbst ihrem religiösen Gefühl, welchem im Augenblicke eines so heiligen, für sie so bedeutungsvollen Actes vor allem eine Stimme einzuräumen sie sich berechtigt glaubte.

Schleiermacher, der Priester und Lehrer des Christenthums, wurde zu seinem entgegenstehenden Verlangen vielleicht eben durch die hohe Bedeutung der Uebertretenden bestimmt, und keinenfalls dürfen wir ihm tiefe und reine Motive hinsichts desselben absprechen. Aber eine Einigung war nicht zu erreichen. Und so begab sich denn Henriette Herz in den ersten Tagen des Juni 1817 nach dem kleinen ruhigen Zossen in der Mark zu dem dortigen Superintendenten Wolf, mit welchem, und namentlich mit dessen Gattin, sie befreundet war, und ließ sich daselbst während eines sechswöchentlichen Aufenthalts, welchen sie in stiller Sammlung in der ehrenwerthen, frommen Familie zubrachte, in den Bund der Christenheit aufnehmen.

So konnte sie denn, auch äußerlich Mitglied der großen christlichen Gemeinschaft, nach der alten Hauptstadt der Christenheit ziehn, zu welcher die verschiedenartigsten Interessen, unter denen jedoch die der Kunst voranstanden, sie schon längst hingezogen hatten. Sie trat sogleich von Zossen aus am 16. Juli 1817 die Reise an, und erst der Herbst des Jahres 1819 sah sie wieder in Berlin. Nichts des Schönen was Kunst und Natur boten wurde auf dem Wege ungesehn gelassen, aber die Menschen, welche sie mit so vieler Liebe umfaßte, wurden deshalb nicht vernachlässigt. Sie suchte aller Orten die alten Freunde mit alter Anhänglichkeit auf, sie suchte und fand neue. Auch in der Fremde wie daheim drängten sich fast alle ausgezeichnetesten Persönlichkeiten ihr entgegen, und sie hielt diejenigen mühelos fest in welchen sie ächten Menschenwerth erkannte. Aber bei aller Wärme des Herzens wahrte sie auch hier bewußt und taktvoll das Maß, so daß sie, die Annäherung Anderer nur so weit begünstigend als es ihr angemessen erschien, sich Anderen nie mehr nähernd als sie es ihnen genehm erachten konnte, nie zurückzuweisen, aber auch nie einen Schritt zurückzuthun hatte. Einen Beleg zu dieser bewußten Haltung giebt uns eine Stelle in ihrem italienischen Tagebuche. „Bei Reinhold's" — in Rom — „war unter andern Fürst Kaunitz, der österreichische Gesandte, und in seinem Gefolge sah ich Meyern, den Verfasser des Dyana-sore. Ich fand ihn kalt und unfreundlich. Und wenn ich schon Göthe's Wort: „die Freunde läßt man gehn, die Andern läßt man laufen", im Ganzen nicht befolgen kann, so kann ich es doch in der letzten Hälfte recht gut." —

Die Reise ging über Leipzig, Baireuth, Nürnberg, Augsburg und München, wo sie während eines vierzehntägigen Aufenthaltes viel mit F. H. Jacobi war. Bei diesem fand sie auch ihren Jugendfreund Dohm wieder, den sie schon früher einmal auf einer Reise, als er eben von der verhängnißvollen Sendung nach Rastatt zurückkehrte, unerwartet getroffen hatte.

Den Kunstschätzen, deren die Hauptstadt Baierns auch damals schon viele enthielt, wurde gebührende Aufmerksamkeit gewidmet, und freundliches Entgegenkommen der Kunstverständigen machten sie ihr möglichst lehrreich. Durch die Königliche Gemäldegallerie wie durch die meisten anderer Kunststätten wurde Mannlich, der bekannte Director der ersteren ihr Führer. Als sie wegen der Erlaubniß die Sammlung des Herzogs Eugen von Leuchtenberg sehn zu dürfen anfragte, ließ der hohe Besitzer derselben sie wissen, daß er es sich zum Vergnügen rechnen würde sie in Person durch dieselbe zu geleiten. Auch empfing der Fürst sie persönlich, entschuldigte sich jedoch mit bringenden und unaufschiebbaren Geschäften die es ihm unmöglich machten seinen Wunsch zu erfüllen.

Auch fast alle damals in München lebende wissenschaftliche Notabilitäten suchten oder erneuerten ihre Bekanntschaft. So Schelling, der als Mensch wie als Gelehrter gleich ausgezeichnete Schlichtegroll, Niethammer, einer der frühesten Bekämpfer des Rationalismus. Eine besondere Theilnahme erregte ihr, welche als Gattin eines ausgezeichneten Arztes ein lebhaftes Interesse an dessen Wissenschaft genommen hatte, der berühmte Anatom Sömmering, mit dessen Werk über den Ursprung der von Gehirn ausgehenden Nerven sie vertraut gewesen zu sein scheint. Wir finden in ihrem Reisetagebuche über den damals 64jährigen Mann Mehres notirt, und geben daraus eine seine Persönlichkeit betreffende Bemerkung wieder, weil Diese jetzt Lebenden vielleicht weniger bekannt sein möchte als seine wissenschaftliche Leistungen es sind. Sie lautet: „Er ist bewundernswürdig lebendig, und hat eine feine, aber ich möchte sagen dünne Ironie."

Auf der Weiterreise nach Italien wurde bis Florenz der ihr von dem Hofbibliothekar Docen zugeführte Architekt J. E. Ruhl, welcher damals seine italienische Reise machte deren Frucht das bekannte Werk „die Denkmäler der Baukunst in Italien" war, ihr, wie es scheint ihr im Laufe der Reise nicht sehr zusagender Begleiter.

Durch Tyrol über Verona und Padua ging es nach Benedig, wo acht Tage der unermüdlichen Besichtigung der Kunstwerke der Lagunenstadt gewidmet wurden, von da nach Florenz, dessen Schätze sie vier Wochen fesselten, und von wo sie Ausflüge nach Pisa und Livorno machte. Hier hatte sie auch die Freude ihren jüngeren Freund Immanuel Bekker zu finden, welcher ihr ein werther Begleiter nach Rom wurde. In dieser Stadt kam sie am 11. October 1817 an, und verweilte daselbst, einen Ausflug nach Neapel und dessen Umgegend welchen sie größtentheils in Begleitung Thorwaldsens, der auch ihr Gefährte auf der Reise nach Rom war, vom 4. September bis 5. October 1818 machte, abgerechnet, bis zum 2. Mai 1819, also länger als anderthalb Jahre. Sie fand hier ihre Freundin Caroline von Humboldt, an deren Seite ihr die Wanderungen zu den Kunstwerken der ewigen Stadt doppelt lehr= und genußreich wurden, mit ihren Töchtern. Später, im Juni 1818, ward ihr auch die unverhoffte Freude Dorothea von Schlegel dort wiederzusehen, welche zum Besuch ihrer Söhne, der daselbst lebenden Maler Philipp und Johann Veit, dahin gekommen war, und mit welcher sie einen Sommeraufenthalt in dem reizenden Genzano machte. —

Eine neue Schule deutscher Kunst bildete sich damals in Rom. Sie stand zu den sämmtlichen jungen Künstlern in Beziehung welche später als hervorragende Meister dieser Schule genannt wurden, von den übrigen Künstlern in naher zu Thorwaldsen, Eberhard, Koch, in entfernterer zu der freilich nicht großen Zahl der berühmteren italienischen. Niebuhr, Bunsen, Platner, sämmtlich nah mit ihr befreundet, waren ihr für die Kenntniß der alten Stadt der Cäsaren von unschätzbarem Werth. Bald trat sie in gesellige Verhältnisse, welche ihr die Bekanntschaft der hervorragendsten Fremden verschaffte die sich an diesem Sammelplatze der Notabilitäten aller Nationen aufhielten. In wie beschränkten Räumen, mit wie beschränkten Mitteln auch, war sie in dem Fall selbst Gesellschaft zu empfangen. Aber in diesen einfachen Räumen fanden sich ungeladen weltliche und Kirchenfürsten ein. Unter den Ersteren war der Kronprinz Ludwig von Baiern einer von denen welche ihr mit der wohlwollendsten Aufmerksamkeit entgegenkamen, — der, wie es scheint, etwas geistesbeschränkte Senator von Rom, Herzog Friedrich von Sachsen=Gotha, scheint hierin mehr als erfreulich war gethan zu haben — unter den Letzteren der damals in Rom allmächtige Cardinal Consalvi.

Das fast zu einer zweiten Heimath gewordene Rom wurde in Begleitung der Frau von Humboldt und Immanuel Bekkers verlassen. Ueber Perugia und Spoleto ging die Gesellschaft nach Florenz, wo von Neuem ein dreiwöchentlicher Aufenthalt genommen ward. Der Weg nach Mailand ward über Bologna, Parma und Piacenza eingeschlagen. Der schönen Hauptstadt der Lombardei wurden acht Tage gewidmet, und von ihr aus wurde ein Ausflug nach dem Comer=See unternommen. Dann ging's über den Simplon, durch das Wallis, über Bevay, Bern, Zürich nach Schaffhausen. In Stuttgart ward flüchtig die Bekanntschaft Uhlands gemacht, und durch ein zu= fälliges Zusammentreffen bei Cotta, Jean Paul, der auf der Hinreise in Baireuth verfehlt worden war, nach langen Jahren und zum letzten Male wiedergesehen. In Frankfurt ward Louis, jetzt Ludwig Börne, „von seiner tollen Leidenschaft geheilt", als ein „berühmter Mann" wiedergefunden. Sodann wurden die Taunusbäder, Mainz, Köln, sowie die anderen interessan= testen Städte des Niederrheins gesehen, und einige Wochen in Bonn in Arndts gastlichem Hause zugebracht. Ueber Frank= furt ward mit einer werthen Freundin, der Gattin Uhden's, der Rückweg nach Berlin genommen.

Und doch endete die schöne und genußreiche Reise, von

welcher sie ihr ganzes übriges Leben hindurch geistig zehrte, mit einem Mißton. Sie mußte als Gast Arndt's Zeugin davon sein, daß der ihr als so patriotisch und loyal bekannte Freund bei fast noch nächtlicher Weile auf obrigkeitlichen Befehl überfallen und seiner Papiere beraubt wurde. Die Betroffenheit über dieses Ereigniß machte sie erstarren. Noch am nächsten Tage vermochte sie es nur mit den Worten in ihrem Tagebuche zu notiren: „Der 15. Juli 1819. Gestern habe ich hier im Hause etwas erlebt was ich nie erlebt haben wollte. Arndt's Papiere wurden weggeholt." —

Sie neigte ihrer Natur nach nicht zur Politik hin. Es war lediglich Folge ihrer Vaterlandsliebe, wenn sie sich zur Zeit fremder Unterdrückung mächtig zum lebhaftesten Antheil an allen Bestrebungen getrieben fühlte welche auf die Erweckung deutschen Sinnes hinzielten. Aber eine Maßregel wie diese hier mußte sie doch nöthigen ihren Blick auf die inneren Zustände des Landes zu richten, und sich zu fragen, ob mit der Verfolgung solcher Männer die Erfüllung der Hoffnungen auf freisinnige Institutionen vereinbar sei? — Es behielt nicht bei Arndt sein Bewenden. Noch mehrere ihrer Freunde deren Verdienste um die Erweckung ächter Vaterlandsliebe ihr bekannt genug waren fielen Verfolgungen anheim, ja selbst ihr Freund Schleiermacher wurde mindestens sehr „mißliebig." Sie ward von Trauer ergriffen. Ihrer altgewohnten Loyalität konnten zwar alle diese Ereignisse keinen Eintrag thun. Sie war von Ehrfurcht vor den Tugenden des Königs erfüllt und von seinem besten Willen überzeugt. In den Maßnahmen welche sie betrübten sah sie die Einwirlung von Mächten, welchen selbst die Höchsten im Staate sich nicht zu entwinden vermochten. Manches was vor ihren Augen vorging bestätigte sie in dieser Ansicht. Zu dem Auffallendsten darunter gehörte es für sie, daß der bekannte Franz Lieber, welcher sich später in den Nordamerikanischen Freistaaten eine nützliche und geachtete Thätigkeit gründete, trotz der beruhigenden Versicherungen des Königs selbst gegen Niebuhr hinsichts seiner, und trotz der wiederholten Verwendungen dieses gewiß nicht demagogisch gesinnten Staatsmannes für ihn, nicht vor Verhaftungen und Verfolgungen zu schützen war, und sich einem neuen Kerker nur durch eilige Flucht entziehen konnte. Als er zu diesem Behufe ihre Unterstützung in Anspruch nahm, zögerte die so loyale Frau keinen Augenblick sie ihm zu gewähren. Sie versah ihn mit bringenden Empfehlungen nach London, unter welchen eine an ihre Freundin, die bekannte Schriftstellerin Sophie Domeyer, früher Bernhard, geborne Gad, ihm vor Allen nützlich wurde. Bezeichnend ist es hierbei für ihren hohen Rechtlichkeitssinn, daß die einzige Frage, an deren befriedigende Beantwortung sie die Bewilligung derselben knüpfte, die war, ob er etwa bei der Entlassung aus seiner letzten Haft in Köpenik sein Wort gegeben habe Preußen nicht zu verlassen. —

Die Geselligkeit, welche für Henriette Herz nicht blos ein Element der Wirksamkeit sondern wahrhaft ein Lebenselement war, gestaltete sich trotz ihrer langen Abwesenheit von ihrem Wohnorte um so schneller wieder um sie, als die mannigfachen Anschauungen mit welchen die Reise sie bereichert hatte und ihre verschiedenen interessanten Erlebnisse auf derselben ihrer Unterhaltung neuen Reiz verliehen. Ja vielleicht haben wir dabei auch in Anschlag zu bringen, daß sie trotz ihres bereits vorgerückten Alters noch immer zu den schönen Frauen gezählt wurde. Sie selbst, nicht unaufmerksam auf ihr Aeußeres, wie dies bei einer so gefeierten Schönheit wohl begreiflich ist, datirte zwar von ihrem Aufenthalt in Rom einen merkbaren Wendepunkt in dieser Beziehung, aber noch galt sie nur wenige Wochen vor ihrer Abreise von dort, daher in ihrem 55sten Jahre, selbst den Künstlern für schön genug, um an Einem Tage vier derselben zu veranlassen sie zu zeichnen um sich ihre Züge festzuhalten. Und Camuccini, ein gerade für die Formen competenter Künstler, fand diese in dem aus einer dieser Sitzungen hervorgegangenen Profil=Portrait von der Hand Wilhelm Hensel's allen an die Natur irgend zu stellenden Forderungen an reinste Schönheit so entsprechend, daß er stets mit neuer Freude zu demselben zurückkehrte.

Freilich wurde sie insofern allgemach schon an ihre vorgerückten Jahre erinnert, als der Tod bereits anfing in den Kreis ihrer Jugendfreunde schmerzliche Lücken zu reißen. Hinsichtlich der Zahl füllten sich diese allerdings schnell wieder. Denn fortdauernd bewarben sich ausgezeichnete Männer um ihren Umgang und ihre Freundschaft. Selbst Jünglinge, zum Theil Söhne ja Enkel ihrer Jugendfreunde, ihr oft von fernher zugewiesen, und bei ihrer hohen Humanität nicht minder freundlich aufgenommen als Männer von bewährtestem Wirken und Rufe, benutzten so oft es thunlich war die Erlaubniß sich ihr nahen zu dürfen, und man sah bis in die letzten Jahre ihres Lebens in ihren Zimmern nicht selten den berühmten

Gelehrten und den ergrauten Staatsmann neben dem jugendfrischen Studirenden, welchen jedoch der von der Wirthin taktvoll angeschlagene ungezwungene Ton von aller Befangenheit hinsichtlich seiner Umgebung frei hielt. Hatte sie nun schon im August 1819 mit einigem Rechte in ihr Tagebuch schreiben können: „An der Table d'hôte in Schwalbach fand ich ein Fräulein Reizenstein, das wie ich alle Menschen kennt"; so mußte auf diese Weise die Masse interessanter Persönlichkeiten welche sie kannte noch zunehmen, hiermit aber auch die eines Unterhaltungsstoffes welcher stets von Neuem zu ihr hinzog. Und sie war in ihren Mittheilungen über solche Persönlichkeiten nicht karg, und wurde in denselben durch ein treffliches, selbst das Aeußere längst Verstorbener mit Genauigkeit festhaltendes Gedächtniß unterstützt.

Die freie Zeit, welche ihr die durch solche Bedingungen begünstigte Geselligkeit ließ, wurde dabei bis kurz vor ihrem Ende ununterbrochen einer ihr oder Anderen nützlichen Thätigkeit gewidmet. Sie las nicht nur wiederholt die klassischen Werke der deutschen und der fremden Literatur, welche ihr früher schon Quellen der Bildung und des Genusses geworden waren, sondern suchte sich mit allen besseren neuen Erscheinungen bekannt zu machen. Unbemittelten jungen Mädchen gab sie unentgeltlich Sprachunterricht, und selbst die Mehrzahl ihrer Handarbeiten wurde wohlthätigen Stiftungen zugewendet. —

So ging noch manches Jahr in wenig gestörter Heiterkeit und in oft geäußertem Danke gegen Gott für die vielen reinen Freuden und Genüsse, welche er ihr so andauernd gewährt habe, dahin. Aber es waren ihr noch heiße Schmerzen vor-

behalten, und nicht bloß solche welche, in dem natürlichen
Laufe der Dinge liegend, wie etwa der Tod der Angehörigen
und Jugendfreunde, Jeden treffen dem ein langes Lebensziel
beschieden ist.

Schon die allgemeinen Zustände waren geeignet ihr manche
Stunde zu trüben. Wie große Aufmerksamkeit auch die Verhältnisse Frankreichs bereits vor der Juli=Revolution auf sich
gezogen haben mochten, doch kam diese Katastrophe wie ein
Blitzstrahl aus heiterem Himmel, und mit ihr stiegen plötzlich
Befürchtungen für die Zukunft des Vaterlandes wie böse nächt-
liche Geister herauf, während früher höchstens einige Bedenken
über die bestehenden Zustände laut geworden waren. Diese
Befürchtungen hätten bei der loyalen Zuversichtlichkeit unserer
Freundin vielleicht wenig Eindruck auf sie gemacht, wären sie
nur von Solchen geäußert worden, bei welchen sie schon ein
politisches Unbehagen oder eine Lust nach Neuerungen zu kennen
glaubte. Aber wenn sie von den ängstlichen Befürchtungen
Niebuhr's hören mußte, wenn Nicolovius schwere Besorgnisse
kund gab, mußte sie selbst von Bangen erfüllt werden. Und
von da an, und dies war von Wesentlichkeit für sie, erlitt auch
die Unbefangenheit der geselligen Verhältnisse eine ernste Störung. Die Trübsal der politischen Conversation war nicht
mehr aus den Salons zu bannen. Umgeben wie sie es war
von den verschiedensten Elementen in Beziehung auf Alter,
Stand und Beruf, hörte sie die verschiedenartigsten politischen
Ansichten aussprechen; aber eines ging ihr aus Allem mit Gewißheit hervor, daß die Harmonie an welche sie geglaubt all-
mälig schreitenden Mißklängen Platz gemacht hatte, deren späte

Auflösung vielleicht nur nach vernichtenden Scenen der Gewalt zu erwarten war. Sie nahm wenig thätigen Antheil an dem wie auch äußerlich maßhaltenden Kampfe der Meinungen, der sich oft um sie bewegte. Aber an einem schmerzlichen Ausdruck in ihren Zügen erkannte man das Gefühl daß ein Paradies für sie verloren sei.

Bald aber begann auch der Tod in noch rascherer Folge als sie erwarten durfte eben im Kreise der ihrem Herzen zunächst stehenden Freunde und Freundinnen eine emsige, grausame Ernte zu halten. Wir wollen von den allgemeiner gekannten Persönlichkeiten unter ihnen nur Göckingk, den Grafen Alexander Dohna, Niebuhr, Caroline von Humboldt, Rahel von Barnhagen, Schleiermacher, Carl von Laroche, Wilhelm von Humboldt nennen; unersetzliche Verluste für sie. Aber auch das gewaltsame Ende eines nahen Verwandten sollte ihr eine kaum jemals vernarbende Wunde schlagen. Einer ihrer Neffen, der einzige, früh verwaiste Sohn einer geliebten, bereits im Jahre 1823 verstorbenen Schwester, welchem sie eben deshalb eine zweite Mutter sein zu müssen glaubte, fiel im Jahre 1834 in der Blüthe des Lebens in einem Duell, zu welchem er sich in Folge einer von ihm nicht provocirten Beleidigung zu deren Zurücknahme er den Gegner nicht bewegen konnte genöthigt glaubte. Und weniger noch als den Schmerz über seinen gewaltsamen Tod konnte die Greisin den Mißton bewältigen, mit welchem eine harte Aeußerung die der Gegner noch gegen den tödtlich von ihm getroffenen Jüngling gethan haben sollte, ihr allem Uneblen abholdes Gemüth erfüllte.

Doch wollte das der trefflichen Frau noch immer nicht

unfreundliche Geschick ihr auch manchen Ersatz für so schwere
Verluste nicht vorenthalten. Wir rechnen dahin die Versetzung
des ihr überaus theuern Henrik Steffens nach Berlin, des
gemüthlichsten, theilnehmendsten Freundes und zugleich des
angeregtesten und anregendsten Gesellschafters, sowie die Uebersiedelung der einzig ihr noch übriggebliebenen Schwester hierher, mit welcher sie später, um der kränkelnden Frau in jedem
Augenblick ihre schwesterliche Sorgfalt widmen zu können, eine
gemeinschaftliche Wohnung bezog; vor Allem aber den unschätz-
baren Gewinn einer liebenden Gefährtin in der Tochter jenes
Superintendenten Wolf, welcher sie in das Christenthum eingeführt hatte, und die in seltenem Verein befähigt war, nicht
nur allen ihren geistigen Bedürfnissen entgegenzukommen, sondern auch durch liebevolle und zweckmäßige Pflege ihrem Körper
die Hinfälligkeit des Alters weniger fühlbar werden zu lassen.

Denn unausbleiblich mußten zuletzt Zeit und schmerzliche
Ereignisse ihre Macht über ihre physische Natur geltend machen.
Sie verfiel wiederholt in schwere Krankheiten, zu deren Beseitigung die treue und umsichtige Sorgfalt ihres Hausarztes,
des Dr. J. Henschel, sowie der stets bereite Rath ihres Freundes Dieffenbach ohne Zweifel sehr wesentlich beitrugen, welche
jedoch ohne einen körperlichen Organismus, eben so urkräftig
als der ihres Geistes und Gemüthes es war, kaum zu bewältigen gewesen wären; denn fast unerhörterweise überwand
jener einige Male den beinahe immer tödtlichen „Brand
der Alten". Ja, ein Sturz über das Treppengeländer ihrer
Sommerwohnung auf das Granitpflaster der Hausflur, von
welchem die ernstesten Folgen gefürchtet wurden, blieb ohne

dauernde Nachtheile. Und stets von Neuem umgab sie sich dann sobald es thunlich war mit ihren Freunden. Ihr noch in spätesten Lebenstagen jugendlich wallendes Herz konnte der ihr liebgewordenen Menschen nun einmal nicht entrathen.

Auch der Lebhaftigkeit des Geistes thaten zuletzt die Jahre wohl einigen Abbruch. Die Abnahme des Gedächtnisses war, wie gewöhnlich bei Greisen, zuerst merkbar. Aber es war eine der interessantesten Eigenthümlichkeiten der so günstig organisirten Frau, daß sie in einer Zeit, zu welcher sie schon neuerlichste Ereignisse und kaum gefaßte Vorsätze vergessen konnte, nie eine an ihr Herz gemachte Anforderung vergaß. War z. B. eine Bitte um eine an irgend eine Eventualität geknüpfte Verwendung an sie gerichtet worden, so hatte sie ihr desfallsiges Versprechen nie vergessen, wenn auch die geeignete Zeit zur Erfüllung desselben erst nach vielen Monaten eintrat. Als das geistige Gedächtniß schon fast entschwunden war, hatte sich das des Herzens in ungeschwächter Kraft erhalten.

Leider sollte die Frau welche in ihrem Eifer die Sorgen Anderer zu lindern nie nachließ noch in ihren spätesten Lebenstagen selbst von Sorgen bedrängt werden. Das Alter vermehrte ihre Bedürfnisse, wiederholte Krankheiten hatten bedeutende Ausgaben erfordert, sie sah ihr kleines Kapital schwinden, und hatte zu fürchten bei längerem Leben von einer kleinen Wittwen=Pension subsistiren zu müssen, welche schon in jüngeren Tagen zu ihrem Unterhalt nicht ausgereicht hätte. So geheim sie diese Erdennoth hielt, sie kam im Jahre 1845 dennoch zur Kunde Alexanders von Humboldt. Der treue Freund wußte, daß König Friedrich Wilhelm IV. sich oft mit lebhafter Theilnahme nach dem Ergehen der edlen Frau erkundigte, von welcher er stets so viel des Guten gehört hatte, und in deren Haus er schon als Kind durch seinen Erzieher Delbrück eingeführt worden war, wo er unter Anderm die ersten physikalischen Experimente gesehen hatte. Er knüpfte an diese ihm selbst öfter geäußerte hohe Theilnahme an, um den König um eine einmalige Subvention und eine kleine Pension für die Freundin zu bitten. Der König bewilligte die Erstere nicht nur sofort, sondern fügte hinsichtlich der Letzteren hinzu: „Für eine Frau, welche so lange ihre Kräfte es erlaubten so thätig für das allgemeine Beste mitgewirkt hat, muß ich mehr thun als Sie von mir begehren. Für sie muß auch ich thun was in meinen Kräften steht." — Nach sofort vorgenommener Revision des betreffenden Fonds verfügte der König noch an demselben Abende die Bewilligung des Doppelten der erbetenen Pension. Aber die zarte und schonende Form der Bewilligung erhöhete die Gabe noch weit über ihre pecuniäre Bedeutung hinaus. In einem Handbillet an den Geheimen Cabinetsrath Müller erklärte der König, daß da die Hofräthin Herz, „eine Frau, deren Namen Er von frühester Kindheit an mit der innigsten Hochachtung habe aussprechen hören", selbst nichts erbeten habe, und überhaupt die ganze Sache ohne ihr Wissen geschehen sei, Er es angemessen finde keine Cabinetsordre hinsichts der Bewilligungen an sie selbst zu richten, vielmehr die ganze Angelegenheit durch Herrn von Humboldt gehen zu lassen. — So wurde denn die treffliche Frau durch eine sofortige Subvention von 50 Stück Friedrichsd'or und eine jährliche Pension von 500 Thalern, beide aus der Privat=Chatouille des Königs, nicht nur von lastender Sorge befreit, sondern durch so ehrende Aeußerungen der Theilnahme, deren Kunde ihr nicht vorenthalten ward, mächtig gehoben und mit neuer Lebensfreudigkeit erfüllt.

Der wohlwollende Monarch ließ es hierbei nicht bewenden. Schon oft hatte der König den Wunsch ausgesprochen die ehrwürdige Matrone vor ihrem Ende noch einmal zu sehn, sowie die Hoffnung ihr einmal im Thiergarten wo sie ihre Sommerwohnung hatte zu begegnen. Diese Hoffnung konnte sich in den letzten Zeiten ihres Lebens um so weniger erfüllen, als Schwäche ihr nur selten einen Spaziergang erlaubte. Der König begünstigte sie daher am 6. Juli 1847 durch seinen Besuch, und unterhielt sich auf's theilnehmendste und freundlichste mit ihr, zugleich durch lebendige Erinnerung selbst an Kleinigkeiten welche sie betrafen ein ehrendes Interesse für sie bekundend. —

Hatte inzwischen der Tod fortwährend nicht nachgelassen ihr von den Werthesten der nur noch kleinen Schaar der älteren Freunde zu rauben, unter welchen wir hier nur Reimer, Reinhardt, Hoßbach und den treuen liebevollen Steffens anführen wollen, so war doch das im Jahr 1846 erfolgte Ableben der einzigen ihr noch gebliebenen Schwester wohl vor Allem niederdrückend für sie. Ihr Blick mußte sich nothwendig immer mehr nach dem Jenseits richten, wohin die Meisten der ihrem Herzen nahe Stehenden vorangegangen waren, während sie doch auch dem Leben insofern bis zuletzt sein Recht einräumte als sie sich fortdauernd mit ihren Freunden umgab, und ihre Theilnahme auch für die kleinsten Begegnisse derselben nicht erkalten ließ. Aber noch sollte ihr Herz vor ihrem Verscheiden durch den Tod einer, einem viel jüngeren Geschlechte gehörenden Lieben tiefschmerzlich ergriffen werden. Zu der Familie Mendelssohn stand sie schon seit der Zeit des berühmten Ahnen Moses in naher Beziehung, ihren Mitgliedern ebensoviel Liebe weihend als Beweise aufrichtiger Freundschaft von ihnen empfangend. Schon hatte sie den Tod eines ausgezeichneten Ehepaars, des Stadtraths Mendelssohn-Bartholdy und seiner Gattin, zu betrauern gehabt. Jetzt ging auch deren Tochter die gemüthvolle und talentreiche Fanny Hensel in der Blüthe der Jahre dahin. Das völlig Unerwartete des Falles verlieh ihrem Schmerze über denselben einen verschärften Stachel. —

Auch ihre kräftige Natur unterlag endlich. Doch nicht früher als vierzehn Tage vor ihrem Ableben nahm ihr Sterbelager sie auf. Sie sah ihr Ende mit Ergebung nahen. Schon etwa acht Tage vor demselben empfing sie das Abendmahl aus den Händen des Predigers Jonas, des ihr befreundeten Schülers Schleiermachers. Die zärtliche Sorgfalt ihrer treuen Pflegerin sowie ihrer Schwesterkinder strebte ihre Leiden soviel als möglich zu lindern, aber so lange ihr Bewußtsein sie nicht verließ, veranlaßte ihre Liebe sie zu Aeußerungen der Besorgniß, daß die Pflege welche ihr wurde ihren Pflegern nachtheilig werden möchte. — So starb die edle Frau liebevoll wie sie gelebt hatte, aber auch noch im Tode gleichwie in ihrem langen Erdenleben Liebe erfahrend, am 22. October 1847 nach kurz vorher zurückgelegtem 83stem Lebensjahre. —

Die folgenden Aufsätze sind zum größten Theile aus den eigenen mündlichen Mittheilungen der Verstorbenen hervorgegangen, ein kleinerer ist den bereits früher erwähnten von ihr hinterlassenen Erinnerungen aus ihrer Jugendzeit, sowie ihren Briefen und Tagebüchern entnommen. Im ersten dieser Fälle ist die Aufzeichnung in der Regel fast unmittelbar nach der Mittheilung und möglichst genau mit den eigenen Worten der Erzählenden erfolgt. — Als sie nach Vernichtung des größten Theiles ihres Briefwechsels auf die Bedeutung des Verlustes aufmerksam gemacht worden war, wurde ihren näheren Freunden ihr Bestreben merkbar auf dem Wege mündlicher Mittheilung das Verlorene einigermaßen zu ersetzen. Oft gab ihr eine einzige Frage den Anlaß zu längeren Erzählungen, und waren ihr Einzelnheiten einer interessanten Thatsache im Augenblicke nicht genau erinnerlich, so versprach sie darüber nachzusinnen, und ertheilte fast immer in möglichst kurzer Frist eine Auskunft. — Da ihre Mittheilungen, soweit sie sich auf Personen bezogen, fast nur bekannte ja berühmte Persönlichkeiten betrafen, so setzte sie eine allgemeine Kenntniß des Lebens, Charakters und Wirkens derselben voraus. Ihre Absicht ging nur dahin, noch Unbekanntes oder nur oberflächlich Gekanntes, es betreffe nun Personen oder Zustände, zur Kunde zu bringen, oder Irrthümliches zu berichtigen, oder durch kleine Pinselstriche bereits gekannten Bildern einige neue bezeichnende Drucker zu verleihen, oder endlich die Art ihrer Beziehungen zu jenen interessanten Personen in's Licht zu stellen. Weder Biographien noch ausgeführte Charakteristiken wird der geehrte Leser demnach in den folgenden Aufsätzen erwarten dürfen.

Der Wunsch, wenigstens ungefähr anzudeuten über welche Personen oder Sachen in den einzelnen Aufsätzen etwas zu finden sei, ließ Ueberschriften über denselben angemessen erscheinen. Diese konnten jedoch, um nicht zu umfangreich zu werden, nur das Hauptsächliche angeben. Der Leser wird daher in mehreren Aufsätzen manches finden, worauf ihn die Ueberschriften nicht hinweisen. Wie dies in der mündlichen Mittheilung öfter geschieht, holte die Erzählende bisweilen weit aus bis sie zu ihrem eigentlichen Gegenstande kam, und schweifte dagegen ein Andermal von diesem ab. Eine spätere Sichtung oder Sonderung hätte hier dem Charakter der Unmittelbarkeit Eintrag gethan, welcher bei solchen Mittheilungen so ungern vermißt wird. —

Ausgemerzt ist wenig Anderes worden als was die Discretion bis jetzt noch mitzutheilen verbietet.

I.
Aus den Kinderjahren.

Die erste dramatische Darstellung welcher ich beiwohnte war die eines Trauerspiels, und zwar in einem Privathause. Da die Darstellenden Dilettanten waren, so erweckte sie eine unbesiegbare Lust in mir ebenfalls Komödie zu spielen. Die Bitte an meine Eltern um die Erlaubniß, mich an den, öfters stattfindenden dramatischen Vorstellungen thätigen Antheil nehmen zu lassen, wurde mir mit mehr Liebe als Einsicht von ihrer Seite gewährt. Auch die Darstellenden nahmen mich freundlich in ihren Verein auf ungeachtet ich erst 8 bis 9 Jahre zählte, denn ich war für mein Alter sehr groß. Und so sollte ich denn zunächst in einer Operette als ein Landmädchen auftreten.

Ich war überglücklich, und in der That fing die fröhlichste Zeit für mich an. Die vielen Proben unterbrachen die Einförmigkeit des häuslichen Lebens aufs heiterste, und nächstdem war meiner Eitelkeit durch das Zusammenwirken mit Erwachsenen höchlichst geschmeichelt. Ein sehr musikalischer junger Mann, der sich für das lustige Unternehmen lebhaft interessirte, hatte es übernommen uns die Gesänge einzustudiren. Ich dachte nur immer an die Zeit zu welcher ich ihn zu diesem Zwecke bei mir zu erwarten hatte, und nahete sie so trieb mich meine Ungeduld vor die Hausthür, von wo ich ausschaute ob er denn immer noch nicht mit seiner Violine ankomme. Ja zuletzt gesellte sich zu dem Interesse für die Sache welche der junge Mann förderte ein sehr lebhaftes für seine Person.

Endlich war alles aufs beste eingerichtet, einstudirt, ein- und anprobirt. Denn selbst an den Costümen fehlte nichts mehr, und ich gefiel mir in dem Meinen so sehr daß es mir noch heute vor Augen steht. Ein weißseidener Rock mit rosafarbenen Bändern besetzt, ein rosafarbenes Mieder, und alles mit glänzenden Silberflittern geschmückt, ein weißseidenes Hütchen mit vielen Porzellanblumen, — was konnte man sich Schöneres denken! — Schon war der nahe Tag der Aufführung bestimmt und das Theater, diesmal im Hause einer reichen Jüdin, aufgeschlagen — wie denn auch alle Mitwirkenden Juden waren — als plötzlich ein vernichtender Blitzstrahl in den frohen Kreis hineinfiel, und zwar in Gestalt eines Verbotes der Darstellung seitens der Gemeindeältesten.

Diese, welche aus den reichsten und angesehensten aber auch orthodoxesten Gemeindegliedern bestanden, regierten damals die jüdische Gemeinde fast unbeschränkt, und ihnen gab unsere ihnen kund gewordene weltliche Belustigung schweren Anstoß. Eine Auflehnung gegen dieses Verbot oder gar eine Nichtbefolgung desselben wäre in jener Zeit etwas Unthunliches gewesen. Wir waren höchst unglücklich. Man lief zueinander und durcheinander, angesehene Gemeindeglieder, weniger strengen Sinnes als die Vorsteher, verwendeten sich für uns, man ging mehrere der Letztern privatim an, — alles, alles vergebens!

Da faßte ich den Entschluß, mich am nächsten Sonntage, als dem Versammlungstage der Gemeindevorsteher, vor die ehrwürdigen Herren zu stellen, und um Gestattung der unschuldigen Belustigung zu bitten; aber ich sagte Niemandem von meinem Vorsatze, weder den Mitgliedern der Gesellschaft noch meinen Eltern. So ging ich denn an dem bestimmten Tage allein in den Versammlungssaal, und plötzlich stand das kleine dreiste Mädchen vor dem Gitter hinter welchem die ehrwürdigen Väter der Gemeinde Rath hielten, die bald mich bald sich untereinander mit Blicken höchsten Erstaunens ansahen. Zuerst sprach ich bittende Worte. Sie schienen wirkungslos. Mein Selbstgefühl war gekränkt, und ich erklärte ihnen nun mit gehobener Stimme, es gezieme sich für so bejahrte und ernste Männer gar nicht sich um Kinderspiele zu bekümmern! — War's dieser Grund, war's meine ganze Erscheinung welches wirkte, kurz ich erreichte meinen Zweck!

Außer mir vor Freude lief ich jetzt von einem Mitgliede der Gesellschaft zum andern, um die beglückende Kunde zu bringen. Es war Winter, ich glitt, ich fiel, ich erhielt beim Nachhausekommen von meinen Eltern die mich vermißt hatten wohlverdiente Vorwürfe, alles ging in der Freude meines Herzens spurlos an mir vorüber.

Die Vorstellung fand statt, und noch zwei andere folgten ihr. Man bewunderte mein Spiel, meinen Gesang, und vor Allem meine Gestalt und mein Gesichtchen, man hob mich nach beendigtem Schauspiel von der Bühne, und küßte und herzte mich, man sagte mir höchst Schmeichelhaftes, kurz man that alles was mich verderben konnte, und dies wäre erreicht worden, hätte nicht eine bessere Einsicht der Eltern bald meiner Mitwirkung auf den Brettern ein Ende gemacht.

Es folgte hierauf eine lange Fastenzeit für meine Theaterliebhaberei. Nur einmal jährlich wurde ich von meinen Eltern in das Theater mitgenommen. Es war die Blüthezeit der Mara. Obgleich die Näschereien welche ebenfalls mitgenommen wurden meine Aufmerksamkeit ziemlich in gleichem Maße in Anspruch nahmen als diese große Sängerin, so erinnere ich mich dennoch ihrer wunderherrlichen Stimme noch heute. Sang sie die durch sie berühmt gewordene Arie: mi paventi, so war die Wirkung welche sie auf das volle Haus machte fast zauberhaft. Zur Zeit Friedrichs des Großen bestand das Publikum des Parterres ausschließlich aus Soldaten welche auf Befehl des Königs in die Oper geführt wurden. Wir hatten unsere Plätze in einer Parquet-Loge und oft störte uns das Geräusch welches die Mäße der dicht aneinander gedrängten Soldaten fast nothwendig verursachen mußte wenn sich auch nur einige von ihnen bewegten, oder auch ihr Geflüster, denn laut durften sie freilich nicht reden. Sang aber die Mara eine Bravour-Arie, so hörte man auch von diesen damals zum großen Theil sehr rohen Soldaten nicht den geringsten Laut, oder auch nur eine Bewegung. Mit zurückgehaltenem Athem standen selbst sie da, die lautloseste Stille herrschte im ganzen Hause. Hatte die große Sängerin geendet, so ging ein tiefer Athemzug durch die ganze gedrängte Menge.

II.
Marcus Herz und das Haus.

Herz, der auf Veranlassung des sehr wissenschaftlichen Kaufmanns David Friedländer und in dessen Begleitung von Königsberg nach Berlin gekommen war, hatte außer der Heilkunde auch Philosophie studirt. Er hatte schon in Königsberg einige scharfsinnige philosophische Schriften verfaßt, und war Kant's geliebter Schüler. Seine frühe Jugendzeit hatte er in sehr beschränkten Verhältnissen und in sehr gewöhnlicher Umgebung zugebracht, die spätere blos in wissenschaftlichem Verkehr. So lernte er eigentlich weder Menschen noch Welt kennen, und sein Geist wurde in viel höherem Grade ausgebildet als sein Charakter. —

Schon in Königsberg hatte er viel von der Bildung gehört welche in Berlin durch alle Stände verbreitet sei, und so kenntnißreich er war, so trat er doch aus diesem Grunde seine Reise hierher mit einer gewissen Bangigkeit an. Die Antwort eines Schusterburschen sollte ihn sehr bald in seiner Furcht bestärken. Er hatte unterweges einen seiner Pantoffeln verloren, und kaum hier angekommen bestellte er sich einen anderen genau nach dem Muster des ihm gebliebenen.

Diese Bedingung fand sich jedoch keineswegs erfüllt als der neue Pantoffel ankam, und er fragte etwas erzürnt den Ueberbringer, den Burschen des Schuhmachers, ob er wohl in der That der Meinung sei, daß dieser Pantoffel dem andern völlig gleiche? — So auffallend nun auch die Ungleichheit war, so brachte dies den Jungen doch nicht einen Augenblick in Verlegenheit. Er maß vielmehr Herz mit keckem Blicke von oben bis unten, und sprach dann: „Sie wissen wohl noch nicht, liebes Herrchen, daß es in der ganzen Welt nicht zwei völlig gleiche Dinge giebt?" — Herz stand ganz verblüfft vom Stuhle auf, zahlte schweigend den Pantoffel, und ließ eine ziemliche Zeit vergehn bis er sich in eine Berliner Gesellschaft wagte.

Indeß wurde er bald inne, daß er die geistreichste nicht zu scheuen habe. Nicht nur sein Wissen machte ihn für eine jede geeignet, sondern auch sein stets bereiter Witz, der ihm die schlagendsten wenngleich bisweilen wenig schonenden Repliken eingab, die bald in der ganzen Stadt umliefen. —

Schon zur Zeit unserer Verheirathung war Herz ein geachteter Arzt. Bald wurde er ein sehr gesuchter, und dies brachte uns in gesellige Beziehungen zu vielen größtentheils sehr achtbaren Familien, welche er ärztlich behandelte. In Kurzem fing er auch an in unserer Wohnung philosophische Collegia zu lesen, zu welchen sich ein sehr gewähltes Publikum einfand. Diese hatten um so mehr eine förderliche Ausdehnung unserer Verbindungen zur Folge, als er die tüchtigeren und ihm interessanteren unter seinen Zuhörern bisweilen zum Abendessen einlud. Später traten noch sehr beifällig aufgenommene durch Experimente erläuterte Vorlesungen über Physik hinzu, in welchen er durch vortreffliche Instrumente und Apparate unterstützt wurde. Sie wurden von Personen aus den höchsten Ständen besucht, sowohl Wißbegierigen, als allerdings auch blos Neugierigen, und führten unseren Gesellschaften viele der ausgezeichnetsten Notabilitäten zu. Diesen Vorträgen wohnten selbst die jüngeren Brüder des Königs*) bei, und auch den damals etwa fünfjährigen Kronprinzen**) brachte späterhin dessen Erzieher Delbrück mit sich, um ihn einige interessante Experimente sehen zu lassen. Ich erinnere mich, selbst für den kleinen Prinzen einige solche mit Phosphor angestellt zu haben.

Diesen Vorlesungen danke ich auch unter Anderem die Bekanntschaft der Brüder Wilhelm und Alexander von Humboldt, welche später zu einer Freundschaft für das Leben werden sollte die meine heiteren Tage verschönt, meine düsteren erhellt hat. Sie hatten nämlich den Erzieher derselben, den späteren Geheimen Staatsrath Kunth veranlaßt, Herz wegen der Anlage eines Blitzableiters zu Rathe zu ziehen, einer damals — es mochte um das Jahr 1785 sein — hier zu Lande noch ziemlich seltenen Vorrichtung, welche an dem der Humboldtschen Familie gehörenden Schlosse zu Tegel angebracht werden sollte; und bald führte er uns seine beiden Zöglinge zu, welche in Kurzem in unseren geselligen Kreis eintraten. —

Unter so begünstigenden Umständen bildete sich unser Haus, von welchem ich ohne Uebertreibung sagen kann, daß es in

---

*) Friedrich Wilhelms III. Anm. d. Herausg.
**) Den jetzigen König. Anm. d. Herausg.

nicht langer Zeit eines der angenehmsten und gesuchtesten Berlins wurde. Zog Herz durch sein geistreiches Wesen sowie als berühmter Arzt an, so ich — die Zeit liegt jetzt weit hinter mir — durch meine Schönheit. Doch ich will nicht ungerecht gegen mich sein. Ich hatte wenigstens Sinn für alles Wissenschaftliche. Es gab kaum eine Wissenschaft in welcher ich mich nicht wenigstens einigermaßen umgesehn hätte, und einige trieb ich ernstlich, so Physik und späterhin mehrere Sprachen. —

Herz war ein scharfer Kritiker. Es gehörte nicht viel dazu, damit er ganze Werke der Unklarheit beschuldigte. Oft und gern führte er einen Ausspruch von Malebranche an, daß es eine ganze Klasse sehr fruchtbarer Autoren gebe, in deren Werken sich kaum eine Stelle finde von welcher man behaupten könne daß sie selbst sie verstanden hätten.

Das Erscheinen von Göthe's Götz und Werther bezeichnete einen Wendepunkt in der schönen Literatur. Es ist begreiflich daß ein Solcher zugleich eine allgemeine literarische Parteiung zur Folge haben mußte. Sie fehlte selbst in unserer Ehe nicht. Mich, die junge mit lebhafter Phantasie begabte Frau, zog Alles zu der neu auftauchenden Sonne, zu Göthe, hin. Mein Mann, älter, mit Lessing persönlich befreundet, in Diesem nicht nur den größten Kritiker der Deutschen, sondern, in Widerspruch mit Lessing's eigener Ansicht, einen großen Dichter achtend, wies selbst in der schönen Literatur alles zurück was nicht mit Lessingscher Klarheit und Durchsichtigkeit geschrieben war. Er theilte diesen Sinn mit mehreren seiner Freunde, unter Anderen mit David Fried=

länder. Als dieser eines Tages mit der Bitte ihm eine dunkle Stelle in einem Göthe'schen Gedichte zu erklären, und die stille Hoffnung im Herzen er werde es nicht vermögen, zu ihm kam, wies er ihn mit den Worten an mich: „Gehn Sie zu meiner Frau; die versteht die Kunst, Unsinn zu erklären!" —

Als einst Karl Philipp Moritz eben bei mir war, trat Herz, Göthe's Gedicht „der Fischer" in der Hand zu mir ein. — „Kühl bis an's Herz hinan!" rief er. „Erkläre mir doch gefälligst einer, was das hier sagen will!" — „Aber wer wird dies Gedicht auch da verstehn wollen!" erwiderte Moritz, den Zeigefinger auf die Stirn legend. — Herz sah ihn groß an. — Es giebt gewiß Vieles in der Poesie, was nur demjenigen verständlich ist, welcher Gleiches oder doch Aehnliches selbst empfunden hat, und ich darf sagen daß Herz nicht Vieles solcher Art empfunden hatte.

Mit dem Auftauchen der romantischen Schule steigerten sich nun vollends meine ästhetischen Leiden. Hier war für Herz alles unwahr oder unverständlich. Aber den Höhepunkt erreichten sie mit Novalis. Für die Mystik hat freilich die bloße Wissenschaftlichkeit kein Organ. Und dazu kam, daß auch mir allerdings in den Schriften dieses Dichters Manches unverständlich blieb, wenngleich ich seinen Geist und sein Streben im Ganzen wohl begriff. Herz, der eben in Novalis' Schriften nur blätterte um seinen Witz an ihnen zu üben, wußte meisterlich eben solche Stellen aufzufinden. Eines Tages las er mir wieder eine Solche vor, und wollte sie von mir erklärt haben. Nach einigen vergeblichen Versuchen mußte ich gestehn daß ich sie nicht verstände. — „Aber Du meinst wohl etwa" — sprach Herz mit einem sehr sarkastischen Lächeln — "daß das Männchen selbst sie verstanden hat?" —

Und doch verdankte Herz vielleicht meiner Neigung an Geheimnisse des Geistes zu glauben, welche der kalten Vernunft unerklärlich sind, sein Leben. Wenige Jahre nach unserer Verheirathung verfiel er in ein hitziges Fieber. Im Laufe desselben war zwar eine augenblickliche Besserung eingetreten, die Aerzte hofften jedoch für den Kranken wenig von derselben. Sie erklärten vielmehr daß nur ein ruhiger Schlaf, dessen er in den 16 Tagen der Krankheit nicht genossen hatte, ihn vielleicht noch retten könnte. Schon seit mehreren Tagen, während welcher er fortwährend delirirte, hatte er wiederholt gesagt daß er gern schlafen möchte, daß er aber in diesem fremden Hause und diesem fremden Zimmer nicht einschlafen könne. (Dies fremde Zimmer war jedoch sein Studierzimmer). Würde man ihn jedoch aus diesem Lazareth hinaus und in das Zimmer tragen, in welchem die Bildnisse Leibnitzens, Eulers, Lessings und Anderer hingen, dann würde er schlafen. Er bezeichnete damit unser Gesellschaftszimmer. Die Kälte war sehr heftig, und die Aerzte wollten eine Ortsveränderung, namentlich nach irgend einem Zimmer welches nicht schon lange vorher anhaltend durchheizt worden sei, nicht zugeben. Herz selbst würde in ihrem Falle unfehlbar die gleiche Weigerung ausgesprochen haben. Aber meine Mutter und ich drangen darauf, und als am 17. Tage der Zustand des Patienten solcher Art war daß die Aerzte ihn völlig aufgaben, willigten sie aus dem einzigen Grunde ein weil nun doch nichts mehr zu verlieren sei.

Vorsorglich hatten wir schon am Tage vorher das Zimmer heizen lassen, und es war durchwärmt als der Kranke gegen Mittag in seinem Bette hineingetragen wurde. Und fast in demselben Augenblicke verfiel er in einen ruhigen sanften Schlaf, welcher sechs Stunden anhielt, und während dessen wir in der ängstlichsten, gespanntesten Erwartung waren, weil Sello, damals einer der berühmtesten Aerzte, erklärte daß möglicherweise der augenblicklich günstig erscheinende Schlaf zum Todesschlafe werden könne. Der Patient erwachte und die Krankheit war gebrochen. Schwämme von der Lippe bis tief in den Schlund hinein bezeichneten die Krise. — Hinterher gewann freilich der Fall für Herz selbst ein psychologisches Interesse, und er beschrieb den ganzen Krankheitsverlauf einem Freunde in einem Briefe, von welchem er später einen sehr interessanten Auszug in Moritz's „Erfahrungsseelenkunde" gab.

So sehr Herz die Geselligkeit liebte so suchte er doch eigentlich nur Erholung von seiner Thätigkeit in ihr. Denn diese war in der That unermüdlich, und er achtete nichts feindlicher gegen sich als was ihn an ihr hinderte. Daher vor Allem die Migräne, an welcher er oft litt. Er trotzte ihr so lange es irgend möglich war. War sie jedoch heftig genug um ihn von seinen Berufsgeschäften abzuhalten, so stieg seine Ungeduld und sein Aerger sie nicht überwinden zu können auf's höchste. — „Aber" — rief er einmal in einem solchen Anfall dieses Uebels — „wie ist es nun, wenn ein Feldherr am Tage einer Schlacht die über das Schicksal eines Staates entscheidet von solcher Migräne befallen wird?"

III.

Lesegesellschaften.

In meiner Jugendzeit wurde viel mehr gemeinschaftlich gelesen als jetzt. Theils kaufte man damals noch weniger schönwissenschaftliche Bücher, während es doch in Berlin zu jener Zeit nur Eine irgend wohlversehene Leihbibliothek gab, die Biewegsche in der Spandauerstraße, theils bezweckte man sich über das Gelesene gegenseitig zu verständigen. Wie es denn überhaupt hinsichtlich der Mittel welche man ergriff um sich zu bilden, und die Art auf welche Jeder im geselligen Verkehr sein Wissen Anderen mittheilte, anders stand als jetzt. Einmal schon sprach man unbefangen und rückhaltlos aus, man habe das Bestreben sich zu bilden, ein Wort welches jetzt beinah lächerlich geworden ist. Weil man aber die Absicht und das Verlangen darnach aussprach, fanden sich sehr tüchtige Männer, und später, als die Pedanterei schon mehr einer freieren Bewegung Platz gemacht hatte, selbst berühmte Gelehrte, welche es nicht unter ihrer Würde hielten den so Strebenden ihr Bestes mitzutheilen. Oft trugen sie in geselligen und sehr gemischten Kreisen vor was unsere heutigen Gelehrten vielleicht nur Studirenden und Studirten vorzutragen der Mühe werth achten würden. Ebenso vereinigten sich sogar Gelehrte aller Fächer, Philologen, Philosophen, Theologen, Juristen u. s. w. mit Frauen und Männern welche an Wissen und Urtheil weit unter ihnen standen, um sich miteinander an Erzeugnissen der schönen Literatur zu erfreuen, welche man sich wie gesagt zu diesem Zwecke vorlas.

Daß unter solchen Verhältnissen die Fähigkeit gut vorzulesen lebhaft angestrebt wurde ist begreiflich. Auch mein Mann achtete dies Talent sehr, und kurz nach unserer Verlobung fragte er mich, ob ich lesen könne? — Da er mich während meines Brautstandes, und namentlich während der ersten Zeit desselben, meist wie ein Kind behandelte, — und in der That war ich dies, denn ich zählte damals kaum dreizehn Jahre, und wurde auch im Hause selbst als Braut zu meinem großen Verdrusse noch so genannt — so bezog ich diese Frage auf das Mechanische des Lesens, und fühlte mich um so mehr durch sie gekränkt als ich nicht nur schon fast die ganze Biewegsche Leihbibliothek zweimal durchgelesen hatte, sondern auch einst auf dem Wege dahin, einen schauerlichen Roman in der Hand, vor seinem Fenster zu welchem er eben hinaussah, ausgeglitten und hingefallen war; was er, meiner Meinung nach, um so weniger hätte vergessen dürfen als meine Beschämung darüber ihm nur zu sichtbar geworden war. Thränen rollten über meine Backen, und kaum vermochte ich ein leises: Ja! herauszubringen. Er bat mich nun ihm etwas vorzulesen. Aber nach den ersten Zeilen schon sagte er, lächelnd zwar doch mit der ihm eigenthümlichen witzigen Schärfe: „das nenne ich: ablesen!" — Nun las er mir seinerseits vor, und er las ganz vortrefflich. Jetzt verstand ich erst was er gemeint hatte, und erklärte ihm, nun müsse ich freilich gestehn nicht lesen zu können. "Ich werde es Sie lehren!" — sprach er; und ich mußte mir schon den meine Eitelkeit verletzenden, aber mir sehr förderlichen Unterricht gefallen lassen.

Ich las später, wie man mir sagte, gut. Als ich einmal Göthe's „Fischer" in Gegenwart Zelters las, schien dieser sehr erfreut von der Art meines Vortrages des Gedichts, ja er sagte dem Dichter davon. Es zeugt von Göthes trefflichem Gedächtniß, selbst für Unbedeutendes, daß er, als ich ihn nach Jahren in Dresden sah, Zelters Bericht noch in Erinnerung hatte. Ich dankte Diesem sehr freundliche Aeußerungen des Dichters über die Sache. —

Eine der frühesten Lesegesellschaften deren ich mich erinnere war die welche sich wöchentlich im Hause meiner ein Jahr früher als ich verheiratheten Freundin Dorothea Veit, der Tochter Mendelssohns, später Friedrich Schlegels Gattin, versammelte. Zu ihr gehörten außer dieser Freundin und mir unter Anderen mein Mann, Moritz, David Friedländer und eine zweite Tochter Mendelssohns. Gewöhnlich wurde Dramatisches gelesen, und ich darf sagen gut. Mendelssohn war uns ein fleißiger und aufmerksamer Zuhörer. Aber wie schlichen wir auch um ihn herum um ein Wort des Urtheils von ihm zu hören! War es gar ein beifälliges, wie glücklich waren wir! — Der Weise war so gut und mild in seiner Weisheit. Dabei liebte er den Scherz, aber der Seine war nie beißend. Selbst seinem Tadel wußte er eine anmuthige, ja wohlthuende Form zu geben. Ich war verwöhnt weil man mir huldigte, und geneigt selbst über harmlose Neckereien empfindlich zu werden. Als dies eben einmal wieder der Fall gewesen war, tadelte er mich ernst deshalb, schloß aber mit den Worten: „Sie sollten doch so etwas ruhig ertragen können!"

Etwas später, etwa um das Jahr 1785, bildete sich eine Lesegesellschaft an welcher die ausgezeichnetsten Männer Berlins von den verschiedensten Fächern und Altern Theil nahmen. Ich will unter ihnen nur Engel, den stets alten und etwas pedantischen Ramler, Moritz, Teller, Zöllner, Dohm, den Juristen Klein und meinen Mann nennen. Auch die weiblichen Mitglieder ihrer Familien gehörten ihr an. Außerdem aber auch die beiden sechszehn- bis achtzehnjährigen Brüder Wilhelm und Alexander von Humboldt, damals schon von feiner Sitte, lebendig, geistreich, kurz durchaus liebenswürdig, und von umfassendem Wissen. Sie waren zu jener Zeit schon in unser Haus eingeführt, und so konnte es denn bei ihrem Interesse für alles Schöne, welchem sich später wohl auch Einiges für die Schönen unserer Gesellschaft beimischte, nicht fehlen daß sie dieser angehörten.

Die Versammlungen fanden stets bei dem Kastellan des Königlichen Schlosses, Hofrath Bauer, statt, dessen Frau ihrer Zeit den Anspruch machte ein bel-esprit zu sein, und zwar im Winter im Schlosse, im Sommer in einem Garten welchen Bauer vor dem Königsthor besaß. Gelesen wurde jedesmal. Kleinere und größere Aufsätze, lyrische und epische Dichtungen, Dramatisches u. s. w. wechselten ab, und sowohl Männer als Frauen lasen vor. Aber im Winter tanzten wir Jüngeren nach dem frugalen Abendessen, und ich erinnere mich daß

Alexander von Humboldt mich an einem jener Abende die damals noch neue Menuet à la Reine lehrte, und im Sommer spielten wir allerlei gesellige Spiele im Freien, bei welchen sich jedoch oft auch die Aelteren betheiligten, schlugen Ball u. s. w. Diese Allotria wurden freilich stets nur zu großer Unzufriedenheit der Frau Bauer getrieben, welcher nie genug gelesen werden konnte.

Engel präsidirte gewissermaßen in dieser Lesegesellschaft. Er führte die Irrenden auf den richtigen Pfad, und zwar im Winter von einem Platze hinter dem Ofen aus welchen er stets einnahm wann er nicht las. Ich erinnere mich noch, daß als eines Abends Frau Bauer das Wort: Kritiker in einem Aufsatze, in welchem dasselbe wiederholt vorkam, stets: Kritiker aussprach, Engel nicht müde wurde den Fehler zu corrigiren. „Kritiker!", erschallte es immer von Neuem von hinter dem Ofen hervor, und wie die Folge bewies immer vergebens. Die Sache war allerdings geeignet den Anwesenden ein Lächeln abzunöthigen, aber deshalb erschien uns die Frau noch nicht lächerlich, und Engel und alle die Notabilitäten unseres Kreises erschienen sich nicht so, in ihren literarischen Unterhaltungen eine solche Frau zur Genossin zu haben. —

Etwas später bildete sich ein sogenanntes „Theekränzchen", in welchem jedoch ebenfalls öfter gelesen wurde, und an welchem unter Anderen G. v. Brinkmann, Graf Christian Bernstorff, Ancillon, Gentz und Leuchsenring Theil nahmen, welches jedoch auch von solchen Freunden die sich in Berlin damals nur zeitweise aufhielten, wie z. B. von Dohm und Carl Laroche, bei ihrer Anwesenheit hier stets besucht wurde.

In den letzten Jahren des vorigen Jahrhunderts endlich wurde eine Lesegesellschaft gegründet welche sich noch bis jetzt erhalten hat. Ihr Gründer war Feßler, welcher sich durch sie vielleicht das beste Andenken erwarb welches er in Berlin hinterließ, da seine anderweite Thätigkeit hier, oft nicht mit Unrecht, vielfach angegriffen wurde. Diese Gesellschaft jedoch, welche noch heute unter dem Namen „Mittwochs-Gesellschaft" besteht, hat sehr förderlich gewirkt. Sie versammelte sich damals im Englischen Hause. Auch an ihr nahmen gleich anfangs Männer der verschiedensten Fächer Theil, Gelehrte, Künstler, Staatsmänner. Aber Frauen waren auch hier nicht ausgeschlossen, ja sie waren thätige und gern gesehene Mitwirkende. Zu den ersten Theilnehmern gehörten unter Anderen Herz, Fischer, der Physiker, Hirt, Schadow und der große Schauspieler Fleck. Herz las hier wissenschaftliche Abhandlungen aus verschiedenen Fächern, Fischer physikalische, die er durch Experimente erläuterte. Schönwissenschaftliches fehlte auch hier eben so wenig als Dramatisches, und Keiner las das Letztere schlechter, als der, welcher der erste Stern an einem damals wahrhaft glänzenden Theaterhimmel war, als Fleck. Ihn inspirirten nur die Bretter. Auf ihnen sprach er hinreißend, jedes Gefühl mit unnachahmlicher Wahrheit ausdrückend, jedes unwiderstehlich in dem Hörer anregend.

Freilich mußte man auch in dieser Gesellschaft hinsichts der geistigen Kost bisweilen genügsam sein; immer aber hinsichts der leiblichen, denn man aß nach dem Lesen ungemein schlecht. Und dies bei einigen Talglichten, die kaum mehr als einen Dämmerschein über einen Saal lang und schmal wie ein

Darm verbreiten. Aber Keiner war anspruchsvoll, Keiner that vornehm, und so störten uns denn diese Aeußerlichkeiten nicht.—

Man las damals anders als jetzt, sowie auch auf der Bühne anders gesprochen wurde als jetzt. Zunächst meist mit gerundeter, klangvoller Stimme. Denn wer vorlesen oder gar die Bühne betreten wollte strebte vor Allem sein Organ zu bilden. Die Annahme daß die wohlthuenden Stimmen welche man damals von den Brettern herab hörte, und deren einige noch in die neuere und neueste Zeit hinüberreichten, z. B. in der Bethmann, in Beschort, in der Schröck, eben nur Gaben der Natur waren, würde sehr irrig sein. Die damaligen Bühnenkünstler hielten vielmehr die sorglichste Ausbildung ihres Organs für eine ihrer ersten Berufspflichten. Sie glaubten nicht man spreche tönend, rund, weich, weil man überhaupt spreche, wie sie auch nicht einmal glaubten man gehe auf eine gefällige Weise weil man sich überhaupt gehend fortbewegen könne; sie lernten Beides. Dafür ersparten sie sich andererseits manche Mühe an welcher es unsere neuen Bühnenhelden und Heldinnen leider nicht fehlen lassen. Denn hatten sie jene Vorbildung erworben, so strebten sie, eine Rolle einstudirend, wohl sich in sie hineinzudenken, sich hineinzufühlen, meinten aber nicht beim Vortrage derselben etwas Anderes thun zu müssen, als mit ihren eigenen schönen menschlichen Stimmen zu sprechen wie es der jedesmalige Moment des Dramas erforderte oder ihnen eingab. Daß solch ein Held, Liebhaber, Bösewicht von der Bühne herab mit einem ganz anderen Tonfalle sprechen müsse als irgend ein Mensch in der Wirklichkeit spricht, ja mit dem absonderlichsten, und zumal im ernsten Drama, fiel ihnen entfernt nicht ein, und Iffland, der schon etwas von dieser Unart hatte, galt auch trotz seines trefflichen Spiels bei allen Leuten von Geschmack in dieser Beziehung für einen Manieristen, namentlich so lange der so ganz unverkünstelte Fleck mit seinem wahrhaft wunderbaren Naturel neben ihm stand, und mehr noch der wenn auch in einigen Rollen sehr anerkennungswerthe Mattausch, der nun wieder ein Nachahmer der Manier Ifflands war.

Gleiche Ansichten leiteten die Dilettanten bei dem, damals sehr häufigen Lesen dramatischer Werke mit vertheilten Rollen. Man trug sie mit möglichstem Verständniß des betreffenden Charakters und seines Verhältnisses zum Ganzen des Werkes, und mit möglichst gebildetem Organe vor, dann aber auch mit möglichster Natürlichkeit. In dieser Art hatte ich in früherer Zeit oft die Leonore v. Sanvitale in Göthes Tasso mit Beifall gelesen. In späterer forderte mich der verstorbene Delbrück einmal auf mit Frau v. Knoblauch, der Tochter des Ministers Schrötter, und der Schauspielerin Demoiselle Beck, welche sich in die Rolle der Prinzessin theilen wollten, den Tasso zu lesen. Ich sagte ihm: das geht nicht, das wird abscheulich! Jedes Wort dieser Damen wird gewichtig auftreten wie ein Flügelmann, denn sie werden glauben auch die Kehlen müßten vom Kothurn zeugen. Ich werde leichtweg lesen wie ich spreche. Wie soll da Einklang in die Bewegung kommen? — Aber Delbrück bestand, ich fügte mich dem Wunsche des Freundes, und der Erfolg war wie ich ihn vorhergesagt hatte. Ich sah ein daß ich nicht mehr vorlesen dürfe, und daß man froh sein müsse wenn das Vernünftige sich auch nur eine Zeit hindurch geltend gemacht hat. —

IV.

Dorothea von Schlegel.

Moses Mendelssohn lebte streng nach dem mosaischen Gesetze. Die Leute glaubten jedoch den vertrauten Freund Lessings zu „aufgeklärt" und „vernünftig", als daß es ihm um das Judenthum Ernst sein könne. Ihrer Ansicht nach hielt er die jüdischen Gesetze und Gebräuche nur weil er andernfalls das Vertrauen seiner Glaubensgenossen verloren hätte, und sein Zweck sie aufzuklären dadurch vereitelt worden wäre. Ich bin anderer Ansicht über ihn. Eben die Duldung und Nachsicht mit welchen er auch die sogenannten Freidenker ertrug sind mir ein Beweis für die innere Wahrhaftigkeit des eben so weisen als milden Mannes, der Gott im Herzen trug, und sprechen mir dafür daß er in der That auf dem Wege des Judenthums zu ihm zu gelangen hoffte. Im Judenthum erzogen, ohne Glauben für das Christenthum, an welches er daher nur den Maßstab seiner Philosophie anlegte, lebte er gläubig in dem Ersteren fort, und hielt darauf daß sein Haus nach jüdischen Gesetzen und Gebräuchen geführt wurde, und seine Kinder Unterricht im Judenthum erhielten. Indeß blieben diese in einer Zeit des religiösen Indifferentismus, wie dies namentlich die spätere Zeit Mendelssohns schon war, nicht lange innerlich Juden. Die Freunde des Hauses, zum großen Theil sogenannte aufgeklärte Juden und Christen, d. h. eigentlich bloße Deisten, trugen eben auch nicht dazu bei den Kindern einen andern Sinn einzuflößen als den welcher im Geiste der Zeit lag, und um so weniger als diese Freunde aus ihrem eigenen Innern die Ansicht schöpften daß der Vater es mit dem Judenthume nicht ernst meinen könne. Da wo das religiöse Element in den Kindern hätte wohnen können blieb nun eine Leere. Aber begabte Naturen wie sie alle waren, machte sich in Allen später das Bedürfniß rege diese Leere auf irgend eine Weise auszufüllen. Bei Mehreren von ihnen brach eben das lang unterdrückte religiöse Bedürfniß um so mächtiger durch, so bei meinen Freundinnen Dorothea und Henriette Mendelssohn, welche sich später dem Katholicismus mit Eifer zuwendeten. —

Der sonst treffliche Mendelssohn beging doch das Unrecht die Neigung seiner Töchter bei ihrer Verheirathung nicht zu Rathe zu ziehen, wenngleich er ihnen auch nicht gerade einen Zwang in dieser Beziehung anthat. Dorothea war die Gespielin meiner Kindheit gewesen. Sie war ein Jahr vor mir verheirathet worden, und gleich mir sehr früh. Mendelssohns Scharfblick sah in dem Manne welchen er ihr bestimmt hatte, dem Banquier Veit, schon alle die trefflichen Eigenschaften im Keime welche sich später in ihm entwickelten, aber der Tochter genügte eine Anweisung auf die Zukunft nicht, und der Vater irrte wenn er meinte daß sie den Mann so erkennen würde wie er es vermochte. Wie sollte aber auch das etwa siebzehnjährige, lebendige, mit glühender Einbildungskraft begabte Mädchen, gebildet von einem solchen Vater, — er hatte für sie und ihren ältesten Bruder eigens die „Morgenstunden" geschrieben — erzogen in einem Hause das von den vornehmsten wie von den geistig hervorragendsten Personen besucht wurde, einen Mann lieben, der, damals noch von sehr beschränkter Bildung, ihr nur als philiströser Kaufmann erschien, und nicht einmal durch äußere Vorzüge ihr irgend einen Ersatz bot, denn er war unschön von Gesicht und unansehnlich von Gestalt? Erst später trat die hohe Moralität des Mannes hervor, bildete sich seine wahrhaft edle Gesinnung aus, und gab sich ein Streben nach geistiger Ausbildung bei ihm kund, in welchem er dann bis zu seinem Lebensende nicht nachließ. Sie liebte ihn nicht als sie ihm ihre Hand gab, sie lernte niemals ihn lieben, und auch als sie ihn erkannt hatte lernte sie nur ihn achten. Ihr junges Leben ward in seiner Blüthe geknickt.

Ich hatte sie seit ihrer Hochzeit aus den Augen verloren. Wenige Tage nach der meinen begegnete ich ihr auf der Straße. Wir sprachen viel in wenigen Augenblicken. Ich wußte nun zu meinem Schmerze daß sie nicht glücklich war.

Die Voraussetzung jedoch, daß sie, so wenig innere Befriedigung sie in ihrem ehelichen Verhältnisse fand, der Neigung zu einem anderen Manne Raum gegeben hätte, würde eine durchaus irrige sein, und eben so wenig bot das äußerliche Leben des Ehepaares ein Bild der Uneinigkeit dar. Aber sie verzehrte sich, und ich sah sie so unglücklich daß ich später selbst mit ihr von einer Trennung von ihrem Gatten sprach.

Sie wies den Vorschlag jedoch mit Entschiedenheit zurück. Sie wollte um keinen Preis den Ihrigen, und namentlich ihrem Vater der noch lebte, den Schmerz verursachen mit welchem dieser Schritt sie erfüllen würde. — Aber auch die Geburt zweier Söhne, der späteren Maler Johann und Philipp Veit, vermochte nicht dem Verhältnisse eine höhere Weihe zu verleihen.

Nun aber kam Friedrich Schlegel nach Berlin. Er war mir durch Reichardt zugewiesen worden, und bei mir sah er seine nachherige Frau zum ersten Male. Doch sogleich bei diesem ersten zufälligen Zusammentreffen machte sie einen so gewaltigen Eindruck auf ihn, daß er sogar mir bemerkbar wurde. Nicht lange, und das Gefühl war ein gegenseitiges, denn Schlegel konnte in der That ein liebenswürdiger Mann genannt werden, und mußte allen Frauen gefallen welchen er gefallen wollte.

Jetzt aber wurde die Trennung ihrer Ehe in der That eine Nothwendigkeit. Das Herz erfüllt von einem anderen Manne, welcher eine soviel geistreichere und glänzendere Erscheinung war als ihr Gatte den sie nie geliebt hatte, wäre die Fortdauer des ehelichen Verbandes für Dorothea wahrhaft zu einer Pein geworden. Auch bestand das Hinderniß nicht mehr, welches sie früher vermocht hatte jeden Gedanken an eine Trennung abzuweisen: ihr Vater war längst todt. Als aufrichtige Freundin beider Eheleute eignete ich mich am füglichsten dazu die betreffende Verhandlung zu führen, und ich unterzog mich dem allerdings kritischen Geschäfte im Interesse Beider.

Veit wollte anfangs von einer Trennung nichts wissen. Bei dem äußerlich durchaus einträchtigen ja freundlichen Verhältnisse zwischen den Eheleuten hatte er kaum eine Ahnung von der inneren Unbefriedigung seiner Frau. Ich war genöthigt ihm einen Blick in ihr Inneres zu eröffnen, und dies hatte seine endliche Einwilligung zur Folge. Er handelte dabei auf's großmüthigste gegen sie, denn sie war ohne väterliches Vermögen, und er konnte dies bewirken ohne den Schein von Großmuth anzunehmen, indem er ihr den ältesten Sohn überließ und eine ansehnliche Pension für ihn zahlte. Später ließ er diesem auf die dringenden Bitten der Mutter auch den zweiten nachfolgen, ich glaube nach Bonn hin. — Nie ließ er in seiner lebendigen Theilnahme für seine frühere in der That hochbegabte Gattin nach. Er sah sie nachmals öfter, einmal unter andern in Dresden, und wann es dem Schlegelschen Ehepaare nicht eben gut erging, wie dies zum Beispiel zu einer Zeit sogar in Wien der Fall war, erhielt sie ansehnliche Unterstützungen von ihm ohne zu wissen woher sie kamen. —

Die Schließung der neuen Ehe konnte nicht unmittelbar auf die Trennung der früheren folgen. Dorothea bezog eine Wohnung in der Ziegelstraße, in einem damals sehr abgelegenen Theile der Stadt, denn die Umgegend dieser Straße war fast noch gar nicht angebaut, und machte dort eigene Menage. Ich erinnere mich nicht daß Schlegel bei ihr wohnte, aber er aß bei ihr und war fast immer um sie; seine literarische Thätigkeit war eben damals eine bedeutende, und er arbeitete gern unter ihren Augen ja mit ihrem Beirath. Das gegen die Sitte Verstoßende dieses Verhältnisses war nicht zu leugnen. Und wird schon im Allgemeinen bei einem Weibe ein Verstoß gegen die Sitte fast einem gegen die Sittlichkeit gleich geachtet, so setzt auch die arge Welt nur zu gern selbst die Unsittlichkeit da voraus wo sich nur irgend ein Anlaß zu einer solchen Voraussetzung bietet. Es ist gewiß daß das Verhältniß großes Aufsehen machte. Mein Mann hätte gewünscht daß ich den Umgang mit der Freundin meiner Kindheit abgebrochen hätte. Ich erklärte ihm, daß er Herr in seinem Hause sei, daß ich ihn aber bitte mir zu gestatten hinsichts meines Umgangs außer seinem Hause auch ferner meiner Ansicht zu folgen, und daß ich eine so liebe Freundin in einer so schwierigen Lage nicht verlassen würde. — Auch Schleiermacher nahm keinen Anstoß an dem Umgang mit Beiden. Er war eben in dieser Zeit viel sowohl mit Dorothea als mit Schlegel, mit welchem Letzteren er damals die Uebersetzung des Platon im Werke hatte, die er später allein fortsetzte. Gegen die Trennung der Veitschen Ehe hatte er durchaus nichts gehabt, weil, seiner damaligen Ansicht nach, eine Ehe gleich dieser eben eine Entheiligung der Ehe war.

Daß nun eben in der Zeit eines solchen Zusammenlebens Schlegels mit Dorothea, die „Lucinde" erschien, machte das Verhältniß ihrer Freunde zu ihnen allerdings etwas schwierig. Denn von dem sofort als höchst unsittlich verschrieenen Buche, mit welchem doch nur eine Verklärung der sinnlichen Liebe gemeint war, wurde nun von allen dem Paare ferner Stehenden behauptet, daß Schlegel, wie umhüllt auch, wesentlich darin sein Verhältniß zu Dorothea dargestellt habe. Dies war geradehin lächerlich. An Dorothea war nichts zur Sinnlichkeit reizend. Nichts war schön an ihr als das Auge, aus welchem freilich ihr liebenswürdiges Gemüth und ihr blitzender Geist strahlten, aber sonst auch gar nichts, nicht Gesicht, nicht Gestalt, ja nicht einmal Hände und Füße, welche doch an sonst unschönen Frauen mitunter wohlgeformt sind. — „Mit der Lucinde werden wir wohl Beide unsere Noth haben" — schrieb mir Schleiermacher nach dem Erscheinen des Buchs. „Der vertraute Freund eines Predigers soll so ein Buch schreiben, und dieser soll nicht mit ihm brechen! — Ich werde es machen wie Sie, und habe es schon unterschiedlich so gemacht." — Er meinte damit, daß er sich um das Gerede nicht kümmern werde. —

Dorothea war anfangs mit dem Buche gar nicht zufrieden. Sie klagte sehr über das „Herauswenden alles Inneren in der Lucinde." — Auch Schleiermacher hatte sich nicht sofort in dasselbe hineingefunden. Er schrieb mir gleich nach dem Erscheinen, daß er „doch eigentlich keine rechte Idee von der Lucinde habe." Aber bald gewann er diese, und das oft fast vorsätzlich erscheinende Mißverstehen des Buches seitens des großen Lesepublikums und ein gewisser Oppositionsgeist welcher ihm überhaupt und namentlich gegen Alles innewohnte was ihn philisterhaft dünkte, veranlaßte ihn nach einiger Zeit mit seiner Ansicht über dasselbe in den „Briefen über die Lucinde" hervorzutreten. Ich will jedoch bemerken, daß einige dieser Briefe nicht von ihm sondern von einer Dame sind zu welcher er damals in sehr freundschaftlicher Beziehung stand, der Gattin des hiesigen Predigers Grunow. —

Ich gestehe, daß ich seit der Verbindung meiner Freundin mit Schlegel nicht ohne Befürchtungen für ihr künftiges Lebensglück war. Ich glaubte nämlich bald die Ueberzeugung erlangt zu haben daß es ihm an Gemüth fehle. Ich hatte diese namentlich aus seiner Beziehung zu dem für seine Freunde so durchaus hingebenden, gemüthvollen Schleiermacher geschöpft, und sie diesem auch sowohl mündlich als schriftlich ausgesprochen. Schleiermacher, unendlich mild in seinem Urtheil über seine Freunde, und stets ihrer Individualität selbst da wo sie ihm verletzend entgegentrat, wie dies bei derjenigen Schlegels öfter der Fall war, große Rechnung tragend, wollte es nicht Wort haben. Die Folge erwies daß ich mich nicht getäuscht hatte. Ich glaube daß meine Freundin, wie sie die geistige Höhe und die poetische Natur ihres zweiten Gatten um so wohlthuender empfand wenn sie ihn in dieser Hinsicht mit ihrem früheren verglich, doch das warme Gemüth des Letztern, welches sich in der liebendsten Sorgfalt für sie äußerte, bisweilen schmerzlich vermißte. Weniger schmerzlich jedoch als es in ihren früheren Jahren der Fall gewesen wäre. Denn ihr späteres Leben war ein fortwährender innerer Läuterungsprozeß, in Folge dessen sie immer höhere Ansprüche an sich selbst und immer geringere an Andere, namentlich sofern es deren Beziehungen zu ihr betraf, machte.

Nachdem die Liebenden ihren Bund durch die Ehe geheiligt hatten, gingen sie zunächst nach Jena. Schon dieser erste Ausflug brachte meiner Freundin unangenehme Tage, denn das Ehepaar wurde von August Wilhelm Schlegel und seiner ersten Frau, einer gebornen Michaelis, nicht eben freundlich aufgenommen. Hierauf lebten sie eine Zeitlang in Dresden, wo ich sie wieder sah, dann, nachdem sie in Köln zur katholischen Religion übergetreten waren, in Bonn. Später gingen sie nach Paris, und dann nach Wien, wo Schlegel Anstellung fand. Es war ein Leben das, wie interessant auch, doch ein unruhiges zu nennen war. Aber es gab Dorotheen eine Masse neuer Anschauungen von Welt, Menschen und Kunst, welche sie dazu benutzte, und bei der Schärfe ihres Geistes geeignet war dazu zu benutzen, das Nichtige von dem Unvergänglichen immer mehr unterscheiden zu lernen um nur das Letztere festzuhalten.

Dann sah ich das Ehepaar im Jahre 1811 in Wien wieder. Ich fand ein zufriedenstellendes Verhältniß, aber wohin war die Poesie entschwunden, welche das frühere von der Welt so verpönte durchdrungen hatte! Freilich lag auch die poetische Jugendzeit hinter ihnen. — Ich hatte meine Wohnung bei ihnen genommen, nachdem ich in dem etwas geräuschvollen Hause meiner Freundin, der Baronin Arnstein, vom kalten Fieber befallen worden war. Eines Abends war auch Dorothea leidend. Ich saß vor ihrem Bett. Wir klapperten beide ein wenig in Fieberfrost. Schlegel saß uns gegenüber an einem Tische, aß Orangen und leerte dazu eine Flasche Alicante! Ich weiß nicht ob er auch uns dadurch von einiger südlichen Gluth zu durchhauchen dachte. —

Im Jahre 1818 ward mir von Neuem die Freude Dorothea zu sehen, und diesmal in dem ewigen Rom, wohin sie gekommen war um ihre dort weilenden Söhne zu besuchen. Ich bekenne, daß ich in der ersten Zeit unseres dortigen Zusammenseins nicht von einer Art Unmuth, ja von einem gewissen Gefühle von Eifersucht frei war. Es wendete sich damals bei den in Rom anwesenden deutschen Katholiken, und namentlich den neubekehrten, fast Alles um den Katholicismus, und in allem freundlichen ja vertraulichen Umgange hatte man mitunter wahrzunehmen, daß man als ein Heide, ja als eine Art Halbmensch angesehen wurde. Aber ich mußte doch bald durch alle Aeußerlichkeiten hindurch den tiefreligiösen Kern in meiner Freundin entdecken. Sie war ganz mit Gott und mit sich einig.. Die Klarheit, Sicherheit und Ruhe welche sie in Allem und über Alles besaß, wurde mir wahrhaft wohlthuend, und ein Sommeraufenthalt in Genzano in ihrer Nähe wird mir unvergeßlich bleiben.

Ich sah sie seitdem nicht wieder. — Sie lebte später in Frankfurt bei ihrem Sohne, dem Maler Philipp Veit, von einer kleinen österreichischen Pension, welche in ihren letzten Lebensjahren um etwas erhöht wurde. Eine lange gehaltvolle Correspondenz mit ihr habe ich auf ihren Wunsch vernichten müssen. Nur ihrem letzten, etwa zwei Monate vor ihrem Tode geschriebenen, Briefe habe ich ein längeres Dasein vergönnt. Sie war müde, und sehnte sich nach dem Jenseits, aber trotz der Unbilden des Alters und trotz dieses Sehnens ertrug sie das Leben mit Ruhe und Heiterkeit. Ein kalter Frühling hatte sie unangenehm afficirt. „Nun" — schrieb sie in diesem Briefe — „man muß es sich eben gefallen lassen wie die Pflanzen und Blüthen, die ihre Schuldigkeit thun, und in ihrem Beruf fortblühen als machte es ihnen das größte Vergnügen." Und an einer andere Stelle, in Beziehung auf eine Aeußerung die ich in einem Augenblicke des Unmuths niedergeschrieben hatte: „Alles was wir Weltkinder sonst Poesie des Lebens genannt haben, das ist weit, weit! — Ich könnte sagen wie Du, ich bin es satt. Aber ich sage es dennoch nicht, und ich bitte und ermahne Dich: sage auch Du es nicht mehr. Sei tapfer! das heißt, wehre Dich nicht, sondern ergieb Dich in tapferer Heiterkeit! — — Laß den Ueberdruß des Lebens nicht herrschend werden, ich bitte Dich darum, sondern denke beständig daran, daß dieses arme Leben weder Dein Eigenthum, noch Dir zur willkürlichen Benutzung oder zur angenehmen Beschäftigung verliehen worden ist; jeder Tag desselben ist ein Kleinod der Gnade, ein Kapital das Du weder vergraben noch von Dir werfen darfst." —

So dachte die theure, oft verkannte Freundin, und ich will ihrem letzten Rathe folgen. —

V.

Zur Geschichte der Gesellschaft und des Conversationstones in Berlin.

Mit Moses Mendelssohn war das Streben sich deutsche Bildung und Gesittung anzueignen in den Juden Berlins, und namentlich in der jüngeren Generation, erwacht. Die Männer wendeten sich, durch ihn angeregt, philosophischen Studien zu. Aus diesen Bestrebungen gingen allerdings sowohl philosophisch gebildete Männer, wie z. B. David Friedländer, als tüchtige Philosophen von Fach, wie Salomon Maimon, Bendavid und Andere hervor. Da jedoch die Philosophie von ihren Jüngern wissenschaftliche Vorbildung, geistige Tiefe und bedeutende Opfer an Zeit fordert, die meisten damaligen Juden aber Kaufleute waren und ihren Handelsgeschäften mit Eifer oblagen, so ist es begreiflich daß ein Theil bald von diesem Studium gänzlich abließ, ein anderer es doch sehr dilettantisch betrieb. Die Frauen wendeten sich, theils durch Mendelssohn persönlich, theils durch seine Aufsätze in den „Briefen, die neueste Literatur betreffend", und in der „allgemeinen deutschen Bibliothek" veranlaßt, mit dem Feuer mit welchem lebhafte Naturen ihnen bis dahin gänzlich Unbekanntes erfassen der schönen Literatur zu. Ihnen standen natürlich in diesen Bestrebungen viel weniger Hindernisse entgegen als den Männern in ihren philosophischen. Die größten waren diejenigen welche manchen von ihnen durch ihre Eltern entgegengesetzt wurden. Denn diese sahen nicht nur in einer deutschen Bildung zugleich eine auf christlichem Boden ruhende, sondern waren auch jeder Beschäftigung ihrer Kinder abhold welche diese, ohne einem äußern Berufe zu dienen, von dem Kreise und den Interessen der bis dahin patriarchalisch gestalteten Familie abziehen konnte. Aber der Widerstand wurde nur zu einer neuen Anregung. Die reicheren Juden, schon durch ausgebreitete Geschäftsbeziehungen in manchen Berührungen mit Christen, waren in dieser Hinsicht die nachsichtigsten.

Zuerst war es die am drastischesten wirkende Poesie, die dramatische, mit welcher man sich vorzugsweise beschäftigte. In den Häusern der reicheren Juden wurden bereits in meiner Kindheit Schauspiele aufgeführt. Schon etwa in meinem neunten Jahre, also ungefähr um 1773, wohnte ich, wie ich früher erzählt habe, in dem Hause eines jüdischen Banquiers der Darstellung eines Trauerspiels bei. Es war dies „Richard der Dritte" — von welchem Verfasser weiß ich nicht mehr*) — und die Töchter des Hauses hatten in demselben die weib-

---

*) Wahrscheinlich von C. F. Weiße. Sein Richard III. war damals ein sehr beliebtes, und selbst von Lessing in seiner „Hamburgischen Dramaturgie" in vielen Beziehungen sehr belobtes Stück: Die Eschenburgsche Uebersetzung der Shakespeareschen Tragödie dieses Namens erschien erst etwas später. Anm. d. Herausg.

lichen Hauptrollen übernommen. Der Eindruck dieser ersten dramatischen Vorstellung welche ich überhaupt sah wurde ein unauslöschlicher. — Später war das Lesen mit vertheilten Rollen sehr an der Tagesordnung, und blieb es bis in das erste Jahrzehent dieses Jahrhunderts hinein. Aber man war bald nicht bei der dramatischen Literatur stehen geblieben. Man suchte sich mit der deutschen schönen Literatur in ihrem ganzen Umfange bekannt zu machen, und eine besondere Gunst des Geschickes wollte daß die Blüthezeit derselben eben damals begann. Ihre Meisterwerke wurden mit uns, und es ist etwas Anderes eine große Literaturepoche erleben, schon was das Interesse an ihren Erzeugnissen und das Verständniß derselben betrifft, und an dem ersten Urtheil über die Letzteren mitarbeiten, als sie als ein Abgeschlossenes nebst den fertigen Urtheilen über sie und ihre Werke überkommen.

Der daneben noch fortdauernde Einfluß der französischen Literatur auf einen Theil der deutschen führte bald auch auf sie hin. Noch lebte Voltaire im Anfange der Epoche von welcher ich spreche, ja er schrieb noch*), und kein Name hatte einen Klang gleich dem seinen. Die französische Sprache war von den Töchtern der wohlhabenden Juden schon etwas früher, wie oberflächlich auch immer, getrieben worden. Die Alten hatten aus Gründen der Nützlichkeit nichts dagegen; sie war eine Sprache durch welche man sich in allen civilisirten Ländern verständlich machen konnte. Die Töchter hatten freilich

---

*) Er brachte seine „Irene" fünf Jahre später auf die Bühne als Göthes „Götz" erschien.   Anm. d. Herausg.

meist ganz andere Gründe. Sie bezweckten hauptsächlich ungenirt und in der Modesprache mit den Hofcavalieren und hübschen jungen Officieren zu conversiren, die das Geld welches sie von den Vätern erborgten oft nur durch die Aufmerksamkeiten bezahlten welche sie den Töchtern erwiesen. Jetzt aber wurde sie aus besseren Gründen mit Erfolg studirt, man wollte sich befähigen die älteren und neueren Schriftsteller Frankreichs in der Ursprache zu lesen.

Aber doch hatte damals schon Lessing die dramatische Poesie der Franzosen mit seiner hellen kritischen Leuchte beleuchtet, und zugleich die Aufmerksamkeit auf Shakespeare gelenkt. Die Uebersetzungen der Dramen des Letzteren welche man vor der Schlegelschen besaß, waren weniger geeignet zu befriedigen als auf die Quelle hinzuleiten, und dieser Weisung genügen zu können suchte man sich Kenntniß der englischen Sprache zu erwerben. Sie eröffnete zugleich den Zugang zu manchen Romanen der Zeit welche der Liebesschwärmerei der jugendlichen Mädchenherzen süße Kost boten. Und daß ich es gestehe, wir hatten alle selbst einige Lust Romanheldinnen zu werden. Keine von uns die nicht damals für irgend einen Helden oder eine Heldin aus den Romanen der Zeit schwärmte, und obenan stand darin die geistreiche, mit feuriger Einbildungskraft begabte Tochter Mendelssohns, Dorothee. Aber auch an Wissen und geistiger Fähigkeit stand sie obenan.

Auch die Kenntniß der italienischen Dichter in der Ursprache eröffneten sich Mehrere aus unserm Kreise, der allgemach um so mehr nun auch schon junge Ehefrauen umfaßte als die jüdischen Mädchen damals sehr früh heiratheten. Da nun manche der jungen Ehepaare ihr Haus den beiderseitigen Bekannten eröffneten, so wurde dies Gelegenheit, den Geist welcher sich durch die Beschäftigung der Frauen mit der Literatur, ihre Unterhaltung darüber, und die Ideen welche sich durch Beide in ihnen erzeugten, gebildet hatte, zur Kunde und Theilnahme weiterer Kreise zu bringen. Und dieser Geist war in der That ein eigenthümlicher. Er war allerdings einerseits aus der Literatur der neueren Völker hervorgegangen, aber die Saat war auf einen ganz ursprünglichen, jungfräulichen Boden gefallen. Hier fehlte jede Vermittelung durch eine Tradition, durch eine von Geschlecht zu Geschlecht sich fortpflanzende, mit dem Geist und dem Wissen der Zeit Schritt haltende Bildung; aber auch jedes aus einem solchen Bildungsgange erwachsene Vorurtheil.

Einer solchen Natur dieses Geistes und dem Bewußtsein derselben in seinen Trägerinnen ist die Ueppigkeit, der Uebermuth, ein sich Hinaussetzen über hergebrachte Formen in den Aeußerungen desselben zuzuschreiben; aber er war unläugbar sehr originell, sehr kräftig, sehr pikant, sehr anregend, und oft bei erstaunenswerther Beweglichkeit von großer Tiefe. Die höchste Blüthe desselben offenbarte sich etwas später in Rahel Levin. Sie war etwa sechs Jahre jünger als ich und die meisten meiner Freundinnen, aber die Wärme ihres Geistes und Herzens im Verein mit dem Unglück hatten sie früh gereift. Ich habe sie von ihrer ersten Kindheit an gekannt, und weiß daher wie früh sie die hohen Erwartungen rege machte welche sie später erfüllte.

Die christlichen Häuser Berlins boten andererseits nichts

welches dem was jene jüdischen an geistiger Geselligkeit boten gleichgekommen oder nur ähnlich gewesen wäre. Allerdings gab es auch schon damals hier Männer der Wissenschaft, wenngleich Berlin erst dreißig bis vierzig Jahre später eine Universität erhielt. Aber diese blieben, nachdem sie den größten Theil des Tages ihren Studien und ihren Amtsgeschäften gewidmet hatten, entweder zurückgezogen im engsten Kreise ihrer Familie, oder trafen einander an irgend einem öffentlichen Orte, wo sie bei einem Glase Bier sehr ernst und sehr pedantisch über gelehrte Gegenstände discutirten; und ein sogenannter Montags=Club, dessen Theilnehmer aus den geistigen Notabilitäten der Stadt bestanden, brachte es damals selten nur auf zehn Mitglieder. Ihre Frauen hätten ihrer Eigenschaft als gute und ehrsame Hausmütter Eintrag zu thun geglaubt wenn sie geistigen Interessen irgend Raum in sich gegönnt hätten, und nächstdem wäre ihre Gegenwart bei den gelehrten Gesprächen ihrer Eheherren diesen eine Störung geworden, hätte sie ihnen nicht gar eine Profanation ihres Heiligthums der Wissenschaft geschienen. — Zu den Wenigen welche bisweilen geladene Gesellschaft bei sich sahen gehörte Nicolai. Er war auch gastfreundlich gegen fremde Gelehrte, sowie er denn auch später an einem Kränzchen Theil nahm, welches sich abwechselnd bei dem Juristen Klein, dem General-Chirurgus Görcke, in unserem Hause und in dem einiger anderen Freunde versammelte, zu welchem auch jeder in das Haus des jedesmaligen Wirths eingeführte Fremde geladen wurde, und welches für die damalige höhere Geselligkeit Berlins nicht ohne Bedeutung war: aber ein eigentliches Haus machte auch

Nicolai nicht ungeachtet er die Mittel dazu besessen hätte. Nur von Einem Gelehrten Berlins läßt sich sagen daß er ein Haus machte, wenn man es nämlich als ein Kennzeichen eines solchen betrachtet daß Freunde und Eingeführte auch ungeladen gastlichen Empfanges sicher sind, und dieser Eine gehörte seinem äußeren Berufe nach dem Kaufmannsstande an. Es war dies Moses Mendelssohn. Das Haus dieses trefflichen Mannes, dessen Einkünfte als Disponent in einer Seidenwaarenhandlung im Verein mit dem Ertrage seiner schriftstellerischen Arbeiten immer noch wenig bedeutend waren und welchem die Sorge für sechs Kinder oblag, war dennoch ein offenes. Selten berührte ein fremder Gelehrter Berlin ohne sich bei ihm einführen zu lassen. Seine und der Seinigen Freunde kamen ungeladen, daher auch die geistreichen Freundinnen der Töchter des Hauses. Fehlten alte orthodoxe Juden ebenfalls nicht, gegen welche Mendelssohn sich stets als ein freundlich gesinnter Glaubensgenosse erwies, so waren es doch die intelligentesten der Stadt. Und Mendelssohn übte diese ausgedehnte Gastfreundschaft ungeachtet die Familie sich ihrethalben große Beschränkungen auferlegen mußte, wobei dennoch die materiellen Genüsse welche sein Haus den Gästen bot die Grenzen strengster Mäßigkeit nicht überschreiten durften. Ich wußte, als genaue Freundin der Töchter, daß die würdige Hausfrau die Rosinen und Mandeln, damals ein Naschwerk de rigueur, in einem bestimmten Verhältniß je nach der Zahl der Gäste in die Präsentirteller hineinzählte bevor sie in das Gesellschaftszimmer gebracht wurden. — Aber Mendelssohns Haus war immer nur Eines, und konnte nicht das geistige Bedürfniß Vieler befriedigen.

Von einem christlichen bürgerlichen Mittelstande, welcher andere geistige Interessen gehabt hätte als diejenigen welche der äußere Beruf etwa anregte, war damals hier noch nicht die Rede. Es gab da viele ehrenwerthe Familientugenden, aber jedenfalls noch mehr geistige Beschränktheit und Unbildung. Der höhere christliche Kaufmannsstand zählte nur noch wenige Mitglieder, und es stand bei ihm in geistiger Beziehung nicht viel anders. In den Häusern desselben wurden wohl große prächtige Gastmäler und Feste gegeben, die Töchter des Hauses wurden in dem verweichlichendsten Luxus erzogen, aber von Bildung ward nur der äußerlichste Firniß angestrebt. Von dem Beamtenstande war der niedere bei geringen Einkünften mit Amtsgeschäften überhäuft, die Noth in den Büreau's und die Noth im Hause, letztere durch die oft zahlreiche Familie verursacht, drückte jede etwa erstrebte geistige Erhebung sofort nieder. — Die hohen Civil- und Militairbeamten theilten das Geschick des Hofes, welchem der bei weitem größte Theil durch adelige Geburt angehörte, und welchem eine geistreiche und anregende Geselligkeit gänzlich abging.

Das Letztere war erklärlich genug. In einem monarchischen Staate kann nur der gesellige Kreis des Herrschers den Mittelpunkt für die Geselligkeit des Hofes bilden. Und an einem solchen fehlte es eben unter der Regierung Friedrichs des Großen sowie unter der seines Nachfolgers. Den Umgang des Ersteren bildete nur eine kleine Anzahl von Freunden, meist Franzosen. Wenige andere Personen, selbst vom Hofe, wurden zugezogen, und von einer aus Herren und

Damen gemischten Gesellschaft war da nicht die Rede. Die Königin aber lebte getrennt von dem Könige in fast gänzlicher Zurückgezogenheit im Schlosse zu Schönhausen, und kam nur mitunter zu Haupt- und Staatsactionen nach Berlin. Unter seinem Nachfolger konnten die anderweiten Verbindungen des Königs der Gemahlin desselben wenig Veranlassung sein, ihren Sinn für Ruhe und Bequemlichkeit zu überwinden, die Kreise des Königs aber konnten eben jener Verbindungen halber nicht zu jenem Mittelpunkte werden. Es gab nur hergebrachte große Hoffeste, Couren, vorschriftsmäßige Assembléen bei den hohen Civil- und Militairbeamten zur Carnevalszeit, und tödtliche Langeweile, namentlich für die jungen Edelleute.

Diesen wehte von Frankreich schon die revolutionaire Luft entgegen welche die Schriften der Encyklopädisten angefacht hatten, in Deutschland hatte ihnen Göthe die Ahnung einer neuen geistigen Zukunft erschlossen. Was konnten ihnen nun jene Gesellschaften bieten, was selbst das Haus, sogar wenn man in diesem nicht ohne geistige Interessen war! Hier waren Haller, Hagedorn, Gellert, Ewald von Kleist und die dramatischen Schriftsteller à la Gottsched und Bodmer noch die Heroen der deutschen schönen Literatur. Lessing war dort schon ein freigeistiger Neuerer. — Auch in den Familienkreisen Geistlosigkeit und Langeweile! — Wenn Alexander v. Humboldt in jenen Jahren einer gemeinschaftlichen Freundin und mir von dem seiner Familie gehörenden Schlosse Tegel aus schrieb, datirte er den Brief gewöhnlich von: Schloß Langeweile. Freilich that er dies meist nur in solchen Briefen welche er in hebräischen Schriftzügen schrieb, denn in dieser

Schrift hatte ich ihm und seinem Bruder Wilhelm den ersten Unterricht ertheilt, den später ein Anderer auf sehr erfolgreiche Weise fortsetzte, und sie schrieben sie trefflich. In Briefen deren Inhalt Jedem zugänglich gewesen wäre kund zu geben, man unterhalte sich besser in Gesellschaft jüdischer Frauenzimmer als auf dem Schlosse der Väter, war damals für einen jungen Edelmann nicht ganz unbedenklich!

War es aber zu verwundern, daß, als inmitten solcher gesellschaftlichen Verhältnisse oder eigentlicher Mißverhältnisse eine geistreiche Geselligkeit sich bot, sie trotz der damals gegen die Juden herrschenden Vorurtheile begierig von Denjenigen ergriffen wurde welche überhaupt auf dem Wege mündlichen Ideenaustausches geistige Förderung suchten? Nicht minder begreiflich aber ist es, daß es unter den Männern die jüngeren waren welche sich zuerst diesen Kreisen näherten. Denn der Geist welcher in diesen waltete war der einer neuen Zeit, und nächstdem waren die Trägerinnen desselben durch eine Gunst des Zufalls zum Theil sehr schöne junge Mädchen und Frauen. Und ebenso lag es in den Verhältnissen daß zuerst der strebende Theil der adeligen Jugend sich anschloß, denn der Adel stand in der bürgerlichen Gesellschaft den Juden zu fern, um selbst indem er sich unter sie mischte als ihres Gleichen zu erscheinen.

Freilich aber änderten sich innerhalb unseres Kreises die Verhältnisse früh genug. Der Geist ist ein gewaltiger Gleichmacher, und die Liebe, welche hin und wieder auch nicht unterließ sich einzumischen, wandelte oft den Stolz gar in Demuth. Höfisches Wesen vollends hätte sich hier, wo Zwanglosigkeit eine Lebensbedingung war, bald der Satire ausgesetzt gesehen. Sie richtete sich ohnedies schon gegen die ganze Klasse des Hofadels mit seinem kalten steifen Formenwesen. Da der Hof damals aber viel um allerlei Prinzen und Prinzchen trauerte, die Niemand kannte auch er selbst nicht, und man ihn daher kaum anders als mit sogenannten Pleureusen sah, so wurde der Hofadel in unserm Kreise gewöhnlich durch den Spitznamen „Pleureusenmenschen" bezeichnet.

In diesen Kreis war nach und nach wie durch einen Zauber Alles hineingezogen, was irgend Bedeutendes von Jünglingen und jungen Männern Berlin bewohnte oder auch nur besuchte. Denn Selbstbewußtsein und Lebensfrische duldeten nicht daß das einmal aufgesteckte Licht unter den Scheffel gestellt würde, und schon leuchtete es daher in weitere Fernen. Auch geistesverwandte weibliche Angehörige und Freundinnen jener Jünglinge fanden sich allgemach ein. Bald folgten auch die freisinnigen unter den reiferen Männern nachdem die Kunde solcher Geselligkeit in ihre Kreise gedrungen war. Ich meine, pour comble kamen wir zuletzt in Mode, denn auch die fremden Diplomaten verschmähten uns nicht.

Und so glaube ich nicht zu viel zu behaupten, wenn ich sage daß es damals in Berlin keinen Mann und keine Frau gab die sich später irgendwie auszeichneten, welche nicht längere oder kürzere Zeit, je nachdem es ihre Lebensstellung erlaubte, diesen Kreisen angehört hätten. Ja die Grenze ist kaum bei dem Königlichen Hause zu ziehen, denn auch der, jedenfalls geniale, Prinz Louis Ferdinand bewegte sich später viel in denselben. Rahels Briefwechsel, so weit er erschienen ist, kann einigermaßen zum Belage meiner Behauptung dienen. Ich sage einigermaßen, denn waren gleich die Freunde und Freundinnen an welche ihre Briefe gerichtet und die welche in denselben erwähnt sind mehr oder minder auch die der Genossen dieser Gesellschaft, so würde doch die vollständige Veröffentlichung desselben gewiß noch mehr bedeutende ihr befreundete Persönlichkeiten vorführen; und überdies stand sie zu mehreren einer etwas früheren Zeit angehörenden nicht in Beziehung. Ja eben so wenig fürchte ich zu übertreiben wenn ich ausspreche, daß der diesen Kreisen entsprossene Geist in die Gesellschaften selbst der höchsten Sphären Berlins eindrang, denn schon die äußere Stellung Vieler welche ihnen angehörten macht dies erklärlich. Nächstdem aber fand dieser Geist fast überall leere Räume.

VI.

Karl Philipp Moritz*).

Moritz war ein genauer Freund unseres Hauses. So lange er nunmehr (1838) auch schon todt ist, so habe ich ihn doch aufs Lebendigste in der Erinnerung. Er war in der That ein genialer, aber ein kränklicher und hypochondrischer Mensch. Man hat dies bei seiner Beurtheilung nicht genug in Anschlag gebracht. Unwahr gegen sich selbst, wie man ihn oft hat

---

*) Herr von Varnhagen erzählt im vierten Bande seiner „Denkwürdigkeiten und vermischten Schriften" in dem Aufsatze „Karl Philipp Moritz" einige der hier vorkommenden Ereignisse aus dem Leben des Letzteren, namentlich die Geschichte der Krankheit desselben und der Entweichung seiner Frau. Herr v. V. hat die betreffenden Mittheilungen „aus mündlicher Ueberlieferung", und nach einer Aeußerung an einer anderen Stelle des Aufsatzes von einer „Freundin" Moritzens. Bei der persönlichen Bekanntschaft des Verfassers mit der Frau Herz glauben wir durch die Annahme sie sei diese Freundin gewesen nicht fehl zu schließen. Wenn wir dennoch die Erzählung dieser Ereignisse hier nicht unterdrücken, so geschieht es weil sich hier, neben geringen Abweichungen, einige nicht uninteressante Einzelheiten mehr finden als in dem Aufsatze des berühmten Biographen.

schildern wollen, habe ich ihn nie gefunden. Es war ihm mit allen Empfindungen die er aussprach oder die seine Handlungen bestimmten im entsprechenden Augenblicke ernst, aber er war unstät, und daher mußte öfter sein Handeln ohne Consequenz erscheinen. Sein Gemüth war von einer liebenswürdigen Kindlichkeit; da er jedoch gewohnt war sich gehen zu lassen, so konnte es nicht fehlen daß er bisweilen kindisch erschien. Die Gesellschaft stimmte ihn in der Regel zu schweigendem Ernst; regte ihn jedoch irgend etwas zur Munterkeit an, so lachte er wie ich noch kaum einen Menschen lachen gehört habe. Selbst Unbedeutendes aber ihm Neues, ja irgend ein Geräth, ein Möbel, konnte ihn zu lauten Ausbrüchen des Erstaunens und der Freude hinreißen. „Ja, das lobe ich mir! — Ja, wer so etwas auch haben könnte!" — habe ich ihn bei solchen Gelegenheiten einmal über das andere ausrufen hören.

Den Eindruck welchen einer unserer jungen feinen, wohlgeputzten, sprachgewandten und sprechseligen Gelehrten, das Entzücken der geistreichen Damen unserer Theezirkel, uns giebt, machte der lange Moritz mit seiner hektischen Gestalt auf diese Weise freilich nicht. Aber ward er einmal durch irgend einen Gegenstand angeregt genug um sich zur Aeußerung über ihn gedrängt zu fühlen, so war die Lebendigkeit mit welcher er es that von um so größerem und bleibenderem Eindruck. Nie werde ich in dieser Beziehung seine Schilderung der Peak-Höhle in Derbyshire vergessen, die er uns sogleich nach seiner Rückkunft von seiner von einem Spaziergange aus angetretenen Reise nach England mündlich machte, später aber in seiner

Reisebeschreibung auch dem Publikum gab. — Auch las er ganz vortrefflich. In unserer damaligen Lesegesellschaft wurde fast jährlich einmal Lessings „Nathan" mit vertheilten Rollen gelesen. Moritz las die Rolle des „Tempelherrn", und ich habe sie nie wieder so vortragen hören. —

Als Herz die bekannt gewordene Kur mit ihm vornahm war ich schon verheirathet. Eine lediglich eingebildete Krankheit war Moritzens Uebel nicht. Er war in der That krank, jedoch nicht gefährlich. Aber der Wahn daß er ein Opfer des Todes sei hatte ihm ein Fieber zugezogen, welches ihn aufzureiben drohte. Lebhaft erinnere ich mich noch der Besorgniß welche Herz, der ihn sehr liebte, um ihn hegte. „Gott!" — rief er an jedem Abende, — „wenn ich doch dem Moritz helfen könnte!" — Eines Morgens jedoch als er sich zur Umfahrt bei seinen Patienten bereitete eröffnete er mir, er habe in der Nacht ein Mittel ersonnen welches, wenn überhaupt Hülfe möglich sei, Moritz retten werde. Ich glaubte es handle sich von einer Arznei; und da ich mit meinem Manne auf dem Fuße stand über seine Berufsangelegenheiten mit ihm sprechen zu können, so bat ich ihn mir das Mittel zu nennen. — „Laß' es gut sein," antwortete er mir. — „Ich werde es Dir mittheilen sobald ich eine Wirkung davon wahrnehme."

Er fuhr nun zu Moritz, dessen Fieber er noch gesteigert fand. Der Arme warf sich im Bette hin und her, und rief wie gewöhnlich dem Arzte entgegen: „Aber muß ich denn sterben? — eben ich? — Ist denn keine Hülfe möglich?" — „Keine!" antwortete Herz, „länger will ich es Ihnen nicht verhehlen. Aber es ziemt sich für einen Mann, und gar für einen Weisen, dem Unvermeidlichen mit Ruhe ja mit Heiterkeit entgegen zu treten." — Und nun sprach er trefflich, wie er sprechen konnte, in diesem Sinne weiter mit ihm, immer aber den Tod des Patienten dabei als gewiß hinstellend. Gründe der Religion konnte er ihm dabei freilich nicht anführen, denn gab es je einen Freigeist so war es Moritz, und nie wurde er heftiger als wenn es galt gegen eine geoffenbarte Religion zu Felde zu ziehen.

Als Herz am nächsten Morgen seinen Kranken besuchte, fand er ihn zum ersten Male ruhig im Bette liegend, und dieses selbst mit Blumen geschmückt. — "Nun, wie geht es Ihnen?" — fragte Herz. — "Sie sehen es!" — antwortete Moritz. "Ich gehe mit Fassung, ja mit Seelenruhe meiner Auflösung entgegen. Der Tod soll in mir keinen Feigling finden." — "Bravo!" — erwiederte Herz. "So habe ich Sie zu finden erwartet. Dies Bild will ich mir nach ihrem Abscheiden von Ihnen bewahren!" — Er fühlte dem Kranken den Puls. Das Fieber hatte bedeutend nachgelassen. Nach drei Tagen, welche Moritz mit der Gemüthsruhe eines sterbenden Weisen zugebracht hatte, war es gänzlich verschwunden, und nicht lange darauf der Kranke völlig hergestellt. —

Göthe interessirte sich aufs lebendigste für Moritz, und in jener früheren Epoche seines Lebens that er dies selten für andere als für sehr bedeutende Menschen. Beide waren in Rom viel mit einander, und nach jenem, auch durch Göthe bekannt gewordenen, tragisch-komischen Ereignisse, dem Ritte zu Esel nämlich welchen sie mit einander machten, und bei welchem Moritz in einem Laden hineinritt, vom Esel fiel, und ein Bein brach, pflegte Göthe ihn aufs freundschaftlichste. In Rom und seiner Nähe war zur Zeit meiner Anwesenheit daselbst, also dreißig Jahre nachher, das Andenken an Göthe und Moritz noch nicht erstorben. Man nannte sie oft gemeinsam, und namentlich erinnere ich mich, daß der Wirth in der „Sibilla" in Tivoli mir noch mancherlei von ihnen zu erzählen wußte. —

Mir ist der Tag noch in lebendiger Erinnerung, an welchem Moritz mir seine Braut, eine geborne Matzdorff, in meiner Wohnung vorstellte. Kaum hatte er es gethan, so winkte er mir mit ihm in das anstoßende Cabinet zu treten, und fragte mich ganz ernst und trocken: „Nicht wahr, ich habe da" — hier wies er mit dem Zeigefinger auf das Zimmer, in welchem sich seine Braut befand — „einen sehr dummen Streich gemacht?" — Ungeachtet schon diese Frage bewies daß er einen gemacht hatte, denn wie konnte ein unter solcher Voraussetzung geschlossenes Ehebündniß zu seinem Heile ausschlagen, und trotz meines lebendigen Interesses für den Fragenden, war ich im Begriff zu lachen, so komisch wurde die Frage durch Art, Zeit und Ort. Später ging denn auch die Frau mit einem gewissen Sydow oder Zülow — ich erinnere mich des Namens nicht mehr genau — der ein Buch über die Art sich in Gesellschaft zu benehmen geschrieben, und wie es schien seine Theorie in der Gesellschaft der Frau Moritz mit gutem Erfolge angewendet hatte, auf und davon. Moritz eilte den Flüchtlingen nach, und kam ihnen endlich auf die Spur. In einem Dorfe oder Städtchen angekommen, erfährt er auf Nachfrage im Gasthofe daß der Herr welchen er bezeichnet sich im Hause befinde, und man deutet ihm an daß er bei Moritzens Ankunft sich unter einem umgestülpten Fasse versteckt habe. Moritz tritt an das Faß, steckt die Mündung eines Pistols in das Spundloch, und ruft: „Meine Frau mir herausgegeben, oder ich schieße!" — Der geängstete Entführer giebt den Versteck der Frau an, denn er weiß nicht daß das Pistol nicht geladen ist. Moritz führt seine Frau zum zweiten Male heim, und, so unglaublich es scheinen mag, die Eheleute lebten nachher ganz erträglich miteinander, ja die Frau pflegte den Mann in seiner letzten Krankheit, einem Lungenübel, so treu, daß sie von ihr angesteckt wurde und gleichfalls an derselben starb!

VII.

Mirabeau.

Auch Mirabeau's Gesicht schwebt mir, so viele Jahre vergangen sind seit ich ihn sah, doch noch ganz deutlich vor. Denn es zu vergessen war schwer wenn man ihn auch nur einmal gesehen hatte, wie es doch andererseits wegen seiner großen und ganz absonderlichen Häßlichkeit immer von Neuem auffiel wenn man ihn wiedersah. Am wenigsten trugen seine Pockennarben zu dieser Häßlichkeit bei, wenngleich sein Gesicht von ihnen gänzlich zerrissen war; weit mehr die Eigenthümlichkeit, daß das Ganze sowie alle einzelnen Theile desselben auf eine kolossale Weise in die Breite gezogen waren. Breiteste Nase, erdenklich größter Mund mit dicksten wulstigsten Lippen. Dabei war er zur Zeit seiner Anwesenheit in Berlin schon nahe den Vierzigen, und war gleich seine Gestalt noch von großer ja auffallender Kräftigkeit, so waren über sein Gesicht die Ausschweifungen seiner Jugend nicht spurlos hingegangen.

Aber man vergaß Alles wann er sprach. Denn er sprach hinreißend wie ich nie Jemanden sprechen gehört habe, und namentlich ist mir eine solche Eleganz der Sprache in der Leidenschaftlichkeit — und in diese gerieth er leicht — nie weiter vorgekommen. Leider weiß ich nichts mehr vom Inhalte seiner Unterhaltungen mit mir, was vielleicht daran liegt daß es das Ganze seiner Entscheinung war was mich zunächst in Anspruch nahm. Aber ich weiß, daß als er einige Jahre später einer der ersten Helden der französischen Revolution wurde, nichts von dem was man über die gewaltige Wirkung seiner Reden las und hörte mich in Erstaunen setzte. —

Uebrigens genoß er schon bei seiner Anwesenheit in Berlin eines bedeutenden Rufes. Schon hatte er in Gutem und Ueblen viel von sich reden gemacht. Man wußte auch, daß er alle Frauen die er gewinnen wollte für sich gewonnen hatte, seine eigene ausgenommen, und es sprach sehr für das Vertrauen welches mein Mann mir stets bewies, daß er mir, einer jungen und hübschen Frau, diesen gefährlichen Menschen zuführte. Denn er war es der es that. Ein Baron Rolde, ein Kurländer, hatte ihn ihm vorgestellt. Aber da Herz nur schlecht französisch sprach so überwies er ihn mir; was der Einführende hatte erwarten können, und auch dem Eingeführten weder unerwartet noch unerwünscht zu sein schien. —

VIII.

Friedrich von Gentz*).

Hat man, gleich mir, in Beziehung zu vielen bedeutenden Menschen gestanden deren Leben später Gegenstand öffentlicher Besprechung geworden ist, so wird man oft sehr schmerzlich durch die Art berührt auf welche es geschieht. Während ich die ausgezeichnetesten Menschen nicht nur nicht genug gewürdigt, sondern oft schwer verkannt ja verlästert gefunden habe, und zwar letzteres oft wegen Handlungen deren achtungswerthe Motive ich wußte, und in Hinsicht auf Gesinnungen um welche es ihnen ein heiliger Ernst war, mußte ich Handlungen deren nichtsnützige Beweggründe offen vor mir lagen als Frucht trefflichster Gesinnung herausstreichen sehen. Das Letzte möchte eher hingehen. Mögen immerhin Menschen die im Leben nicht

---

*) Wir erachten bei diesem Aufsatz die Bemerkung an der Stelle, daß, da wir lediglich Mittheilungen der Verstorbenen wiedergeben, wir nicht gemeint sein können die in denselben enthaltenen Ansichten über Personen und Zustände irgend zu vertreten. Doch dürfen wir auch mit Hinsicht auf die von der Verstorbenen berichteten Thatsachen die Bemerkung nicht unterdrücken, daß ihre Wahrhaftigkeit allen ihren Bekannten unzweifelhaft war.   Anm. d. Herausg. zur 1. Aufl.

viel taugten nach dem Tode auf solche Weise zu Ehren kommen. Doch immer ist solches Verfahren nicht nur eine Versündigung gegen die Wahrheit, sondern es wirft oft ein unverdient nachtheiliges Licht auf Diejenigen, welche sich eben im Interesse dieser in völlig entgegengesetztem Sinne aussprechen. Sind nun die dargestellten Personen gar etwa zu historischen geworden, so darf man sagen daß eine Fälschung an einem Gemeingute begangen ist. Hat aber vollends die Ungerechtigkeit ihren Grund allein in persönlicher Neigung oder Abneigung gegen die Dargestellten, so kann ich sie nicht scharf genug tadeln. Denn von diesen sollte sich Jeder freimachen welcher sich öffentlich über Menschen ausspricht.

So soll Gentz jetzt durchaus ein Mann von Gesinnung gewesen sein! — Möge man immerhin bei der Beurtheilung des Publicisten und des Politikers von seinem sittlichen Leben absehen, möge man die seinerseits so ohne Scheu affichirten Ausschweifungen seiner alten Tage mild ja lobend der unvertilgbaren inneren Jugendlichkeit des Mannes zuschreiben, — den ich doch schon lange vor jener so bekannt gewordenen zärtlichen Liaison als einen Graukopf mit zitternden Händen in Wien wiedersah — und dem alten aimable roué deshalb beifällig zulächeln: aber Niemand soll mir sein Umspringen aus einem Erzliberalen in einen Conservativen als eine achtungswerthe Folge geänderter innerer Ueberzeugung darstellen wollen! — Wüßte ich nur nicht allzugut und genau wie es um diese Aenderung stand! —

Ich habe Gentz viel gesehn, am meisten aber doch beim Ausbruche und in den ersten Zeiten der französischen Revolution. Nie werde ich vergessen wie hingerissen er gleich Vielen von ihr war, namentlich zur Zeit der Versammlung der Notablen, aber auch nicht wie hinreißend. Denn mit seinem geistreichen Wesen und der Klarheit seines Verstandes verband er, damals wenigstens, eine Gewandtheit und Gewalt der Rede, hinter welcher seine treffliche, schlagende Schreibart noch weit zurückblieb. Diesem Vorzuge sind denn auch die Erfolge zuzuschreiben welche ihm bei den Frauen wurden. Denn wenngleich hoch gewachsen war er doch nicht eigentlich hübsch, und von Gemüth, einer Eigenschaft welche große Macht über die Frauen übt, habe ich nie etwas an ihm bemerkt. Freilich war er leidenschaftlich, und dadurch geeignet im Sturm zu erobern. Durch diese Leidenschaftlichkeit unterschied sich auch seine Genußliebe von der eines seiner, später noch berühmter als er gewordenen Jugendfreunde und Gefährten auf den Pfaden der Sinnlichkeit, der sich stets sorglichst gegen jeden Affect wahrte, und heitere Ruhe als die Grundbedingung jedes Genusses betrachtete. In der Genußsucht selbst begegneten sich Beide jedoch ganz und gar. Aber so wie diese Gentz zu allbekannten Perfidien verleitete, deren Form noch weniger zu rechtfertigen war als ihre Beweggründe, so war er auch gegen den Anderen durch die nicht aufhörenden Verlegenheiten im Nachtheil, in welche diejenigen seiner Genüsse welche nur durch Geld zu erlangen waren ihn stürzten. Und er war Bonvivant in jeder Beziehung. In solchen Augenblicken war ihm jedes Mittel sich diesen Verlegenheiten zu entreißen völlig gleichgültig, führte es nur nicht eine größere für ihn herbei als diejenige es war welcher er gerade entgehen wollte. So zog er einmal einer Frau meiner Bekanntschaft, auf deren Nachsicht er glauben mochte ein Recht zu haben, bei einem Besuche einen kostbaren Diamantring vom Finger. Vergebens stellte sie ihm vor daß das Fehlen dieses Ringes ihr die empfindlichsten häuslichen Ungelegenheiten zuziehen würde; nur nach langem Flehen, vielleicht auch durch pecuniäre Opfer, gelang es ihr ihn wieder zu erhalten.

Doch in der Zeit seiner drückendsten Geldverlegenheiten huldigte er fortwährend den freisinnigsten politischen Ansichten. Für die französische Revolution hatte freilich seine Sympathie gleich der so mancher anderen Zeitgenossen nachgelassen, nachdem sie weit von ihrer ursprünglichen Richtung abgewichen war, aber er schwärmte noch für Preßfreiheit, welche er dem jetzigen Könige*) bei seiner Thronbesteigung bringend anempfahl, so wie für möglichste Freisinnigkeit aller politischen Institutionen. An einem schönen Morgen jedoch war die Allen welche ihm näher standen sehr bekannte Geldnoth, wenn auch nicht gehoben — dazu hätte er sehr ansehnlicher Summen bedurft — doch ganz augenscheinlich gemildert, und die Freisinnigkeit verschwunden. Der Grund beider Aenderungen war mir mit Gewißheit bekannt, ich wußte den Moment in welchem er eintrat, und konnte die Gleichzeitigkeit von Ursach und Wirkung genau beobachten. Eine österreichische Pension hatte beide Wunder bewirkt. Er war damals noch, und noch längere Zeit nachher, als Kriegsrath beim General-Directorium in preußischen Diensten. Durch den österreichischen Gesandten,

---

*) Friedrich Wilhelm III.

Grafen Stadion, auf ihn aufmerksam gemacht, der ihn nicht minder als der englische mit großer Auszeichnung behandelte, erkannte das Wiener Kabinet seine Brauchbarkeit wie es seine Geldverlegenheit kannte.

Von da an schrieb Gentz was dieses Cabinet begehrte, selbst wenn es gegen die Absichten und die Interessen der preußischen Regierung oder gar gegen deren Handlungen gerichtet war, wie einige seiner Schriften aus jener Zeit deren ich mich erinnere das Letztere in der That sind. Wenn er jedoch Oesterreich in manchen Beziehungen in Berlin nützlicher werden konnte als in Wien, so mußte ihm selbst doch eine so zweideutige Stellung auf die Länge unhaltbar erscheinen, und er ging die Quelle seines Heils aufzusuchen. Aber von Freisinnigkeit war keine Spur mehr in ihm, wenigstens in seinen Reden und Schriften nicht. Er verließ Berlin als vollkommener Conservativer, oder, wie man es damals ausdrückte, als eingefleischter Aristokrat. — *)

---

*) Gentz ist neuerdings wieder, wie schon einmal in früheren Jahren, in Folge seines kürzlich publicirten Briefwechsels mit Adam Müller ein Gegenstand lebhafter Besprechung geworden. Und nicht mit Unrecht. Seine geistreichen Briefe an den Letzteren werden allen Unparteiischen, und mögen sie auch in Beziehung auf religiösen Glauben zu den Seinen gänzlich entgegengesetzten Resultaten gelangt sein, den Beweis einer tiefen Erwägung der höchsten Interessen des Menschen und so aufrichtiger Selbstprüfung in dieser Beziehung gegeben haben, wie man sie von dem, in anderen Hinsichten, und zwar zum Theil auf Grund eigener sogar mit einer gewissen Ostentation ausgesprochenen Bekenntnisse, nur für unsittlich und frivol Gehaltenen

nicht erwartet hätte. Es verdiente daher um so mehr eine Prüfung, ob die von Henriette Herz in den vorstehenden Mittheilungen geäußerten schweren, — von uns, wie unsere Anmerkung zur ersten Auflage d. B. beweist, nicht ohne Zagen der Oeffentlichkeit übergebenen — Vorwürfe gegen ihn sich nicht vielleicht ebenfalls entkräften ließen, als Auszüge aus den Tagebüchern des Angegriffenen in einem früheren Jahrgange der „Grenzboten", auf welche wir vor einiger Zeit durch eine dankenswerthe Notiz in eben demselben Blatte aufmerksam gemacht wurden, uns das erwünschteste Material zu unserm Zwecke verhießen. Wir hofften durch die eigenen Berichte des Mannes, dem es wie gesagt in vielen Beziehungen an Aufrichtigkeit nicht fehlte, den Ueberzeugungen — denn als Solche dürfen wir nicht aufhören sie zu betrachten — der Freundin über seinen Charakter eine maßgebende Bedeutung absprechen zu können.

Die in den Grenzboten (Nr. 42, Jahrgang 1846) mitgetheilten Tagebücher sind nicht die ursprünglichen. Diese, welche ein Vierteljahrhundert umfaßten, vernichtete Gentz, wie der Einsender in einem Vorworte meint aus Gründen der Zweckmäßigkeit und Humanität gegen Andere, nachdem er jedoch vorher das ihm später noch persönlich Wichtige oder sonst Bemerkenswerthe in gedrängter Kürze daraus ausgezogen hatte. Die Absicht, seine eigenen Fehler und Verirrungen zu verdecken habe ihn nicht geleitet, und er die rücksichtsloseste Aufrichtigkeit im Betreff seiner selbst auch in der neuen Abfassung nicht verläugnet.

In manchen Punkten gewiß nicht. Den Leichtsinn welchen die Zeitgenossen an ihm kannten, seine maßlose Geldvergeudung, seine wenig zu billigenden Verhältnisse zu Frauenzimmern selbst zu der Zeit als er noch Pflichten gegen eine Gattin hatte, verheimlicht er auch hier in keiner Weise. Aber er läßt sich auch hier nicht die Gelegenheit entgehn, das Wenige von seinem Charakter zu rühmen was er rühmen zu können glaubte. Um 1829 scheint er, nach der Ansicht des Einsenders, die Auszüge begonnen zu haben, aber er verschmäht es doch nicht aus dem früheren Tagebuche von Jahre 1801 in dieselben zu übertragen, daß er — 28 Jahre vorher — „tiefe Rührung über den Tod eines Hundes" empfunden habe, und fügt hinzu: „Beweis, wie sehr Alles was zu den häuslichen Verhältnissen gehört bei aller Dissipation auf mich wirkte." Aber andererseits erfahren wir nie ein Wort darüber für welche Leistungen er, der noch preußischer Staatsbeamter war, Geldspenden von solcher Höhe erhielt wie sie ihm von fremden Regierungen wurden. In weniger als 2 Jahren z. B. aus England 1600 Pfd. Sterling, nämlich 1. Juni 1800 „durch Garlicke ein Schreiben von Lord Granville" (damals englischer Minister) „nebst einem Geschenk von 500 Pfd. Sterling, das erste dieser Art! (sic)." Am Ende des Jahres bei „großer Geldverlegenheit von Garlicke 100 Pfd. Sterling erhalten und mit Lord Carysfort unterhandelt." Endlich wird unterm 5. April 1802 notirt: „Sollte man es glauben —? Le plus pressant, le plus sensible de mes malheurs était l'impossibilité de faire un cadeau à Christel" (Dlle. Eigensatz, ihrer Zeit sehr bekannte hübsche Schauspielerin am Berliner Theater) „qui avait aujourd'hui son bénéfice. Und an demselben Tage führt dem Unwürdigen der dieses schreiben konnte das Schicksal eine Remesse von 1000 Pfd. Sterling aus England zu!!" — Neben allem diesem klingt folgende Notiz vom Februar 1801 naiv genug: „Sehr merkwürdig, daß mir Lord Carysfort von einer Seite die Uebersetzung in's Französische der Publication der englischen Noten gegen Preußen" (ihm, dem preußischen Kriegsrath) „und kurz nachher Graf Haugwitz die der preußischen Noten gegen England in's Deutsche auftrug." — Man sieht, daß es sein literarischer Ruf allein nicht war der ihm so große Summen eintrug. — Daß der Goldfluth stets Ebbe auf dem Fuße folgte versteht sich von selbst. —

Doch nun zu den, den Uebertritt in den österreichischen Staatsdienst betreffenden Notizen. — Im Juni 1801 lernt er „Fürst Schwarzenberg bei dessen Durchreise nach Petersburg kennen", und in demselben Monat fangen auch seine „näheren Verbindungen mit Stadion" an. Am 13. April 1802 sagt er seinem Schwiegervater, der eine große Amtsreise antrat, „un adieu éternel." „Mithin", fügt er hinzu, „muß ich damals meine Trennung von Berlin schon für eine ewige gehalten haben." Und doch erfährt er erst acht Tage nachher, „der König werde ihm die Erlaubniß zu seiner Reise ertheilen", noch drei Tage später hat er „wiederum mit dem Minister v. Voß eine sehr fatale Unterredung über diese Reise." Am 20. Juni tritt er sie endlich an. „Wie und wodurch eigentlich der Entschluß nach Wien zu gehen definitiv bestimmt wurde", heißt es über diesen, „davon sagt das elende frivole Journal kein Wort." Und weiterhin: „die eigentliche Geschichte meiner Anstellung in Wien kenne ich selbst nicht. Meine damals äußerst geringe Terrainkenntniß und die unbegreifliche Magerkeit des Journals läßt mich im Dunkel." — Ob wirklich unbegreiflich? Er selbst sagt auf einen verhältnißmäßig viel unbedeutenderen Anlaß, einer Reise nach Freienwalde mit Müller, wo er sich „in rasenden Spielparthien umhertrieb", und von welcher zurückgekehrt, er „bedenkliche Gerüchte über sich fand u. s. w." er habe „selbst ins Tagebuch obwohl mit der gewöhnlichen Reserve geschrieben: que cette course semblait m'avoir fait plus de mal que de bien." Rückhaltlos scheinen daher die Niederschriften in das Tagebuch wohl kaum jemals gewesen zu sein. — Eine in den Auszügen nun folgende bloße Conjectur über die Geschichte seiner Anstellung in Wien hat nach seiner obigen Erklärung: er kenne sie selbst nicht, hier keine Bedeutung. Kurz, er wird in Wien als Rath mit 4000 Gulden angestellt, bittet um Erlaubniß nach Berlin zurückzukehren, beschließt jedoch in Dresden — aus Gründen die er nicht angibt — dies nicht zu thun und bittet den König — nachträglich — schriftlich um seinen Abschied. Er macht dann noch mit Elliot eine Reise nach England, nachdem er von Metternich, damals österreichischer Gesandter in Dresden, einen Wechsel auf London über 100 Pfd. Sterling erhalten hat.

Wir müssen zur Steuer der Wahrheit hinzufügen, daß von einer weiteren Subvention von österreichischer Seite in den Auszügen aus den Tagebüchern nicht die Rede ist. Aber diese Letzteren sind auch, nach seinen eigenen Mittheilungen, weit entfernt alle seine Einnahmequellen anzugeben. Bei Gelegenheit eben jener „rasenden Spielparthien" in Freienwalde bemerkt er: „Und das alles mitten im äußersten Geld-Derangement. Wo kamen die Mittel zu allen den hohen Parthien her? Ich weiß es durchaus nicht mehr zu erklären." — Vielleicht ist seine Unwissenheit in dieser Hinsicht durch die „gewöhnliche Reserve" welche er in seinen Tagebüchern beobachtete, zu erklären. —

Schlüsse auf die Glaubwürdigkeit oder Unglaubwürdigkeit der Freundin hinsichts mancher ihrer Anschuldigungen gegen Gentz aus dem was er selbst mittheilt und nicht mittheilt zu ziehn, überlassen wir nunmehr dem Leser. Anm. zur 2. Aufl.

IX.

Frau von Grotthuis. — Frau von Eybenberg.

Varnhagens Feder wird dem Andenken einiger Personen Dauer verleihen welche durch sich selbst wenig Anspruch darauf haben. Ich zähle Frau von Grotthuis zu diesen. Sie war eine hübsche Frau, es hat dümmere gegeben als sie war, aber, Gott verzeihe mir daß ich es ausspreche ungeachtet sie nun gestorben und wie ich glaube sinnverwirrt gestorben ist, unter allen ihren Eigenschaften stand die Narrheit obenan. Wenn sie in Beziehung zu bedeutenden Männern war so dankte sie dies zumeist den Aufmerksamkeiten welche sie ihnen erwies, und für welche diese, als von einer hübschen Frau ausgehend, nicht unempfänglich waren. Von diesem Gesichtspunkte aus ist auch ihr Verhältniß zu Göthe zu betrachten*).

---

*) Das Urtheil über Frau von Grotthuis und ihre Beziehungen dürfte doch zu hart sein. Ein in der „Europa" vom 3. April 1850 aus dem Riemerschen Nachlasse mitgetheilter Brief derselben an Göthe scheint für Selbstständigkeit des Geistes und Gemüthes zu sprechen, ja er verräth eine gewisse innere Verwandtschaft mit Rahel, wenngleich bei minderer Tiefe.   Anm. d. Herausg.

Ein Anderes war es jedenfalls mit ihrer Schwester Frau von Eybenberg, ungeachtet diese zu denjenigen gehörte deren völlige Bedeutung Frauen nur durch einen Rückschluß zu erkennen vermögen, durch den Eindruck nämlich welchen sie auf Männer, und auf tüchtige Männer machen. Freilich konnten auch Frauen körperliche und geistige Vorzüge an ihr nicht verkennen. Sie war hübsch, von elegantem Wuchse, in ihren Bewegungen durchaus anmuthig. Ihr Temperament war lebhaft, wenngleich unstät. Ihr Geist war mehr anregend als schöpferisch; konnte man sie auch nicht gerade geistreich nennen, doch eben so wenig geistlos. Sie hielt darin eine Mitte wie sie den meisten Männern und Frauen sehr wohlgefällig ist. Mit ihren Kenntnissen stand es so, daß man sie den damaligen Ansprüchen an weibliches Wissen nach ein unterrichtetes Frauenzimmer nennen durfte. Verschweigen will ich nicht, daß namentlich einige unserer gemeinschaftlichen männlichen Bekannten ihr wenig Gemüth und vielen Leichtsinn zutrauten. Sie fanden diese Ansicht von ihr besonders zu einer Zeit bestätigt als Mariane Meyer, so hieß sie früher, ohne Wissen ihrer sehr orthodoxen Eltern zur christlichen Religion übergegangen war, und sich ausgelassen lustig erwies, während sie wußte daß die Kunde von ihrer Religionsänderung für ihre Eltern ein überwältigender Schlag sein mußte.

Als Tochter eines Kaufmanns und als Jüdin, und sonach, bei der Kluft zumal durch welche Verschiedenheit des Standes und des Glaubens damals noch die Menschen trennte, vermöge ihrer Stellung in der Welt nicht auf den Umgang oder gar auf eine nähere Verbindung mit christlichen Männern hohen

Standes angewiesen, sah sie doch eben von diesen Letzteren einen nach dem andern zu ihren Füßen, ja ernstlich um sie werbend. Die Liebe des ersten derselben erwies sich freilich der Ungleichheit der äußeren Verhältnisse nicht gewachsen. Dieser war Graf Geßler, der sächsische Gesandte am preußischen Hofe. Er verhehlte seine Gefühle für Mariane Meyer so wenig, daß man nicht Anstand nahm auch mit ihm bei Gelegenheit von seiner Liebe zu sprechen. Als nun nach seiner Abreise von Berlin Mariane zum christlichen Glauben übergetreten war, und öffentlich und laut behauptet ward, Graf Geßler sei nur abgereist um alles Erforderliche vorzubereiten sie aus dem elterlichen Hause zu führen und sich dann mit ihr zu vermählen, glaubte ich, als ich ihn in Leipzig traf und er sich angelegentlichst nach der Dame seines Herzens erkundigte, wohl von Dem mit ihm sprechen zu dürfen was das Gespräch des ganzen Kreises der gemeinsamen Bekannten war. Wie erstaunte ich jedoch, als ich ihn stutzen, erschrecken sah! Er leugnete jede Absicht sich mit Marianen zu verbinden, und ich erfuhr nachher daß er eiligst verschiedenen Freunden in Berlin Briefe geschrieben habe, in welchen er das Vorhaben welches man ihm beimaß eifrigst desavouirte. Ich mußte hier wie bei anderen ähnlichen Gelegenheiten den Scharfblick Alexanders von Humboldt auch hinsichts solcher Verhältnisse anerkennen. Er hatte von Anfang an im Widerspruche mit der Meinung Aller ausgesprochen, daß Geßler sie nie heirathen werde. Und doch war es gewiß nur Mangel an Kraft sich über Vorurtheile hinwegzusetzen was diesen so handeln machte. Er hörte niemals auf die lebendigste Theilnahme für

Mariane zu haben, dies bewies die Art auf welche er sich später so oft wir uns wiedersahen nach ihr erkundigte. —

Hatte nun in diesem Falle das Vorurtheil eines der Liebenden verhindert, daß das zärtliche Verhältniß zu einem ehelichen wurde, so wurde ein zweites welches sich bald nachher knüpfte durch die Vorurtheile Dritter von diesem Ziele abgewendet. Graf Christian Bernstorff, später preußischer Minister, zu jener Zeit bei der dänischen Gesandtschaft in Berlin angestellt, wurde von den lebhaftesten Gefühlen für Mariane Meyer ergriffen. Aber seinem Vorsatze sich mit ihr zu verbinden stellte sich der sehr entschiedene Widerspruch seines Vaters, des dänischen Ministers, entgegen. — Schon gleichzeitig mit ihm war Fürst Reuß, österreichischer Gesandter am preußischen Hofe, ihr Bewunderer gewesen, ein guter, wackerer Mann, aber ihr ziemlich ungleich an Jahren und häßlich wie die Nacht. Er bat später um ihre Hand. Gewiß ist's daß sie ihn achtete, aber ich weiß nicht ob sie ihn liebte. Fast schien es mir als nahm sie seine Hand nur an weil sie von den Revers gelangweilt war, welche ihr bis dahin stets vereitelnd entgegengetreten waren wann eine ihrer zärtlichen Verbindungen zu einer Ehe zu führen schien. Und soll ich es nun Tücke des Geschicks oder Vergeltung nennen, eben am Morgen ihrer Verehelichung mit dem Fürsten Reuß erhält sie einen Brief von Bernstorff, den sie zuverlässig so sehr liebte als sie bei einem nicht sehr warmen Gemüthe überhaupt lieben konnte, in welchem er ihr, ich weiß nicht mehr genau ob in Folge des Todes seines Vaters oder einer geänderten Gesinnung des Letztern, seine Hoffnung ausspricht, sie in kurzer Frist die

Seine nennen zu dürfen. Sie hat mir dies, wenn mein Gedächtniß mich nicht trügt, selbst erzählt.

Trug nun gleich Fürst Reuß seine Gattin auf Händen, so konnte doch, da er Prinz eines souverainen Hauses war, seine Ehe mit dem bürgerlichen Mädchen nur eine morganatische sein. Ja sie wurde auch bei Lebzeiten des Fürsten niemals öffentlich erklärt, und deshalb wohnte auch die Gattin nicht im Hause des Gatten. Ihre eheliche Verbindung war deshalb nicht minder bekannt, und hier in Berlin wurden in jede Gesellschaft bei welcher nicht Hoffähigkeit die Zulassung bedingte stets beide Eheleute eingeladen, wenngleich jeder Theil durch besondere Einladung.

Als nun nach einigen Jahren Fürst Reuß starb, fühlte sich Mariane in einer peinlichen Lage, ja ihre Stellung schien ihr gewissermaßen zweideutig. Sie wurde nicht als Mädchen, nicht als Frau, nicht als Wittwe betrachtet. Und während sie sich einerseits doch die Wittwe eines Fürsten wußte war sie, da Rang und Ansehn ihres Gatten ihr nicht mehr zur Seite standen, dort wo Wohlwollen sie nicht freiwillig höher stellte auf Stand und Stellung eines bürgerlichen Mädchens gewiesen. Das vermochte sie nicht zu ertragen. Sie ging nach Wien, und man spricht von einem Fußfalle den sie vor dem Kaiser that. Sie wurde freundlich empfangen. Aber zu einer Fürstin Reuß konnte der Kaiser sie nicht machen, oder doch nicht ohne die Bewilligung der fürstlich reußischen Häuser, welche schwerlich zu erlangen gewesen wäre, und so machte er sie denn zu einer Frau von Eybenberg.

Ich sah sie im Jahre 1811 in Wien wieder. Sie litt in

solchem Grade an der Wassersucht daß ich ihre Auflösung nahe glaubte. Und als ich sie eben tief bewegt verlassen habe, treffe ich Bernstorff der als dänischer Gesandter nach Wien gekommen war. Eine seiner ersten Fragen ist nach Marianen. Ich erzähle ihm von ihrem trübseligen Zustande, und er eilt sogleich zu ihr. Es war ein schmerzliches Wiedersehn nach jahrelanger Trennung, denn auch er konnte sich über die Hoffnungslosigkeit ihres Zustandes keinen Augenblick täuschen.

X.
Ein Tugendbund. — Wilhelm von Humboldt.

Die Kinderjahre der Brüder von Humboldt waren nicht eben heiter zu nennen. Sie hatten den Vater früh verloren. Die Mutter war eine kränkliche Frau die durch ihren leidenden Zustand öfter verstimmt wurde, und zu einer lebendigen Unterhaltung wenig geeignet war. Auch der Erzieher der Knaben, Kunth, später Geheimer Staatsrath und als tüchtiger Beamter wohlverdient, Freund und Gesellschafter der sehr zurückgezogen lebenden Mutter und von großem Einflusse im Hause, war ein ernster, dem regsamen Geiste seiner Zöglinge wenig entsprechender Mentor. Doch mußten die Knaben jeden Abend mehrere Stunden in der Gesellschaft Beider zubringen, Stunden welche besonders dem lebhaften und geistreichen Alexander langsam genug vergingen.

Auf ihren Unterricht wurde von früh an große Sorgfalt verwendet. Außer mehreren anderen Notabilitäten gehörten Campe und Engel zu ihren frühesten Lehrern. Kunth selbst ertheilte ihnen wenig Unterricht, und war auch bescheiden genug sich nur geringen Antheil an der geistigen Höhe zuzuschreiben welche sie später erreichten. Als Alexander von Humboldt im

Winter von 1827 auf 1828 hier vor einem gemischten Publikum dem Inhalte wie der Form nach bewundernswerthe Vorträge hielt, und einmal die Blicke aller Zuhörer mehr als je von freudiger Befriedigung erstrahlten, flüsterte mir Kunth in's Ohr: „Von mir hat er's wahrhaftig nicht!" —

Die Zurückgezogenheit seiner früheren Jahre hatte die lebhafte Empfänglichkeit Wilhelms von Humboldt für den Umgang mit Frauen nicht unterdrücken können. Er schloß sich sehr bald nachdem wir uns kennen gelernt hatten an mich an. Er war damals etwa 17 Jahr alt, und obgleich ich nur einige Jahre mehr zählte so war ich Frauenzimmer und Gattin, und daher doch um vieles älter als er. Heute mag es anmaßend klingen wenn ich es ausspreche, aber ich übte damals, ganz ohne es zu beabsichtigen, eine gewisse Superiorität über ihn. Ich führte ihn gewissermaßen in die Welt ein, und bald war er der Freund aller meiner Freundinnen geworden, deren Mehrzahl allerdings durch Geist und Herz hervorragte.

In dem Kreise der Bekannten wurde bald darauf ein Bund gestiftet, in welchen wir nach und nach auch uns persönlich Unbekannte, deren ernstes Streben und deren Bedeutung uns durch gemeinschaftliche Freunde kund geworden war, hineingezogen. Der Zweck dieses Bundes, einer Art Tugendbund, war gegenseitige sittliche und geistige Heranbildung sowie Uebung werkthätiger Liebe. Er war ein Bund in aller Form, denn wir hatten auch ein Statut und sogar eigene Chiffern, und ich besaß noch in späteren Jahren manches von der Hand Wilhelms von Humboldt in diesen Chiffern Geschriebene. Zu den Mitgliedern gehörten unter Anderen Carl von Laroche,

Sohn der trefflichen Sophie von Laroche, — mit welcher ich mich auf Anlaß ihres Sohnes in briefliche Verbindung setzte, aus der eine vieljährige Correspondenz erwuchs, — Dorothea Veit und ihre Schwester Henriette Mendelsfohn*), aber auch die uns persönlich unbekannten: Caroline von Wolzogen, Therese Heyne, die Tochter des berühmten Philologen, später Gattin des unglücklichen Georg Forster und dann L. Fr. Hubers, und Caroline von Dacheröden, mit welchen ein brieflicher Austausch von Gedanken und Gefühlen stattfand. Meine nur kurze Beziehung zu Therese Heyne wurde durch Wilhelm von Humboldt von Göttingen aus veranlaßt, wo der etwa siebzehnjährige Jüngling die Bekanntschaft der drei Jahre älteren Jungfrau gemacht hatte, und in dem Maße ihr Verehrer geworden war daß ich damals die feste Ueberzeugung hegte er werde niemals eine andere als sie die Seine nennen. Und doch traf es sich daß ich mehr als dreißig Jahre später (1819) eben in Gesellschaft seiner nachherigen Gattin und seiner Kinder in Stuttgart zuerst ihre persönliche Bekanntschaft machte. — Ich will hier noch als ein eigenthümliches Zusammentreffen bemerken, daß ich acht Tage später und zwar

---

*) Sie übernahm später in Paris die Erziehung der Kinder des Grafen Sebastiani, und nach dem Tode der Gemahlin des Grafen die Leitung seines Hauses. In der ersten dieser Eigenschaften war sie auch die Erzieherin der Herzogin von Praslin, welche vor mehren Jahren so unglücklich endete, und nach dem Zeugnisse derer welche sie kannten eine in vielen Beziehungen ausgezeichnete Frau war. — Henriette Mendelssohn kehrte später nach Berlin zurück, wo sie 1831 starb. Anm. d. Herausgebers.

in Frankfurt, eine andere der mir bis dahin persönlich unbekannt gebliebenen früheren Bundesschwestern kennen lernte, Caroline von Wolzogen. Sie gefiel mir, ich darf es sagen, besser als Therese Huber, in welcher jedoch vielleicht eben durch unseren Besuch manche Erinnerungen an frühere herbe Schicksale auf eine verstimmende Weise rege geworden sein mochten. —

Unser Bund mußte in der That ganz achtunggebietend sein. Wir wollten auch Wilhelm von Humboldt in denselben aufnehmen, dieser kam jedoch an einem Sonnabend Vormittag zu meiner Mutter um mich dort aufzusuchen — ich weiß den Tag genau, denn ich brachte den Vormittag des Sonnabends stets bei ihr zu — und erklärte mir mit sehr zerknirschtem Gemüthe, er fühle sich nicht würdig in unseren Kreis einzutreten! — Aber wir rechneten dem Jünglinge die Reue und die Strenge gegen sich selbst, vielleicht auch den Respekt vor unserer sittlichen Größe, hoch genug an um ihn dennoch aufzunehmen. — Dieser Bund gab auch später Anlaß zu seiner Heirath. Der Briefwechsel mit Caroline von Dacheröden, in welchem sie uns ihr Herz und ihren Sinn auf die gemüthvollste und geistreichste Weise eröffnete, hatte sie uns als seiner völlig würdig kennen gelehrt. Therese Heyne hatte bereits Forstern geheirathet, und so konnten wir ihm rathen die Bekanntschaft dieser ihm geistig Ebenbürtigen zu machen. Er befolgte den Rath, fand sie unserer Schilderung mehr als entsprechend, und sie wurden ein Paar. —

Wir Bündner duzten einander. Jedoch machten hinsichtlich Mehrerer derselben spätere Lebensverhältnisse in Beziehung hierauf ihre Rechte geltend. Als Wilhelm v. Humboldt mit seiner jungen Frau nach Berlin kam, wo ich sie dann zum ersten Male sah, nannte sie mich „Sie", und als fast nothwendige Folge hörte später auch das „Du" zwischen ihrem Gatten und mir auf.

Mein Mann sah dem bündnerischen Treiben lächelnd zu, ohne jedoch irgend störend einzugreifen. Als ich aber in tugendhafter Werkthätigkeit ein wunderschönes Kind, Tochter jüdischer Bettler, an mich nahm, welches ich auf der sogenannten Landwehr gefunden hatte, (einem Hause außerhalb der Stadt welches als Herberge für fremde Juden der ärmeren Klasse diente, die damals nicht in der Stadt übernachten durften), um es wenngleich für den dienenden Stand jedoch sehr zur Tugend zu erziehen, war er höchlich dagegen, ließ es jedoch am Ende geschehn. Aus meiner Erziehung ging aber leider ein Erztaugenichts hervor. Das Mädchen war mir weit über das Bestehen des Tugendbundes hinaus eine sehr herbe Frucht desselben. Sie machte mir vielen Kummer, und der Zögling der Tugend starb zuletzt als Dienstmädchen in der Charité im Wochenbette. —

Doch zurück zu einer für mich erfreulicheren Frucht dieses Bundes, meiner näheren Beziehung zu Wilhelm von Humboldt. Auch in Rom brachte sie mir viele Annehmlichkeiten zu Wege, denn die Aufmerksamkeit für seine Familie während ihres mehrjährigen Aufenthaltes daselbst, mit welchem der meine zum Theil gleichzeitig fiel, war überaus groß, und ich hatte mich der damit verbundenen Vortheile oft wenigstens mittelbar zu erfreuen. Pius VII. und der Cardinal Consalvi wußten nämlich sehr wohl, was Rom Wilhem von Humboldt zu danken hatte. Denn sehr zu bezweifeln ist es ob überhaupt noch ein Kirchenstaat existirte, hätte nicht er auf dem Wiener Congresse sich so lebhaft dafür verwendet daß dem Papste das frühere Gebiet zurückgegeben werde. Die meisten anderen Mächte waren dieser Restitution eher entgegen, keine eigentlich dafür, selbst die beiden einflußreichsten katholischen nicht. Ich betrachte Frankreich, wenngleich damals besiegt, als die eine derselben, weil es durch Talleyrand repräsentirt wurde, dessen Klugheit dem Schwerte eines Siegers gleich in der Waage der Unterhandlungen wog. Frankreich hatte jedoch in Wien zu viel um andere, ihm und zumal dem Sinne seines Vertreters näher liegende Interessen zu kämpfen. Oesterreich aber, die andere dieser Mächte, würde in dem Kirchenstaate ein gänzliches oder theilweises Besitzthum für sich oder doch für einige Fürsten seiner Dynastie nicht verschmäht haben. Ob jedoch die geistliche Macht ohne den Rückhalt und Stützpunkt einer weltlichen und politischen wieder festen Fuß hätte fassen können, steht dahin.

Preußen wähnte kein unmittelbares politisches Interesse zu haben welches gegen die Herstellung des Kirchenstaates spräche, und der milde Sinn des an trüben Erfahrungen reichen Pius VII. machte vergessen daß er anders gesinnte Nachfolger haben könnte. Auch kamen mittelalterliche Ideen, zu welchen man sich nach den Befreiungskriegen bei uns, und zumal in höheren Kreisen, hinzuneigen anfing, dem historischen Humboldt entgegen, welchem es unmöglich war sich, während Alles ringsumher in geschichtlich begründete Rechte und Besitzthümer wieder einzutreten strebte, den Kirchenstaat als Besitzthum einer weltlichen Macht, und dadurch seine mehr als tausendjährige Färbung immer mehr einbüßend zu denken.

So habe ich diese Verhältnisse aus bester Quelle kennen gelernt, und so kannte man sie auch in Rom noch während meiner dortigen Anwesenheit. Sehr betrüben mußte es mich daher, als man später von dort aus so eifrig bemüht war Preußen Verlegenheit zu bereiten, und sich jedes Dankes gegen dasselbe überhoben glaubte. —

Alles hat seine Kehrseite. Auch die Annehmlichkeiten welche mir aus der Geltung Humboldt's in Rom erwuchsen schlugen bei einer Gelegenheit in das Gegentheil um. Frau von Humboldt hatte nämlich für sich und ihre älteste Tochter Caroline am Frohnleichnamstage 1818 Eintrittskarten zu dem Balkon eines Hauses auf dem Petersplatz erhalten, von welchem aus die Prozession sich sehr gut und bequem ansehn ließ. Sie wurde unwohl, ihrer Tochter kam eine Hinderung, und so bot sie mir die Billets an. Ich wollte sie nicht annehmen weil sie auf ihren Namen lauteten. — „Nehmen Sie sie!" — rief sie in ihrer Freundlichkeit — „Sie sehn das so nicht wieder!" — Endlich nahm ich sie an, und ließ mich von einem Dänen nach dem bezeichneten Hause begleiten. — Bald trat ein Hauptmann von der Schweizergarde auf den Balkon und fragte laut nach Eccellenza Umbolde. Als die Frage öfter wiederholt wurde sah ich mich, wie ungern auch, endlich genöthigt Eccellenza Umbolde zu spielen, worauf dann die Mittheilung erfolgte, daß Eminenza Cardinale Consalvi sich erkundigen ließen ob Eccellenza Umbolde von ihrem Platze aus gut sähen. — Aber damit war es nicht abgethan. Als die Prozession der Geistlichkeit vorüber war und nur noch das Militär vorüberzog, ertönte von Neuem die Frage nach Eccellenza Umbolde aus dem Munde eines Officiers, welcher uns dann hinuntergeleitete und uns vier Schweizergardisten übergab um uns nach der Peterskirche zu escortiren. Der Zug des Militärs mußte Halt machen um uns durchzulassen, und unsere Begleiter trieben und stießen dann mit solchem, ihnen ohne Zweifel zur Pflicht gemachten, Eifer alles was von Zuschauern irgend unserm Vorbringen hinderlich war auseinander, daß dagegen meine lebhaftesten Vorstellungen vergeblich waren. Ja ich bot ihnen zuletzt Geld wenn sie uns nur verlassen wollten, aber auch dies Erbieten blieb fruchtlos. — Ich nahm mir heilig vor niemals wieder eine andere Person darzustellen als meine eigene, am wenigsten aber in Rom jemals wieder die Eccellenza Umbolde, vor welcher auf höchsten und heiligsten Befehl alles mit Kolbenstößen aus dem Wege getrieben wurde. —

XI.

Schleiermacher.

Ich machte Schleiermachers Bekanntschaft zuerst um das Jahr 1794, als er noch in dem Schullehrerseminar angestellt war welches unter Gedike's Leitung stand. Der Graf Alexander Dohna war es der ihn mir zuführte. Aber diese erste Bekanntschaft war nur flüchtig, weil er bald als Hülfsprediger nach Landsberg an der Warthe ging, wo er etwa zwei Jahre blieb. Erst nach seiner Rückkehr von dort, im Jahre 1796, wurde unsere Verbindung enger. Schleiermacher war damals Prediger an der Charité, und wohnte auch in dem Charité-Gebäude, dessen Umgegend noch wüst, unangebaut, ja ungepflastert war. Dennoch kam er fast jeden Abend zu uns, die wir damals in der Neuen Friedrichsstraße nahe der Königsstraße wohnten. An Winterabenden war sein Weg zu uns, namentlich jedoch der Rückweg, gar nicht ohne Beschwerlichkeit. Aber er wurde noch weiter und beschwerlicher, ja an Winterabenden sogar bedenklich, als Schleiermacher während eines Umbaues in der Charité eine Wohnung auf der jetzigen Oranienburger Chaussee bezogen hatte, damals eine Abends unbeleuchtete Landstraße, an welcher nur wenige Häuser in weiten Entfernungen von einander standen. Er hatte sich jedoch bereits in dem Maße an meinen Mann und mich angeschlossen, und wußte seinerseits uns ihm so aufrichtig befreundet, daß er dadurch nicht von seinen allabendlichen Besuchen abgehalten wurde. In unserer Besorgniß um ihn verehrten wir ihm eine kleine Laterne, dergestalt eingerichtet, daß er sie in ein Knopfloch seines Rockes einhaken konnte, und so angethan ging dann der kleine Mann an jedem Winterabende von uns, wenn er nicht schon so ankam.

Von einer Berühmtheit oder auch nur von einem Rufe Schleiermachers war damals noch nicht die Rede. Erst in jener Zeit fing seine literarische Thätigkeit insofern an als er Predigten aus dem Englischen übersetzte; aber diese Art der Thätigkeit war nicht geeignet ihm zu einem Namen zu verhelfen. Doch ich darf sagen, daß sowohl mein Mann als ich sehr früh seine Bedeutung erkannten. —

Als Friedrich Schlegel nach Berlin kam beeilte ich mich ihn mit Schleiermacher bekannt zu machen, überzeugt daß ein näheres Verhältniß Beiden förderlich sein würde. Auch Schlegel wurde bald inne welch einen großen Schatz an Geist der kleine Körper seines neuen Freundes barg, denn die Beziehung war in Kurzem eine vertraute geworden. Schlegel und ich nannten ihn daher bald nicht anders als unser Bijou. Wir waren es auch welche ihn zuerst aufmunterten selbstständig als Schriftsteller aufzutreten, indem wir ihn veranlaßten einen Beitrag zu dem von den Brüdern Schlegel herausgegebenen „Athenäum" zu liefern. Dies war die erste Original-Arbeit, welche von ihm im Druck erschien. — Schon im Sommer 1798 wurde dann zwischen ihm und Friedrich Schlegel die erste Verabredung hinsichts der Uebersetzung des „Platon" getroffen, zu welcher der Vorschlag von Schlegel ausging. Aber sie war, größtentheils durch Schlegels Schuld, noch sehr wenig vorgerückt als dieser im Jahre 1802 Berlin verließ, und auch Schleiermacher als Hofprediger nach Stolpe ging. Von da an ließ Schlegel den Letzteren ganz in Stich, so daß er, nicht ohne Kampf und Zagen, sich entschloß das Werk allein fortzuführen. So konnte erst im Jahre 1804 der erste Band erscheinen. —

Schleiermachers erstes größeres und selbstständiges Werk waren die „Reden über die Religion." Er schrieb sie in Potsdam, und zwar von etwa Mitte Februar bis Mitte April 1799. Wir correspondirten während seines dortigen Aufenthalts, welcher sich noch bis in den Mai hineinverlängerte, fast täglich miteinander und während er die „Reden" schrieb gab er fast in jedem seiner Briefe Rechenschaft über das Fortschreiten des Werks, sowie er mir auch stets jede fertige Rede zuschickte, die ich dann gewöhnlich Friedrich Schlegeln und unserer gemeinschaftlichen Freundin Dorothea Veit mittheilte bevor sie zur Censur und in die Druckerei ging. Wir sagten ihm auf seinen Wunsch auch stets redlich unsere Ansicht über die fertigen Theile des Werks, ohne daß jedoch unsere hie und da von der seinen abweichende Ansicht irgend eine Aenderung zuwege brachte, denn er war zu einig mit sich bevor er ans Werk ging als daß dies hätte der Fall sein können, und nur die Aenderungen welche jedem Autor die Ausführung des im Ganzen und Großen concipirten Werkes im Einzelnen, die

Feder in der Hand, fast nothwendig auferlegt fanden statt; aber auch über diese gab er uns Rechenschaft.

Ueberhaupt legt seine Correspondenz mit mir von den Jahren 1798 bis 1804, einer Zeit großer innerer und äußerer Thätigkeit Schleiermachers, ja vielleicht seiner eigentlichen Entwickelungs-Periode, das lebendigste Zeugniß für Geist und Gemüth des trefflichen Mannes ab. Wir waren in Berlin gewohnt uns täglich zu sehen, und waren wir von einander getrennt mußte briefliche Mittheilung den mündlichen Verkehr thunlichst ersetzen. Nun war er in dieser Zeit oft länger von Berlin abwesend, unter anderem zwei ganze Jahre als Hofprediger in Stolpe, und andererseits brachte ich so lange er in Berlin war den Sommer größtentheils auf dem Lande zu; daher Anlaß zu vielen Briefen. Und der Drang sich Freunden mitzutheilen, ja sich ihnen ganz bis in alle kleinsten Falten des Sinnes und Herzens hinein zu eröffnen, war mächtig in ihm. Eben so nöthig jedoch waren ihm Lebens- und Liebeszeichen seiner Freunde, die er, wenn er einmal von ihrer Freundschaft überzeugt war, über Verdienst hochstellte; und ich rechne mich selbst zu diesen. Eine Stelle aus einem seiner Briefe an mich — wie fast immer trotz der tiefen Empfindung nicht ohne die ihm eigene Beimischung von Humor — charakterisirt den Mann in diesen Beziehungen ganz. „Ach, Liebe," — heißt es darin — „thun Sie Gutes an mir, und schreiben Sie mir fleißig. Dies muß mein Leben erhalten, welches schlechterdings in der Einsamkeit nicht gedeihen kann. Wahrlich, ich bin das allerabhängigste und unselbstständigste Wesen auf der Erde, ich zweifle sogar ob ich ein Individuum bin. Ich strecke alle meine Wurzeln und Blätter aus nach Liebe, ich muß sie unmittelbar berühren, und wenn ich sie nicht in vollen Zügen in mich schlürfen kann, bin ich gleich trocken und welk. Das ist meine innerste Natur, es giebt kein Mittel dagegen, und ich möchte auch keines."

So war der Mann der hin und wieder des Mangels an Liebe beschuldigt worden ist, blos weil er sich in seiner Polemik bisweilen da der Form der Ironie bediente wo ihm eben keine andere passender und eindringlicher erschien. Freilich berührte diese Ironie, wenngleich nur gegen Sachen gerichtet, doch auch die Personen der Gegner unangenehm, aber das wäre auch bei einer anderen Form kaum weniger der Fall gewesen.

Es ist begreiflich daß Leute welche so viel mit einander verkehrten wie Schleiermacher und ich auch außer dem Hause oft mit einander gesehen wurden. Und da mag denn der Contrast zwischen mir, der sehr hochgewachsenen und damals noch mit ziemlicher Fülle begabten Frau, und dem kleinen magern, nicht eben gut gebauten Schleiermacher wohl sein Komisches gehabt haben. So verstieg sich denn der Berliner Witz gar bis zu einer Caricatur auf uns, einer damals hier noch überaus seltenen Aeußerungsweise der Satyre. Ich spazierte nämlich mit Schleiermacher, indem ich ihn als Knicker, einer damals gebräuchlichen Art kleiner zusammenzulegender Sonnenschirme, in der Hand trug, während ihm selbst wieder ein solcher Knicker im kleinsten Format aus der Tasche guckte. Diese Caricatur blieb uns nicht verborgen, und ich glaube daß Niemand in Berlin mehr über sie gelacht hat als Schleiermacher und ich, denn der Witz derselben war eigentlich ziemlich wohlfeil.

Es fehlte auch nicht an Leuten welche, die Innigkeit unseres Verhältnisses kennend, ein anderes Gefühl als das der Freundschaft in uns voraussetzten. Sie waren im Irrthum. Man konnte sich mit Niemandem unumwundener über das gegenseitige Verhältniß aussprechen als mit Schleiermacher, ja es war recht eigentlich sein Bestreben sich und den Anderen über dasselbe ins Klare zu setzen, damit nicht irgend eine Täuschung in dieser Beziehung ein Verhältniß trübe welches, so wie es eben in Wirklichkeit bestand, ein schönes und das allein angemessene war. So haben wir uns denn auch öfter darüber ausgesprochen, daß wir kein anderes Gefühl für einander hätten und haben könnten als Freundschaft, wenngleich die innigste, ja, so sonderbar es scheinen mag, wir setzten uns schriftlich die Gründe auseinander welche verhinderten daß unser Verhältniß ein anderes sein könne. —

Schleiermachers großes inneres Wohlwollen war Ursach, daß er, so vorzugsweise erfreulich ihm auch eine geistig anregende Unterhaltung war, doch auch sehr gern mit Leuten umging die nicht auf gleicher geistiger Höhe mit ihm standen, ja überhaupt geistig nicht bedeutend waren, denn schon Gemüthlichkeit allein konnte ihn aufs mächtigste anziehen. Deshalb waren auch seine geselligen Beziehungen sehr ausgedehnt, und haben ihm viele Zeit gekostet, ja sie tragen vielleicht allein die Schuld daß er seine Vorlesungen nicht für den Druck bearbeitet hat. Nun konnte er zwar zu jeder ihm beliebigen Zeit arbeiten, und war stets gesammelt genug zur Arbeit, auch ging ihm jede auf's leichteste und schnellste von statten, aber eben deshalb glaubte er noch mehr Zeit übrig zu haben als er in der That hatte. Selten nur wies er eine Einladung zurück, und ebenso sah er viele Leute in seinem Hause. Aber freilich konnte er sich auch unmittelbar nach dem reichsten und fröhlichsten Diner oder Souper, und nach einem der Letzteren oft in später Nacht, an den Schreibtisch setzen, und war im Augenblick mitten in der tiefsinnigsten Speculation. — Hatte er am nächsten Tage zu predigen, so pflegte er sich, und wenn er Gesellschaft hatte im Gesellschaftszimmer, auf etwa eine Viertelstunde an den Ofen zu stellen und denkend vor sich hinzublicken. Seine näheren Freunde wußten daß er dann über seine Predigt dachte, und ließen ihn ungestört. In Kurzem war er wieder mitten in der Unterhaltung. Auf irgend einem kleinen Papierstreifchen hatte er sich wohl mit Bleistift einige Notizen gemacht, dies war jedoch Alles was er von einer Predigt zuvor aufschrieb. Und nach solcher scheinbar flüchtigen Vorbereitung habe ich ihn oft am nächsten Morgen die gedankenreichste und gefühlteste Predigt halten hören.

Nie gab es überhaupt wohl einen Menschen dessen Geist eine gleiche Macht über seine physische Natur geübt hätte wie der seine. Noch auf dem Sterbebette, und mit der Gewißheit daß er nur noch Stunden zu leben habe,- berichtete er über seine inneren — seligen — Zustände, zum Theil auch in der ausgesprochenen Absicht seinen Lieben damit kundzugeben daß er nicht so viel leide als es wohl scheinen möchte. Die Geschichte seiner letzten Tage, wie sie seine Wittwe niedergeschrieben hat, giebt uns das erhebendste Bild eines bis zum letzten Athemzuge liebenden, selbstbewußten, geistesklaren, in sich befriedigten, großen Menschen.

XII.

Frau von Genlis.

Ich habe Frau von Genlis während ihrer Anwesenheit in Berlin viel gesehn, denn ich nahm Unterricht bei ihr. Eine Freundin von mir, welche sie sehr für sich zu interessiren gewußt hatte, führte sie mir — es war im Jahre 1798 — nach meiner Sommerwohnung im Thiergarten zu. Als ich zur Erwiederung des Besuches zu ihr nach der Stadt fuhr, fand ich sie in dem schlechten kleinen Zimmer einer engen Straße der Neustadt nahe der heutigen Dorotheenstraße. Hier saß die berühmte Gräfin Genlis, Marquise de Sillery, vor einem Windofen und kochte ihre Chokolade. Auf einem etwas gebrechlichen Tische stand ein schlechter hölzerner Leuchter mit einem dünnen Talglichte. Auf einem sogenannten Schappen, wie sie sonst nur in Küchen stehen, fehlte es nicht an Töpfen, Pfannen und anderem Kochgeschirr, und ein gewisses Geräth unter dem Bett bemühte sich nicht im mindesten sich zu verbergen. Auch die Bewohnerin des Zimmers wäre nicht im Stande gewesen den Eindruck eines niederländischen Genrebildes der unfeineren Gattung, welchen das Ganze machte und der sich mir sogleich beim Eintreten aufdrängte, zu ver=

wischen, denn in der gewöhnlichsten und vernachläßigtesten Kleidung, das schon ergrauende Haar unordentlich unter der wenig sauberen Haube herabhängend, saß sie bei ihrem Geschäfte, hätte nicht eine schöne Harfe welche in einer Ecke des Zimmers stand die wenig erfreuliche Illusion gestört. Sie schien in dieser Umgebung einen ganz ausgesprochenen Ausdruck zu haben, sie sah ernst und befremdet aus wie ein gebildeter Mann der durch Zufall in eine unfeine Gesellschaft gerathen ist. Bald aber ward uns ein zweiter wenngleich nicht so in die Augen fallender Gegensatz bemerkbar. Auf einem Tische befanden sich, unter vielen anderen sehr heterogenen Gegenständen, künstliche Blumen und saubere Körbchen, welche Frau von Genlis anfertigte.

Schon damals traf ich Verabredungen mit ihr wegen eines mir zu ertheilenden Unterrichts im französischen Styl; nächstdem wollte ich französische Klassiker mit ihr lesen. Aber für diesmal scheiterte das Vorhaben an der auf höheren Befehl erfolgten Ausweisung der Frau von Genlis. Das Hinderniß welches ihrem Aufenthalt entgegenstand wurde jedoch in Kurzem beseitigt, und sie kehrte nach Berlin zurück.

Als nun der Unterricht beginnen sollte, und Frau von Genlis von mir hörte daß ich die Stunden nicht allein nehmen wolle, erklärte sie mir sofort daß, wenngleich sie auch Herren unter ihren Schülern zähle, sie doch nie einen Herrn und eine Dame gemeinschaftlich unterrichte. Wie sie denn überhaupt die Trennung der Geschlechter bis ins wunderlichste trieb. So trennte sie zum Beispiel, als sie sich später in Berlin wieder in den Besitz eines kleinen Büchervorraths gesetzt hatte, die männlichen Schriftsteller aufs sorgfältigste von den weiblichen. Nicht nur wurde jedem Theile eine andere Seite des Repositoriums eingeräumt, zu größerer Sicherheit blieb auch noch ein leerer Zwischenraum zwischen ihnen. — Ich sah mich nach einer Gefährtin um, und fand sie in der als Schriftstellerin nicht unbekannten Frau Sophie Bernhard, geb. Gad.

Frau von Genlis wohnte jetzt schon etwas besser; das Zimmer in welchem sie Unterricht ertheilte war ein reinliches Zweifenster=Zimmer. Auch war sie nicht mehr allein. Sie hatte eine Frau Klebe, geb. de la Garde, von der französischen Colonie, zu sich genommen, und nächstdem wohnte der kleine Casimir bei ihr, welcher ihr Schüler auf der Harfe war, später als einer der ersten Virtuosen auf diesem Instrumente Europa durchreiste, und sich namentlich in Frankreich einer gewissen Berühmtheit erfreute.

Mich hatte sie besonders in Affection genommen, weil ich, ihrer Behauptung nach, ihrer Tochter oder Pflegetochter, ich weiß dies nicht mehr genau, ähnlich sah. Aber das hinderte sie nicht mit meinem französischen Styl sehr unzufrieden zu sein. Meine Arbeiten unterlagen vielfachen Correcturen, während sie sich von denen meiner Gefährtin sehr befriedigt erwies. Doch die Scene änderte sich als es an das Vorlesen der französischen Klassiker ging. Da wurde ich mit Lob überschüttet, während die Andere ihr nichts zu Dank thun konnte. Die Komödie namentlich las ich, ihrer Behauptung nach, vortrefflich. Aber als wir zur Tragödie übergingen wurde sie wieder unzufrieden. — „Ce n'est pas là le ton de la tragédie!" — rief sie einmal über das andere. — Ich wußte wohl woran es lag daß sie diesen bei mir vermißte, und bat sie mir einige Stellen aus einem Trauerspiele vorzulesen; worauf ich ihr denn erklärte, daß ein solcher hohler Pathos mir völlig unerträglich sei, und ich lieber darauf verzichte Tragödien zu lesen als daß ich mich zu ihm verstände. — „Vous ne voulez pas lire la tragédie?" — rief sie — „vous qui êtes faite pour la jouer? vous avec votre figure tragique?"

Sie selbst war freilich eine ganz vortreffliche Schauspielerin. Ich sah sie einmal in dem Hause des reichen jüdischen Kaufmanns Cohen so meisterhaft spielen, daß ich nicht umhin konnte ihr nach der Vorstellung mein Compliment deshalb zu machen. — „Mais" — rief sie mit einem vieldeutigen Lächeln — „j'ai joué la comédie toute ma vie!" —

Ich glaube übrigens nicht daß sie jemals schön war, ungeachtet man ihr selbst damals, wo sie schon im Anfange der Funfziger stand, sehr deutlich ansah daß sie früher den Anspruch gehabt hatte hübsch genannt zu werden. Sie war schlank und gut gewachsen, ihr Teint war von großer Klarheit, ihr Auge dunkel und lebendig, ihre Züge waren fein, aber es fehlte den Verhältnissen des Gesichts einiges an der Regelmäßigkeit welche ein nothwendiges Erforderniß der Schönheit ist. Daß sie niemals gut und fest angekleidet war schadete nächstdem ihrer Erscheinung. Ich wenigstens habe so lange ich sie kannte ihre Kleidung nie anders als salope gesehen. —

Ihr früheres Verhältniß zu dem Herzoge von Orleans wurde viel besprochen. Aber wenn es in der That so verfänglicher Art war wie man behauptete, so muß man erstaunen daß Louis-Philippe und seine Schwester, welche beide nicht nur sehr sittlich sind sondern auch das Andenken ihrer Mutter hoch verehren, sie mit so vieler Rücksicht behandelten. Der Erstere bot ihr sogar eine Wohnung im Schlosse an. Sie nahm sie jedoch, an ihre bisherige einmal gewöhnt, nicht an. Ich meinerseits habe bei unserer Bekanntschaft nichts an ihr wahrgenommen was mich berechtigt hätte sie für unsittlich zu halten, und würdige und einsichtige Frauen theilten meine Ansicht. So schrieb mir Sophie von Laroche im Jahre 1798 während der Anwesenheit der Genlis in Berlin über sie: „Genlis sehen Sie vermuthlich und beurtheilen Sie selbst. Es fällt mir schwer das Böse zu glauben, so man von ihr sagt. Man überhäufte mich schon in Paris damit, wo ich nur sagen konnte: prouvez moi qu'elle a le tems d'écrire des livres, d'élever et d'instruire les enfans d'Orléans et de faire ce que vous dites, alors je vous croirai. Es ist schwer geistvoll oder schön zu sein, weil man immer in Gefahr ist, von Männern, die gern leiten — oder gern versuchen wollten, verläumdet zu werden."

XIII.
Jean Paul Fr. Richter.

Ich lernte Jean Paul schon bei seiner ersten kürzeren Anwesenheit in Berlin im Frühjahr 1800 kennen. Er wohnte damals in einem ziemlich obscuren Wirths- oder eigentlich Kaffeehause, ja das vulgäre Wort „Kneipe" möchte für dasselbe das bezeichnendste Wort gewesen sein. Mit ihm, dem überaus Unbefangenen, wohnte dort die schon von mir erwähnte Sophie Bernhard, geborne Gad, welche später Domeier, den Leibarzt des Herzogs von Sussex, heirathete, dessen Bekanntschaft sie in Berlin gemacht hatte, wohin er im Gefolge des Herzogs gekommen war. — Sophie Bernhard war eine geistreiche und sehr gutmüthige Frau, nichts weniger als schön aber sehr empfänglichen Herzens, und vorzugsweise richtete sich ihr Gefühl auf Literaten. Da sie mit einer großen Fülle des Busens gesegnet war so wurde in Berlin scherzweise von ihr gesagt: sie lege die Gelehrten an ihre Brüste.

Richter war im Allgemeinen in Berlin nicht eben wählig hinsichts seiner Wohnungen, und einmal hatte er sich in dem Hause in der Neuen Friedrichsstraße in welchem ich wohnte ein ziemlich schlechtes Stübchen im Hofe gemiethet. Dies hinderte jedoch nicht daß die ausgezeichnetsten und vornehmsten Damen dort bei ihm vorfuhren und ihn besuchten, und besonders viel war die bekannte Gräfin Schlabernborf, zugleich eine Freundin Sophiens, dort bei ihm.

Ueberhaupt ist es kaum zu beschreiben wie viel Aufmerksamkeit ihm von den Frauen, selbst von denen der höchsten Stände, erwiesen wurde. Sie wußten es ihm Dank, daß er sich in seinen Werken so angelegentlich mit ihnen beschäftigt, und bis in die tiefsten Falten ihres Sinnes und Gemüths zu bringen gesucht hatte; hauptsächlich aber dankten es ihm die von höherer Bildung und die vornehmen Damen daß er sie so viel bedeutender und idealer darstellte als sie in der That waren. Dies hatte jedoch seinen Grund darin, daß als er zuerst Frauen der höheren Stände schilderte er in Wirklichkeit noch gar keine solche kannte, und einer reichen und wohlwollenden Einbildungskraft hinsichtlich ihrer freien Spielraum ließ, diejenigen aus diesen Klassen jedoch welche er später kennen lernte alles anwendeten um die ihnen schmeichelhafte Täuschung in ihm zu erhalten, und ihm möglichst ideal zu erscheinen. So hat er die Frauen der höheren Stände, so viele er deren auch später sah, eigentlich niemals kennen gelernt, ja diejenigen deren Bekanntschaft er machte in gewisser Beziehung immer falsch beurtheilt. Nicht als ob er die Bedeutenden für unbedeutend gehalten hätte — das Umgekehrte begegnete ihm wohl bisweilen, — aber die Kenntniß der Eigenschaften welche eben ihre Eigenthümlichkeit ausmachten erlangte er am wenigsten, weil fast keine sich ihm gab wie sie war, sondern meist Alle ihm nur ihre glänzendsten Seiten zuwendeten, welche selten ihre bezeichnenden waren. Dadurch verwirrte sich auch sein Urtheil hinsichtlich der Wenigen welche ihm für nichts anderes gelten wollten als für das was sie wirklich waren, und ich rechne mich zu diesen. Er war viel und ich glaube gern in unserm Hause, aber zu meinem Verdruß glaubte ich zu bemerken daß er in mir vor Allem eine von ihm vorausgesetzte Gelehrsamkeit achtete, eine Eigenschaft auf welche ich weder Anspruch hatte noch machte*).

Zeichnete ihn die Berliner Gesellschaft aus, so stellte er seinerseits diese sehr hoch. Es war die Mischung aller Stände innerhalb derselben welche ihm besonders behagte, und allerdings contrastirte die hiesige Gesellschaft in dieser Beziehung

---

*) Die Verstorbene scheint hierin nicht geirrt zu haben. In „Jean Paul's Briefwechsel mit seinem Freunde Otto", (Theil 3, S. 356), wo er von seinem Umgange in Berlin erzählt, bezeichnet er das Ehepaar Herz als: „Der berühmte Herz und dessen große gelehrte Frau." Anm. d. Herausg.

Auch auf andere bedeutende Männer scheint sie den gleichen Eindruck gemacht zu haben, wie wir überzeugt sind ohne daß sie ihn beabsichtigte. Guhrauer gab im „Deutschen Museum" (No. 1 von 1852) einen Aufsatz: „Aus den ungedruckten Denkwürdigkeiten der Aerzte Peter und Joseph Frank." Einer dieser berühmten Wiener Aerzte, wahrscheinlich der Letztere, war, wie es scheint etwa 1803 oder 1804, in Berlin. Guhrauer berichtet nun: „Unter den ausgezeichneten Frauen Berlins hebt er die bekannte Hofräthin Herz hervor u. s. w. Frank nennt sie liebenswürdig ohne Galanterie und Prahlerei, gelehrt ohne Pedanterie. Sie sprach mehre Sprachen, kurz eine sehr ausgezeichnete Frau. Er stand mehrere Jahre mit ihr in Briefwechsel."

Anm. zur 2. Auflage.

sehr von der damaligen sächsischen, welche er bis dahin vorzugsweise gekannt hatte. —

Man darf übrigens von seiner Schreibart keinen Schluß auf seine Unterhaltung ziehen, wozu man um so eher geneigt sein könnte als fast jedes seiner kleinsten Handbillets den Styl seiner Schriften trägt. Er sprach anspruchslos, klar, geordnet und sehr selten humoristisch. Dabei war er sehr eingehend, und ließ noch lieber mit sich sprechen als daß er selbst gesprochen hätte. — Es wohnte ein tiefes Gefühl in ihm, namentlich für seine Freunde, und es war mir immer rührend wenn er mir von seinem Freunde Emanuel sprach, für welchen, als einem Juden, er ein besonderes Interesse in mir voraussetzen konnte. Emanuel wollte im Herbst 1801 nach Berlin kommen. Er empfahl ihn mir brieflich als „seinen Glaubensgenossen in höherem Sinne", der nach Berlin, „der hohen Schule seiner Religionsgenossen" reisen wolle. Aber Emanuel, der jedenfalls ein ausgezeichneter Mann gewesen sein muß und dessen Bekanntschaft ich gern gemacht hätte, kam nicht, schickte jedoch den Brief. —

Von den Damen welche von der zuvorkommendsten und schmeichelhaftesten Aufmerksamkeit für Richter waren, sind selbst die Königin Louise und ihre Schwester, die damalige Prinzeß Louis von Preußen, nicht auszunehmen. Die Königin führte ihn selbst in Sanssouci umher, und die Aufmerksamkeiten welche ihre hohe Stellung sie verhinderte ihm persönlich zu zollen ließ sie ihm durch ihren, ebenfalls für ihn sehr eingenommenen Bruder, den Prinzen Georg, jetzigen Großherzog von Mecklenburg-Strelitz, erweisen. Unter den Damen des

Hofes war viel und mit hoher Anerkennung die Rede von Jean Paul, und als er beabsichtigte sich in Preußen niederzulassen wurde der König sogar bewogen ein Cabinetsschreiben an ihn zu erlassen, in welchem er ihm erklärte daß ihm seine Uebersiedelung nach Preußen angenehm sein würde. Als er jedoch später beim Könige um eine Präbende anhielt wurde sie ihm nicht bewilligt. Dem Könige war es zuletzt der Begeisterung für Jean Paul zu viel geworden. Ich habe dies von einer Freundin der Königin, irre ich nicht von Frau v. Berg. Der König äußerte: „Höre denn doch zu viel diesen Jean Paul herausstreichen. Mag ganz gute Romane geschrieben haben — für den Liebhaber, denn mir war das was mir davon zu Händen gekommen ist ein bischen gar zu kraus, — aber dies ist doch ein Verdienst das sich noch halten läßt. Wie will man erst von einem großen Staatsmann sprechen, oder von einem Helden der das Vaterland gerettet hat? Die Damen verstehen immer das Maßhalten nicht." —

Ich hatte Jean Paul mit Schleiermacher bekannt gemacht, dessen ganze Persönlichkeit ihm sehr wohl gefiel, und ihm auch dessen „Reden über die Religion" zu lesen gegeben, welche er mir mit einem Schreiben voll begeisterten Lobes zurückschickte. Später kamen ihm auch Predigten Schleiermachers zu. Auch über diese schrieb er mir. Sie seien vortrefflich, sagte er in diesem Schreiben, und nur seine „Reden" seien zehnmal besser.

Viel weniger zufrieden als Jean Paul mit Schleiermachers Leistungen war dieser es mit denen des Anderen. Dem Manne der klassischen Form konnte Jean Pauls Formlosigkeit nicht behagen. Aber auch der Inhalt mancher seiner Werke befriedigte ihn wenig, und selbst an dem hochgefeierten „Titan" hatte er viel auszusetzen. Er schrieb mir kurz nach dem Erscheinen über diesen: „Es sind doch wahrlich alles die alten Sachen und auch in der Geschichte und den Decorationen die alten Erfindungen, welches eine schreckliche Armuth verräth. Selbst die Charaktere sind, wenn auch nicht gerade copirt, doch ganz in dem alten Genre. Indeß ist vieles besser als in dem „Hesperus" und der „Loge", selbst die Geschmacklosigkeit." — Nachdem er den Anhang und die Clavis gelesen hatte, fuhr er fort: „Nachgerade wird doch Richter so klug, die Sachen, die gar nicht in das Uebrige hineinwollen, allein zu drucken, er richterisirt aber doch so sehr, daß sie dem Anderen angehängt werden müssen, und daß sie auch unter sich nicht zusammenhängen dürfen. Nur wie er den Anhang komisch und satyrisch nennen kann, ist schwer zu begreifen. Das einzige recht komische ist eine Satyre auf ihn selbst, eine Anweisung seine Bücher zu machen, nämlich ein Erzählungsspiel, wo man in eine angefangene Erzählung hineinbringen muß was einer sagt. Doch wird es nicht übel genommen, wenn man auch bisweilen nur scheint es hineingebracht zu haben. Auch fängt er an, Noten zu machen zu seinem Witz, und schließt sogar mit einer solchen, und wenn noch mehrere Frauen ihm sagen, daß er schwer sei — fällig nämlich, so wird er gewiß noch mehrere Verbesserungen dieser Art anbringen." —

Doch würde man unrecht thun, diese brieflichen Expectorationen Schleiermachers an eine Freundin so zu betrachten als sprächen sie seine vollständige Ansicht über Jean Pauls schriftstellerische Leistungen aus. Er wußte auch Vieles an an diesen zu schätzen. Um eine erschöpfende Kritik war es ihm in solchen flüchtigen Mittheilungen nicht zu thun. —

Auf meiner Reise nach Italien ging ich hauptsächlich deshalb über Baireuth, um Jean Paul nach 16 Jahren wieder zu sehen. Ich verfehlte ihn, denn er war verreist. Aber in seinem Hause, wo ich seine Frau und Kinder fand, wurde mir sein von Maier gemaltes Portrait gezeigt welches sehr ähnlich sein sollte. Ich hätte es nie für das Seine gehalten. Nach diesem Bilde hatte sich sein Aeußeres durchaus nachtheilig verändert. Sein sonst schmales und bleiches Gesicht war ganz roth und bierdick geworden. Sein Auge, welches außer dem immer schon etwas sonderbaren Blick früher schon klein war, war durch die Aufgedunsenheit des Gesichts noch kleiner geworden. Ich wünschte daß hinsichts der Aehnlichkeit eine Täuschung obwalte. Sah er in der That so aus, so schien mir meine Folgerung daß die kleine bierselige Stadt überhaupt nicht vortheilhaft auf ihn gewirkt habe nicht zu kühn.

Der Zufall wollte, daß ich ihn auf meiner Rückreise von Italien gegen Ende des Juni 1819 in Stuttgart bei Cotta traf. Das Bild erwies sich als ähnlich. Wir waren gegenseitig erstaunt über die Aenderung unseres Aeußeren. Er war wohlbeleibt, ich war mager geworden. Meine Voraussetzung daß er einiges von dem Spießbürgerthum der kleinen Stadt angenommen habe war nicht unrichtig. Dennoch war genug von dem früheren Richter geblieben, und wir freuten uns sehr miteinander. Er war das letzte Mal daß ich ihn sah. —

XIV.

Ludwig Börne.

Ludwig Börne war von seinem Vater, dem Banquier Baruch in Frankfurt a. M., für die Arzneikunde bestimmt worden. Da dieser Bedenken trug den 16= bis 17jährigen jungen Menschen ohne Aufsicht auf eine Universität zu schicken, so wendete er sich an meinen Mann mit der Bitte daß er ihn in sein Haus aufnehmen und seine Studien leiten möge. Schon vor Errichtung der Universität bestanden hier nämlich medicinische Lehranstalten und Institute.

Börne, damals noch Louis Baruch und in unserem Hause schlechtweg Louis genannt, that wenig in dem ihm bestimmten Fache, zu welchem er keine Neigung zu haben schien, ja im Ganzen sehr wenig. Es schien ihm überhaupt nicht darum zu thun zu sein sich eine wissenschaftliche Bildung anzueignen. Aber auch die Gelegenheit sich durch den Umgang mit bedeutenden Menschen zu bilden, welche unser Haus ihm in reichem Maße bot, benutzte er nicht wie er gekonnt hätte. Ja er schien solche Leute vielmehr zu meiden. Ihr freundliches Entgegenkommen, sogar ihre bloße Nähe schien oft ihm drückend zu sein. Aber dennoch gab sich mitunter ein bedeutendes Selbstbewußtsein bei ihm kund, welches, da es unbegründet erscheinen mußte, für Dünkel galt, und ihm manche der Besucher unseres Hauses entfremdete. Was er that und unterließ sollte nächstdem den Anschein haben als geschähe es aus Grundsatz, und vielleicht verhielt es sich auch so. Er gebehrdete sich daher auch nie als wenn er irgend fleißig sei und seine Kenntnisse zu vermehren strebe, vielmehr gab er zu verstehen daß er seine Trägheit und Gleichgültigkeit in dieser Beziehung nicht überwinden könne, es aber auch nicht wolle, daß jedoch diese Zeit seines Lebens deshalb noch keine verlorene sei. Warum nicht? — darüber schwieg er.

Ich weiß nicht eigentlich Rechenschaft darüber zu geben, warum er unter solchen Umständen nicht mir, wie manchen sehr Scharfsichtigen unter meinen Freunden, als ein kleiner selbstzufriedener Faullenzer erschien. Allerdings hatte ich mehr Gelegenheit als Andere welche weniger oft in seiner Nähe waren mitunter irgend eine geistreiche oder witzige Bemerkung einem Blitze gleich ihm entsprühen zu hören, auch verrieth sich mir oft, eben wann er völlig theilnahmlos schien, ein aufmerksames Beobachten der Menschen. Nächstdem sah er viel zu klug aus um beschränkt sein zu können. Kurz, mochte auch vielleicht das einigermaßen Mysteriöse in seinem Wesen dazu beitragen, er war mir interessant. Sprach ich dies jedoch meinen Freunden aus, so sahen sie mich ziemlich befremdet an.

Er war nicht lange bei uns als mein Mann starb, aber er bat mich so bringend ihm ferner den Aufenthalt in meinem Hause zu gönnen, daß ich, die ich füglich seine Mutter hätte sein können, ganz arglos seinen Bitten nachgab. Ich wurde zuerst aus meiner Unbefangenheit aufgeschreckt, als mir eines Tages, da ich mich eben bei meiner Mutter befand, von einem meiner Dienstmädchen ein von ihm an den Apotheker Lexius in der Königsstraße gerichteter Zettel gebracht wurde, in welchem er diesen unter Beifügung von zehn Friedrichsd'or, als Zahlung seiner Rechnung welche bedeutend weniger betrug, bat ihm durch Ueberbringerin eine Dosis Arsenik zu schicken, weil er in seinem Zimmer sehr von Ratten und Mäusen geplagt sei, und seine Abwesenheit während einer vorhabenden kurzen Reise zur Vertilgung derselben durch dieses Mittel benutzt werden solle. Dem Mädchen war jedoch sowohl der Inhalt des — offenen — Zettels als das Benehmen des Absenders aufgefallen, und dies war der Grund weshalb sie das Papier statt zu dem Apotheker zu mir brachte*). Ich erschrak so heftig daß es mir unmöglich war sogleich nach Hause zu gehen, schickte jedoch sogleich meine Schwester Brenna zu dem jungen Menschen. Und durch sie wurde mir denn zu meiner großen Betrübniß zuerst die Gewißheit, daß er andere Empfindungen für mich hege als die für eine mütterliche Freundin. Aber sie glaubte ihn zur Vernunft zurückgebracht zu haben.

Doch eine Zeit nachher, und wieder während meiner Abwesenheit vom Hause, fand das Stubenmädchen beim Reinigen seines Zimmers einen an mich gerichteten Zettel auf seinem Tische, in welchem er mit der Erklärung, daß wir uns in diesem Leben nicht wieder sehen würden, Abschied von mir

---

*) Der Herausgeber sah es noch bei der Freundin.

nahm. Sie brachte mir auch diesen, ich hieß sie ihn still wieder auf sein Zimmer legen, und folgte ihr sehr bald nach Hause. Ich traf Louis schon auf der Straße in der Nähe meiner Wohnung und forderte ihn auf mir dahin zu folgen. Es ist begreiflich, daß ich ihn nicht aus den Augen ließ. Am Abend ging ich mit ihm in's Theater, um es ihm um so weniger möglich zu machen sich von meiner Seite zu entfernen.

Doch war es mir unter solchen, mich zugleich betrübenden und ängstigenden, Verhältnissen nicht ferner möglich den jungen Mann in meinem Hause zu behalten. Ich fragte bei Reil in Halle an, ob er ihn bei sich aufnehmen wolle, denn ich wußte daß er dort gut aufgehoben sein würde, und als dieser es bewilligt hatte schrieb ich seinem Vater, es gehe nicht wohl an daß sein Sohn ferner bei mir bleibe, ich habe jedoch seinetwegen Schritte bei Reil gethan, und wenn er damit einverstanden sei daß er sich zu diesem begebe, möge er ihm befehlen augenblicklich Berlin zu verlassen und nach Halle zu gehn. Der Vater that dies, und der Sohn mußte gehorchen. Bei seinem Abschiede übergab er mir als ein Andenken das Tagebuch welches er in den letzten Monaten geführt hatte, und an mich gerichtete Briefe, die ich damals jedoch zuerst zu Gesicht bekam. Ich muß gestehen, daß ich bis dahin sein Benehmen einer romanhaften Grille zugeschrieben hatte, aber nachdem ich diese Papiere gelesen hatte mußte ich von dieser Ansicht zurückkommen. Es sprach eine Leidenschaft aus ihnen, die mir allerdings als eine wahnsinnige erscheinen mußte, die mich aber den Entschluß segnen ließ ihn aus meiner Nähe entfernt zu haben.

Doch ließ ich ihn nicht abreisen ohne ihm bringende Empfehlungen an meine Freunde in Halle mitzugeben, namentlich an Schleiermacher, welcher damals schon als Professor dort angestellt war, und ihn schon von Berlin aus kannte. Im Anfange war das gegenseitige Verhältniß ein recht freundliches. Börne war oft und gern mit Schleiermacher, wie er mir berichtete, und Schleiermacher hatte den besten Willen ihm nützlich zu sein. „Daß Louis gern mit mir ist", schrieb er mir unterm 21. November 1804, „freut mich; ich mag ihn auch sehr wohl leiden, und denke, ihm noch nützlich zu werden wenn wir recht zusammen kommen." — Aber nach und nach wurde dem unermüdlich thätigen Manne, dem Manne der durch eigene gewaltige Kraft sich über alle Ungunst äußerer Verhältnisse sowie über alle wie auch begründete innere Mißstimmungen hinaushob, der unthätige junge Mensch der gar keine Anstrengung machte sich aufzuraffen, ja sich in seiner Unthätigkeit zu gefallen schien, unangenehm. Seine Theilnahme für ihn nahm stets mehr ab, und Börne seinerseits mied ihn fast. Ja Schleiermacher wurde vielleicht ungerecht gegen ihn, indem er ihn auf Grund sich widersprechender Aeußerungen über an sich unwesentliche Dinge, während diese Widersprüche vielleicht nur Folge ungleichartiger Stimmungen waren, des Mangels an Wahrhaftigkeit beschuldigte. Ich suchte zum Besten meines früheren Zöglings noch aus der Ferne die Mißverhältnisse auszugleichen als ich durch diesen davon erfuhr, aber mit geringem Erfolge.

„Wegen Louis", schrieb mir Schleiermacher am 10. April 1806, „hast Du etwas Recht, und er etwas Recht, und ich gar nicht Unrecht. Er kam mir ein paar Mal sehr ungelegen wegen J. und W., und das mag es wohl sein was ihm aufgefallen ist. Freundlich bin ich ihm übrigens immer, aber gleichgültig ist er mir sehr. Wie soll man mehr Interesse an einem Menschen nehmen, als er selbst an sich nimmt? Er fängt gar nichts mit sich selbst an, vertändelt seine Zeit, versäumt seine Studien, ruinirt sich durch Faulheit, und sieht dies selbst mit der größten Gelassenheit an, und sagt mir immer: es wäre ihm nun einmal so, und wenn er sich zu etwas anderem zwingen wollte, so wäre es ja dann doch nicht besser. Wie kann man auf einen Menschen wirken, der sich so den Willen selbst wegraisonnirt? Ich weiß nicht ob er untergehen wird, manche Natur rettet sich aus diesem Zustande; aber in diesem Zustande ist nicht auf ihn zu wirken und kein Theil an ihm zu nehmen. Dabei ziert er sich noch und ist falsch. So hat er sich z. B. gegen mich angestellt, als ginge er höchst ungern nach Frankfurt, und fürchte sich dort vor der schrecklichsten Langeweile, dagegen versichert mich die Reil, er habe sich gefreut darauf wie ein Kind. — Wie er klagen kann, daß er trübe ist, begreife ich wohl, aber nicht wie Du es als Klage aufnehmen kannst. Was hat ein gesunder junger Mensch dem nichts abgeht trübe zu sein? Aller Trübsinn kommt aus seiner Unthätigkeit die ihn schlaff macht. — Du kannst ihm das alles schreiben, ich sage es ihm auch selbst ganz gewiß wenn er wiederkommt. — Schade ist es um ihn, wenn er in diesem Gange bleibt, aber helfen kann ihm Niemand, wenn er sich nicht selbst hilft."

Mein Interesse für ihn machte daß ich immer noch

in meinen Bemühungen nicht nachließ, aber der Riß wurde stets größer. „Mit Louis und mir, liebe Jette", schrieb er noch zuletzt am 10. October 1806, „ist es weiter nichts geworden. Er liebt und hätschelt seine Faulheit und Eitelkeit, und will von allen Menschen entweder gehätschelt werden oder hochmüthig über sie wegsehen. Das Letzte kann er nicht über mich, und das Erste kann ich nicht gegen ihn, denn Faulheit und Eitelkeit sind mir an jungen Leuten ekelhaft und verhaßt. Auf diese Weise ist er eigentlich von mir abgekommen. Ein interessanter Mensch, wenn du es so nennen willst, kann er wohl immer bleiben, aber weiter glaube ich nicht, daß er etwas wird, zumal ich auch nicht einmal ein entschiedenes, tüchtiges, bestimmtes Talent an ihm bemerkt habe, auf welches ich meine Hoffnung setzen könnte, daß es Herr über ihn werden und ihn durcharbeiten würde."

Und doch blickt für denjenigen welcher Schleiermacher kannte, durch alle diese wenn auch ungünstige Aeußerungen über den jungen Mann, eine größere Theilnahme für ihn hindurch als er selbst zugestand. Die gänzliche Nichtigkeit hätte ihn kaum zu einer Betrachtung veranlaßt, viel weniger zu einer Auseinandersetzung des Wesens und Charakters eines Menschen, wie jene Briefe sie enthalten. Sprach er ihm jedoch ein entschiedenes Talent ab so mußte man ihm darin beistimmen. Ein solches schlummerte gewiß schon in ihm, aber erst spätere politische Zustände erweckten es, und ohne das Eintreten derselben wäre Börne als ein wirkungsloser, unberühmter, ja anscheinend unbedeutender Mensch gestorben. Doch konnte auch Schleiermacher in allem seinem sittlichen

Zorne über ihn nicht ganz in Abrede stellen, wie es manche Andere thaten, daß er ein interessanter Mensch war. Wie wäre dies jedoch möglich gewesen, hätte nichts in dem Jünglinge auf geistige oder sittliche Anlagen mindestens schließen lassen?

Auch war Schleiermacher einer der Ersten die ihren früheren Irrthum einsahen, sobald Börne als politischer Schriftsteller aufgetreten war. Stimmte er auch mit manchen Ansichten desselben nur theilweise überein, war ihm gleich die, wie auch witzige und humoristische, Form in welcher er andere aussprach zu herb und bitter — ich war in gleichem Falle mit ihm —: als er im Jahre 1819 eine Reise an den Rhein vorhatte, lud er den faulen Louis, der sich seit einigen Jahren in einen der thätigsten politischen Schriftsteller umgewandelt hatte, zu einem Rendezvous ein.

Auch ich sah ihn, der inzwischen ein berühmter Mann geworden war, in demselben Jahre auf meiner Rückkehr aus Italien zuerst, und zwar in Frankfurt a. M. seinem damaligen Wohnorte, wieder. Ich ließ ihn sogleich nach meiner Ankunft zu mir einladen. Er war sehr bewegt als er mich wiedersah, wenngleich er, Gott sei Dank, von seiner tollen Leidenschaft geheilt war. Ich fand ihn vortheilhaft verändert. Durch alle Einfachheit seines Wesens blickte eine gewisse Genialität hindurch. Ich sah ihn während meines zweimaligen Aufenthalts in Frankfurt fast täglich, und las die meisten seiner bis dahin erschienenen Journal-Artikel hier zuerst; denn da sie noch nicht gesammelt waren so waren sie schwer zu erreichen, auch hatte er die bedeutendsten derselben erst während meiner Reise geschrieben. Ich gestehe daß mich namentlich die Darstellungsweise höchlichst überraschte.

Sein Vater, welchen er mir zuführte, erschien mir als ein recht gescheidter und wackerer Mann, und sehr gefiel mir seine Freundin, eine verwittwete Frau Wohl. Sie war eine ruhige, verständige, unterrichtete Frau von gefälligem Benehmen, und ich hätte es für ein Glück für ihn erachtet hätte sie ihm ihre Hand gegeben, denn ein eheliches Band war ihm nothwendig. Als ich ihn später bei seiner Anwesenheit in Berlin fragte, warum sie nicht ein Paar würden, antwortete er mir: „sie traut mir nicht!" — Aber der Grund muß ein anderer gewesen sein, denn es war damals schwer an seiner Aufrichtigkeit und an seiner Treue zu zweifeln wenn man ihn so genau kannte wie diese vieljährige Freundin. Und ich hörte von Anderen, daß die Rücksicht auf ihre alte sehr orthodox-jüdische Mutter sie hinderte Börnen ihre Hand zu geben, der längst zur christlichen Religion übergetreten war. Sie heirathete bekanntlich später einen Herrn Strauß, der ihre Verehrung für ihn theilte, und dessen vielbesprochener Auftritt mit Heinrich Heine, der sich Verunglimpfungen Börnes erlaubt hatte, seiner Zeit großes Aufsehen erregte.

Was mir noch zur Kenntniß Börnes, des gereiften Mannes, fehlte, ergänzte mir sein späterer Aufenthalt in Berlin. Es war damals in manchen Kreisen Berlins an der Tagesordnung ihn, wenn die Rede von ihm kam, mit Heine gewissermaßen in einen Topf zu werfen. Wenngleich ich keinesweges mit allem was er schrieb einverstanden bin, so muß ich ihn doch gegen diesen Vergleich verwahren. Es war ihm um alles was er schrieb heiliger Ernst, der sich nur hinter der Form des Scherzes und der Satyre versteckte. Bei Heine scheint mir gerade das Umgekehrte der Fall zu sein. Er affectirt den Ernst zuweilen, lediglich um die Wirksamkeit des Spaßes, um welchen es ihm eigentlich zu thun ist und dessen plötzliches Eintreten nur selten bei ihm ausbleibt, zu erhöhen.

XV.
Die Herzogin Dorothea von Kurland und ihr Haus.

Göcking! war es welchem ich die Bekanntschaft der trefflichen Herzogin Dorothea von Kurland verdankte, die Bekanntschaft mit ihm aber verschaffte mir eine Reise nach Leipzig, auf welcher ich wenige Jahre nach meiner Verheirathung eine unserm Hause befreundete Familie begleitete, — denn mein Mann konnte seiner großen ärztlichen Praxis halber sich nicht wohl von Berlin entfernen, — und deren eigentlicher Zweck ein Ausflug war welchen ich von dort auf seinen Wunsch nach Halle machen sollte, damit sein Lehrer und Freund Goldhagen mich kennen lerne. Ich erfüllte diesen Wunsch, und es wurde mir bei dieser Gelegenheit in Halle zugleich die Bekanntschaft zweier vielgenannter aber sehr verschiedenartiger Menschen, des Romandichters Lafontaine, damals noch ein sehr junger Mann, und des mehr berüchtigten als berühmten Theologen Bahrdt. Aber ungeachtet Jener vielleicht Niemandem jemals ein Haar gekrümmt hat, und seiner Zeit der Liebling Vieler, zumal fast aller romanelesenden Frauenzimmer, war, während dieser schon damals fast mit aller Welt, namentlich mit der Geistlichkeit, in Streit und Hader lebte, so gestehe ich doch, daß er mich viel mehr interessirte als der weiche sentimentale Lafontaine, der im Leben vielleicht eben so oft gerührt war als er durch seine Werke Leser und Leserinnen gerührt hat. Bahrdt war in der That in der Gesellschaft ein durchaus angenehmer Mann, wenn in dieser nur nicht die Gegenstände seines Grolls und seiner Polemik berührt wurden. Er war unterhaltend, er sprach fließend ja elegant, und oft mit einer Wärme welche meinem jugendlichen Gemüthe sehr wohl that. Er und der, zu jener Zeit in Halle studirende, später als Arzt berühmt gewordene Formey, begleiteten mich nach Leipzig zurück, und ich gedenke noch seiner lebendigen und anregenden Unterhaltung auf dieser kleinen Reise.

In der letzteren Stadt lernte ich theils damals, theils auf einem späteren Ausfluge dahin in Gesellschaft meiner Freundin Dorothea Veit, noch andere in jenen Zeiten glänzende Sterne am Himmel der Kunst und Literatur kennen, welche alle aber auch zugleich als Menschen höchst achtenswerth und liebenswürdig waren. Liegt es an dem Fortschritt, oder nicht auch, theilweise wenigstens, an dem Undank und der Selbstgenügsamkeit der jetzigen Generation, daß ihr Andenken heute fast gänzlich verschollen ist? Und doch gehörte zu ihnen Ernst Platner, zugleich Arzt, Physiolog und Philosoph, und in allen diesen Fächern ausgezeichnet; Friedrich von Blankenburg, der, nachdem er im siebenjährigen Kriege sich als tapferer Officier bewährt aber auch in Folge der Strapazen der Feldzüge seine Gesundheit eingebüßt hatte, durch ästhetische Werke sich einen Namen in der damaligen Literatur erwarb, ein wackerer, milder Mann, der nach dem Tode seines Heldenkönigs nie anders als in Trauer erschien, jedenfalls eine sehr interessante Persönlichkeit, und der schon deshalb nicht ganz vergessen sein sollte; der liebenswürdige C. F. Weiße, der Kinderfreund, und eine Reihe von Jahren hindurch sehr beliebter dramatischer Schriftsteller, der treffliche Oeser, der als Mensch vielleicht noch höher stand, wie er, der Sohn einer wenig erquicklichen Kunstzeit, als Künstler stehen konnte, der aber doch die Kunst des Bildhauers und die des Malers in seiner Person vereinte und in seiner Epoche in beiden hervorragte, dessen größtes Verdienst jedoch das jetzt fast vergessene sein möchte, daß er in Folge seiner vielseitigen Bildung seinem Freunde Winkelmann die erste Anleitung zu seinen archäologischen Studien geben konnte; Bause, der Kupferstecher, dessen noch heute hochgeschätzte Blätter sein Andenken wenigstens unter den Kupferstichsammlern erhalten haben wird. — Als ich auf meiner Reise nach Italien wieder durch Leipzig kam, und von allen diesen nur noch Platner am Leben fand, schien mir diese Stadt fast verwaist. Mit diesem körperlich und geistig noch frischen Greise jedoch verlebte ich zu meiner Freude noch schöne Stunden bei der Frau Löhr, der Tochter Bauses, aber ich hatte fast Ursache diese Freude zu bereuen, und mußte über die Vergänglichkeit alles Irdischen schmerzliche Betrachtungen machen, als ich kurz nachher erfuhr daß der eben noch so lebensfrohe Mann von einer Gemüthskrankheit befallen worden sei, von welcher ihn glücklicherweise ein baldiger Tod erlöste. —

Zurück jedoch zu der befreundeten Familie, mit welcher ich jene erste Reise nach Leipzig machte. Sie bestand aus dem Juwelenhändler Levin, seiner Frau, und ihrer Tochter Rahel, später Frau von Varnhagen. Der Vater war der geistreichste und witzigste Despot den man denken kann, und eben deshalb der verletzendste. Aber darum kümmerte er sich wenig, denn in der That war seine größte Lust die an der Unlust. Sein Wille war sein höchstes Gesetz, und unter diesem eisernen Willen litt seine ganze Familie; doppelt aber Rahel, welche auch das Leid mitlitt unter welchem ihre gute, sanfte, doch etwas geistesbeschränkte Mutter seufzte. Das etwa fünfzehnjährige Mädchen war in Folge dieser Verhältnisse wirklich sehr unglücklich. Denn neben dem Geiste und der Freiheitsliebe welche sie schon damals vor allen Mädchen ihres Alters auszeichneten, war sie auch durch ein fühlendes Herz hervorragend, wie sie mir denn überhaupt immer für die schlagendste Widerlegung der Behauptung gegolten hat daß Herzensgüte nicht neben einem scharfen und kritischen Verstande bestehen könne. Sie war von der regsten Theilnahme für die Ihrigen und für ihre Freunde, und diese Theilnahme war um so wohlthuender und wirksamer als Rahel tief in die Geschichte der Herzen eindrang. Hülfreich war sie bis zur größten Selbstaufopferung, und dies von jenen frühen Jahren an bis zu ihrem Lebensende.

Der Vater war reich. Er machte in Berlin auf gewisse Weise ein Haus, denn er sah viele Leute bei sich, aber es waren größtentheils Schauspieler, ein Umstand der auf manche Lebensansichten der Kinder nicht ohne Einfluß blieb. Auch hier in Leipzig lebten wir auf anständigstem Fuße. Wir speisten in den ersten Hotels, und öfter auch in Auerbachs Keller, damals ein von der besten Gesellschaft besuchtes Lokal, ja wo man sich einfinden mußte weil es zum guten Ton gehörte. Ich glaube daß ich damals in der That schön war. Hatten sich schon in Halle die Studenten haufenweise meinem Fenster gegenüber versammelt, so konnte es mir nicht minder verborgen bleiben daß ich in Leipzig große Aufmerksamkeit erregte, ja dienstfertige Seelenverderber sagten mir später, man sei des Morgens eigens nach Auerbachs Hof gegangen um mich zu sehn, weil ich dann gewöhnlich dort zu finden war. Ich lernte auf diese Weise viele Leute äußerlich kennen, aber es knüpften sich hier auch zwei Freundschaftsverhältnisse an die mir für das Leben blieben. Das eine mit dem feinen, geistreichen und vielseitigen Schweden Gustav von Brinkmann, einem Altersgenossen von mir, das andere mit dem viel älteren Göckingk, welches aber schon deshalb ein viel innigeres wurde weil ich länger mit ihm als mit Jenem an demselben Orte lebte, und wir uns zu Zeiten fast täglich sahen.

Man darf sich das Aufsehen, welches Göckingk in der Zeit vor dem Auftreten der Koryphäen unserer Dichtkunst bei dem gebildeten Publikum erregte, nicht als ein geringes denken. Die gewandte Form und die Tiefe und Zartheit der Empfindung in seinen „Liedern zweier Liebenden" hatten sie mir nicht weniger als der ganzen Lesewelt jener Zeit werth gemacht, und seine damals berühmten „Episteln," in welchen Feinheit der Beobachtung mit Gefühl und Anmuth wett-eifern, mich geradehin entzückt. Ich hatte mir immer seine

Bekanntschaft gewünscht, und nun wurde sie mir durch ein zufälliges Zusammentreffen. Und wunderbar! — ich war gewohnt, mir ein Bild von der Persönlichkeit mir interessanter Menschen zu machen, und nie fand ich es der Wirklichkeit entsprechend wenn ich sie später kennen lernte; ihn allein hatte meine Phantasie mir ganz entsprechend gebildet. Deßhalb stand er mir auch vom ersten Augenblicke an näher als es sonst bei neuen Bekannten der Fall ist.

Wer das Interesse welches ich an ihm nahm zuerst bemerkte, und mir dies scharf genug bezeichnete, war der Buffo einer italienischen Truppe welche sich damals — es war zur Meßzeit — in Leipzig befand. Er galt für vortrefflich, da ich jedoch noch kein Wort italienisch verstand, so war es nur seine Gewandtheit und vor Allem sein höchst ausdrucksvolles und zu Zeiten ungemein komisches Mienenspiel, was ich an ihm würdigen konnte; aber dies ließ mich auch wenn er auf der Scene war selten aus dem Lachen kommen. Er bemerkte dies bald da wir immer in einer Prosceniumloge saßen, und zum Dank für meine Anerkennung schnitt er, beim Abgehen, aus der Coulisse hinaus immer noch ein Paar Gesichter zum Todtlachen eigens für mich. Heute hatte mich Göding! in's Theater begleitet, und seine Unterhaltung interessirte mich zu sehr als daß ich viele Aufmerksamkeit für die Lazzi des Buffo gehabt hätte. Als ich nun aber die Fratze aus der Coulisse erwartete nachdem ich meinen Begleiter auf sie vorbereitet hatte, erfolgte sie nicht, und statt ihrer wurde mir ein zorniger, vorwurfsvoller Blick aus dunkelglühenden Augen heraufgeschleudert. —

Die Herzogin von Kurland hielt sich Anfangs dieses Jahrhunderts im Winter in der Regel in Berlin auf, und im Jahre 1803 machte mir Göcking! den Vorschlag ihre jüngste Tochter im Englischen zu unterrichten. Meine pekuniäre Lage machte mir zu jener Zeit, wo die Pensionen aus der Wittwenkasse noch pünktlich gezahlt wurden, diesen Schritt nicht zu einer Nothwendigkeit, und ich war daher wenig geneigt ihn zu thun. Aber Göcking! hatte sehr richtig bemerkt, daß meine geselligen Verhältnisse, welche zu Lebzeiten meines Mannes eine seltene Ausdehnung hatten, nach dessen Tode beschränkter geworden waren, weil sowohl Schicklichkeit als das Versiegen der reichen Einnahmen welche dieser aus seiner ärztlichen Praxis gezogen hatte mir nicht mehr erlaubten, wie bis dahin, selbst ein bedeutendes Haus zu machen, während doch, wie ich nicht läugnen will und bei der Art der Gesellschaft in welcher ich mich stets bewegte zu läugnen nicht Ursach habe, das Leben in der Gesellschaft mir ein Bedürfniß geworden war. Er legte daher einen besonderen Accent auf die schönen geselligen Verhältnisse in welche ich durch meine Einführung in das Haus der Herzogin treten würde, und besiegte so sehr bald meinen Widerstand.

In der That kann man sich die Annehmlichkeiten welche das Haus der Herzogin in dieser Hinsicht bot nicht groß genug denken. Schon die liebenswürdige, geistvolle Dame des Hauses hätte es zu einem anziehenden machen müssen. Aber die Herzogin war die erste Frau so hohen Standes, und ist vielleicht die einzige in Berlin geblieben, welche die Ansicht, daß in der Gesellschaft der geringste dem Stande nach dem

Höchsten gleichzusetzen sei wenn er den Erfordernissen einer höheren Geselligkeit entspreche, praktisch durchführte, und überhaupt so durchzuführen im Stande war. Denn es war hierzu erforderlich daß das Haus von Jemandem gemacht wurde welcher die höchsten Personen zu sich einzuladen berechtigt war. Und dennoch gehörte die Unabhängigkeit, die Energie, der Geist und die taktvolle Humanität der Herzogin dazu um nicht an dem Unternehmen zu scheitern, und läugnen läßt es sich bei alledem nicht, daß es ihr von manchem eifrigen Kämpen für das Althergebrachte Anfechtungen und Verkennung genug zugezogen hat. Aber sie hat sich durch dessen Durchführung nicht blos um die geselligen Verhältnisse Berlins, sondern weit über diese hinaus um die Förderung der Achtung wahren Menschenwerthes seitens der äußerlich Höhergestellten ein großes Verdienst erworben. Diese Letzteren, und namentlich der weibliche Theil derselben, welche bis dahin selten Personen die außerhalb der Hoffähigkeit standen in engeren Kreisen gesehen hatten, lernten nun auch diese, befreit vom Zwange einer geistbeengenden Etikette kennen, ja sie, die sich bis dahin im ausschließlichen Besitze feiner geselligen Formen geglaubt hatten, mußten sich gestehen daß Geist und Urbanität im Verein sich auch hier zugleich natürlichere, wohlthuendere, mannigfaltigere und bedeutungsvollere zu schaffen wissen. Einladungen an Personen der höchsten Stände waren der Herzogin nie ein Grund, Niederergestellte welche zu ihrem geselligen Kreise gehörten uneingeladen zu lassen. Man speiste Abends stets an verschiedenen Tischen, und es herrschte völlige Zwanglosigkeit hinsichts der Plätze welche die Gäste einnehmen wollten, aber mit großer Feinheit wußte die edle Wirthin doch auch hier eine ihr erwünschte Mischung der Stände zu bewirken. So erinnere ich mich öfter meinen Platz am Tische neben der liebenswürdigen Prinzessin Louise von Preußen, Gemahlin des Fürsten Radzivil, gehabt zu haben. — Daß man in diesem Hause zugleich die höchsten geistigen Notabilitäten fand darf ich wohl kaum versichern.

Der Frau von Staël verhalf ihre Einführung bei der Herzogin zur schnellen Bildung eines geselligen Kreises für ihr Haus. Sie wählte eben die Personen dazu welche sie im kurländischen Palaste kennen gelernt hatte. — In beiden Kreisen war mir ein Mann, der sich damals eines europäischen Rufes erfreute und fast nie in denselben fehlte, die am wenigsten angenehme Erscheinung. Dies war Johannes v. Müller. In der That war es auch nur sein Name welcher ihn zum Zutritt zu denselben berechtigte, seine geselligen Vorzüge waren es nicht. Seine Unterhaltung klang schon nicht geistreich wenn er französisch sprach, eine Sprache die Leute von einigem Geiste gewissermaßen zum esprit herausfordert, aber sie erschien oft plump wenn er mit seiner schweizerischen Aussprache und seinem besonders störenden, gurgelnden „ch" deutsch sprach. Dabei war sein Aeußeres unangenehm, seine Gesichtszüge waren breit, zerflossen, sein Mund sah stets aus als sei er mit Fett bestrichen, eine Voraussetzung, welche bei dieses Gutschmeckers Rüstigkeit im Essen sehr berechtigt gewesen wäre, hätte man nicht zugleich vorauszusetzen gehabt, daß der Wein, welchen er in großer Fülle genoß, das Fett wieder abspülen mußte. Es konnte unter diesen Umständen nicht fehlen daß er das Stichblatt der Scherze und der Satyre des anmuthigen und etwas übermüthigen Prinzen Louis Ferdinand wurde, in dessen Gesellschaft er sehr viel war. Er, der Prinz, und der holländische Gesandte Dedel schlemmten fast jeden Abend mit einander. Nach den Soiréen bei Frau von Staël wenigstens war dies regelmäßig der Fall, denn dort machten sie gar kein Hehl aus ihrem Vorhaben. Müllers Weinlaune ergötzte, wie es schien, den Prinzen sehr. „Laßt uns sehen," rief er eines Abends im Hinausgehen, „was unser Gelehrter heute noch für Streiche machen wird!" — Das Verhältniß erinnerte mich ein wenig an das seines Großvaters Friedrich Wilhelm I. zu Gundling. —

Die Herzogin von Kurland hätte bei aller schönen Weiblichkeit doch Energie genug gehabt um ein großes Reich zu beherrschen, und ihr politischer Blick machte zuweilen den Gedanken rege daß eine solche Bestimmung eine ihr angemessene gewesen wäre. Schon als sie eine Frau in den Zwanzigern war hatten die Stände Kurlands gewünscht daß sie die Regentschaft übernehme, und an ihr lag es nicht wenn der Herzog, ihr Gemahl, nicht in besserem Einvernehmen mit diesen Ständen war, denn trat ein solches vorübergehend ein so hatte eben sie es durch oft schwierige Unterhandlungen vermittelt. Um so höher hatte man die Anspruchslosigkeit der hochbegabten Frau zu schätzen, welche in ihrem Hause nur bestrebt schien die freundliche Förderin einer schönen Geselligkeit zu sein.

Von ihren Töchtern, alle vier anmuthig und geistreich, mochte vielleicht die Prinzessin Dorothea, später Herzogin von

Dino, die hervorragendſte geweſen ſein. Auch ſie war, gleich ihren Schweſtern, hübſch, und man hätte an ihrem Geſichte höchſtens ausſetzen können daß ihre oberen Zähne etwas hervorſtanden. Dieſer reichbegabten Prinzeſſin wurde nun das Loos einem wenig bedeutenden Manne vermählt zu werden. Denn dafür galt Graf Edmund Talleyrand ſchon als zuerſt von ihrer Verbindung mit ihm die Rede war, und es fehlte daher ſchon damals nicht an Einwendungen gegen die Partie. Es war deshalb auch nicht zu verwundern, daß die junge Frau ſich bald dem geiſtvollen Oheim ihres Gatten zuwendete, der ſie verſtand, wie anderſeits ihre Anmuth und ihr Frohſinn geeignet waren dem mehr witzigen als heitern Staatsmanne das Leben zu verſchönen.

XVI.

Elisa von der Recke.

Eine in vielen Beziehungen von ihrer etwa fünf Jahre jüngeren Schwester, der Herzogin von Kurland, verschiedene Natur war Elisa von der Recke. Auch sie war schön. Ihr Aeußeres war eben so imposant als einnehmend. Ihr Wuchs war hoch und zierlich, ihr Gesicht fein, der Ausdruck desselben anmuthig. Aber ein kräftiges, heiteres, geistreiches Wesen gehörte nicht zu ihren Eigenschaften. Sie litt vielmehr an einer Sentimentalität, welche sie theils der Zeit in welcher sie ihre Ausbildung erhalten hatte, theils früheren, Geist und Herz bedrückenden, Verhältnissen, theils endlich physischen Einflüssen, ihren Nerven- und Unterleibsleiden nämlich, verdankte, auf welche Letztere freilich jene Gemüthsstimmung wieder steigernd zurückwirkte. Aber sie war überaus wohlwollend, ja von unerschöpflicher Güte, und so konnten ihr denn Freunde nicht fehlen. Freilich auch ließ ihre Arglosigkeit sie in dem Vertrauen auf die Freundschaft Anderer oft zu weit gehen, und es gab gar viele Personen welchen man lediglich äußere Motive für ihre Anhänglichkeit an die edle Frau zuzuschreiben hatte, von denen man die Letztere mit Erstaunen mündlich, ja schriftlich äußern hörte: „diese gute Seele liebt mich innig!" — oder gar — „liebt mich unendlich!" —

Sie hatte in ihren früheren Jahren des Trüben viel erfahren. Ich kenne manche Einzelnheiten ihrer Erlebnisse aus jener Zeit sowie auch aus ihrem späteren Leben durch einen autobiographischen Aufsatz welchen sie mir einst vorlas. — Ihre Mutter war ihr schon in den ersten Lebensjahren durch den Tod entrissen worden, und sie erhielt ihre Erziehung durch deren Mutter, eine Frau v. Korff. Diese harte, leidenschaftliche Frau behandelte das arme Mädchen mit solcher Strenge daß sie sich einst anderthalb Tage unter dem Bette versteckt hielt um sich dort todt zu hungern, und die Furcht wieder aufgefunden zu werden vermochte sie zu solcher Unbeweglichkeit in diesem peinlichen Versteck, daß keiner der Hausgenossen sie dort vermuthete, und man sie förmlich austrommeln ließ.

In ihrer Ehe ward ihr eine wo möglich noch härtere Begegnung. Erst funfzehn Jahr alt, wurde die Hand der schönen Elise, die schon in diesem frühen Alter sich vieler Werber erfreute, von einer sonst sehr liebevollen und einsichtigen Stiefmutter, welche später ihre Erziehung übernommen hatte, dem nicht mehr jungen Freiherrn von der Recke zugesagt, welcher sich in sie verliebt hatte. Aber als das Feuer der Liebe verraucht war, wozu es, wie es scheint, nur kurzer Zeit bedurfte, sah der Ehemann in seiner jungen Frau nichts als körperliche und geistige Verzärtelung. Die Mittel welche er anwendete um diese zu beseitigen waren freilich die wunderlichsten. So litt er zum Beispiel nicht daß seine Frau jemals, auch in der strengsten Kälte nicht, Handschuhe trug, und entzog ihr, so weit er es irgend vermochte, alle Lektüre. Eine Trennung wurde unter solchen Verhältnissen unumgänglich, aber eine förmliche Scheidung vermied sie so lange eine Tochter welche aus dieser Ehe entsprungen war lebte, und sie erfolgte erst nach dem Tode derselben. Sonderbar war es, wenngleich Aehnliches nicht gerade zu den Seltenheiten gehört, daß nach der Scheidung ihr Mann ihr ein sehr treuer Freund wurde.

Die traurigen Erfahrungen in ihrer eigenen Ehe hatten in der jungen etwa zweiundzwanzigjährigen Wittwe ein solches Mißtrauen gegen alle Ehen rege gemacht, in welchen ihr die Keime zu Verhältnissen die denen der ihren glichen zu liegen schienen, daß als der Herzog von Kurland, ebenfalls viel älter als ihre Schwester Dorothea, seine Bewerbungen um diese begann, sie sie aufs Aeußerste warnte ihm irgend Gehör zu schenken. Ja der Standesverschiedenheit wegen fürchtete sie sogar daß er nicht redliche Absichten hege. Dieses Bedenken suchte der Herzog jedoch dadurch zu beseitigen daß er die Erhebung der Medemschen Familie in den Reichsgrafenstand bewirkte, und Dorothea ward die Seine.

Als ihre Schwester nun eine Herzogin geworden war, befand sich Elisa in so beschränkten Vermögensumständen daß jede Kammerfrau der Schwester sich besser kleiden konnte als sie. Von einer Equipage war vollends gar nicht die Rede, und wurde sie zu Hofe eingeladen, so mußte sie in einem herzoglichen Wagen abgeholt werden wenn sie nicht zu Fuß gehen sollte. Diese Verhältnisse verbesserten sich erst, ja sie nahmen eine glänzende Wendung, als die Kaiserin Catharina, durch ihr Buch über Cagliostro, welcher die zur Schwärmerei geneigte Frau Anfangs nicht ohne Erfolg in seine Netze zu ziehen gesucht hatte aber doch später als das was er war von ihr erkannt wurde, auf sie aufmerksam geworden, sie nach St. Petersburg einlud, und ihr die Nutznießung einer bedeutenden Domaine in Kurland auf ihre Lebenszeit anwies. Aber unter der Regierung des Kaisers Alexander verlor sie wieder einen Theil ihrer Einkünfte, irre ich nicht, in Folge der Aufhebung der Leibeigenschaft. Sie mußte sich von da an wieder um so mehr einschränken als sie viel Geld auf Zwecke der Wohlthätigkeit verwendete. Hielt sie sich in Berlin auf so machte sie gar kein Haus, sondern bewohnte eine Hofwohnung im Palaste ihrer Schwester, aber auch in Dresden lebte sie sehr einfach, wenngleich Abends zum Thee jeder bei ihr Eingeführte auch ungeladen Zutritt hatte. Aber ebenfalls ungeladen fand sich auch sehr oft dort die Langeweile ein, und an solchen Abenden vermochte kaum irgend etwas ein, wenngleich schnell unterdrücktes, Lächeln auf die Lippen der Gäste zu locken als die abgöttische Verehrung für den Freund und Hausgenossen Tiebge. Freilich konnte man sich auch zuweilen des Aergers über diese nicht erwehren. Denn kam z. B. das Gespräch auf Literatur, so war es als sei neben Tiebges Urania kaum irgend ein Erzeugniß derselben nennenswerth. Komisch aber mußte es jedesmal wirken, wenn die gute Elisa selbst nichts genießen wollte ohne daß ihr verehrter Freund Tiebge sein Theil davon erhielt. Als einmal ihre Kammerfrau, die Bodijella, ihr Pillen reichte, lispelte sie in süßem, bittendem Tone: „O Bodijella, Tiebge'n auch eine Pille!"

Ach, es wäre fast tragisch, wenn die gute Elise diesem Tiedge auch für mehr Liebe dankbar gewesen wäre als er für sie hegte! Daß außer für sie noch Raum in seinem Herzen war wollten wenigstens die Hausgenossen aus eigener Wahrnehmung wissen. Denn der Gegenstand seiner Freundschaft sollte eben auch eine Hausgenossin sein, die Frau Pappermann, Frau des Kochs und Kammerdieners Elisens.

Die Voraussetzung einer aufopfernden Zuneigung für sie in dem Priester Tomaso, oben auf der Höhe von Ischia, beruhte jedenfalls auf einem Irrthum, und ich und meine Reisegesellschaft haben diesen Irrthum ziemlich theuer bezahlen müssen. Sie selbst habe längere Zeit bei ihm gelebt, sagte sie mir, und der gute Tomaso sei ihr innig zugethan. Nur aus Gefälligkeit nehme der, allem irdischen Eigennutz ferne Mann Gottes Fremde auf, aber mich werde er gern und freudig aufnehmen, wenn ich ihm Grüße von ihr bringe. Als ich nun Ischia in Gesellschaft Atterboms, Thorwaldsens, der Lady Frances Mackenzie [*] und anderer Freunde besuchte,

---

[*] Genauer: Miß Frances Mackenzie Seaforth. Für sie hatte die neapolitanische Reise, welche zu dem Ausfluge nach Ischia Gelegenheit gab, sehr verhängnißvolle, für Thorwaldsen mindestens sehr unangenehme, vielleicht auch auf sein ganzes späteres Leben einflußreiche Folgen. — Die Engländerin, selbst Dilettantin in der Skulptur und auch sonst eine kenntnißreiche Dame, hatte sich während eines jener Reise vorangegangenen Aufenthalts in Albano, wo Thorwaldsen leidend war, sehr theilnehmend und sorgend gegen ihn erwiesen. Auf der Reise selbst und während des Aufenthalts in Neapel benahm sich nun der 46jährige Künstler, seinem Verhalten möge nun Dankbarkeit oder in der That Liebe zum Grunde gelegen haben, solcher

begaben wir uns sogleich zu ihm und baten um Aufnahme. Es war da oben in der That entzückend schön, die Gärten der Armida können nicht zauberischer gewesen sein, und so

---

Art gegen sie, daß Niemand an dem letzteren Gefühl zweifeln zu dürfen glaubte, und die Kunde von einem Verhältniß zwischen Beiden nach Rom gelangte, welchem nach der Ansicht der Freunde beider Betheiligten die Weihe durch die Ehe nicht mehr fehlen konnte. Und Thorwaldsen that nichts zur Berichtigung dieser Ansicht; er lehnte sogar Toaste welche in großen Gesellschaften auf das „neue Brautpaar" gebracht wurden nicht ab. Welches aber auch seine Absichten gewesen sein mochten, denen einer Italienerin, mit welcher er in früheren Jahren eine Tochter erzeugt hatte, war es schnurstracks entgegen daß Thorwaldsen eine Ehe eingehe wenn nicht mit ihr. Die leidenschaftliche, oder auch in Kenntniß des schwachen Mannes nur leidenschaftlich sich gebehrdende, Südländerin — als der Künstler sie kennen lernte Kammerzofe der Frau des bekannten Archäologen Zoëga — drohte ihm, ihn, ihr Kind und sich selbst zu ermorden, sollte er es wagen sich mit der Engländerin zu verbinden. — Es bleibt zweifelhaft ob der, in seinen Verhältnissen zu dem anderen Geschlechte nicht sehr gewissenhafte, Thorwaldsen der ihm zugedachten Braut überdrüssig geworden war oder nicht, gewiß ist es, daß der die Ruhe liebende und für seine Kunstschöpfungen ihrer wohl auch bedürftige Mann sich sofort von ihr zurückzog. — Miß Mackenzie war auf's tiefste ergriffen, aber sie war auch auf's äußerste blosgestellt, und ließ Thorwaldsen zu einer Erklärung auffordern; ein Schritt welcher jedoch ohne Folgen geblieben zu sein scheint. Die Arme glaubte nun nicht mehr in Rom bleiben, aber auch nicht in ihr Vaterland zurückkehren zu können, bis wohin durch die Zeitungen die Kunde von dem Verhältnisse und dem Bruche desselben gedrungen war. Erst spät wagte sie sich nach Rom zurück, wo sie gegen Ende der dreißiger Jahre dieses Jahrhunderts starb. — Thiele in seinem „Leben Thorwaldsens" ist auf die Autorität Bronstedts hin der Ansicht, es hätte kaum eine unpassendere Ehe für Thor-

nannte ich den Ort auch. Der gute Tomaso aber erklärte Fremde nicht aufnehmen zu können. Da schlug ich mit dem Blitze von Elisens Gruß in sein hartes Herz ein, und siehe er zündete. Jetzt änderte sich alles. Wie könnte er Freunde der Signora Elisa abweisen! Heilig sei ihm ihr Andenken! — Mit bedeutsamer, geheimnißvoller Miene, als führe er uns zu der Reliquie einer Heiligen, führte er uns zu einem indischen Feigenbaume. „Ihn hat Elisa gepflanzt!"

Wirklich that er auch Vieles um Raum für uns Alle zu schaffen, und überhaupt fanden wir eine gute Aufnahme bei ihm. Und als wir abreisen wollten, weigerte er sich irgend eine Zahlung anzunehmen. Zahlung von Freunden der Signora Elisa! — Dabei konnten wir uns, wie er voraussehen durfte, nicht beruhigen. Wir baten ihn, uns nur die Erstattung seiner baaren Auslagen zu erlauben. Endlich, endlich bewilligte er

---

waldsen geben können als die mit Miß Mackenzie. Zeitgenossen welche beide gekannt haben theilen diese Ansicht nicht. Sie meinen vielmehr, daß sie ihn in seinem künstlerischen Leben eher gefördert als gestört, sein äußeres, ohne irgend eine Herrschaft über ihn zu beanspruchen, auf's ersprießlichste geregelt haben würde. —

Henriette Herz suchte die unglückliche Verlassene auf ihrer Rückreise in Florenz auf. Sie fand sie nach ihrem wörtlichen Ausdrucke in ihrem italienischen Tagebuche „zu Grunde gerichtet." Die in diesem Tagebuche niedergelegten Aeußerungen ihrer sittlichen Entrüstung über Thorwaldsens Verfahren in der betreffenden Angelegenheit sind so stark, daß wir Bedenken tragen müssen sie hier unverkürzt wiederzugeben. Sie fragt unter Anderm: ob Jemand der einen Menschen mit der Art todtschlägt strafwürdiger sei als der welcher ein Herz mordet? — Anmerk. zur 2. Aufl.

dies. — Es war fabelhaft wie viel der gute Mann ausgelegt hatte! Die Reisegesellschaft dachte noch lange an diese freundschaftliche und uninteressirte Aufnahme aus Liebe zur Signora Elisa!

Eine nicht minder freundliche und jedenfalls uneigennützigere verschaffte mir Elisens Namen bei dem berühmten Erzbischof von Tarent. Ich fand in ihm einen wohlwollenden, lebendigen, ja liebenswürdigen Greis von schönem Aeußern, ohne eigentlich geistliche Haltung aber doch von sehr männlicher. Die Welt kannte er genug, und ließ dies in seiner Unterhaltung mehr durchblicken als ein so hoher geistlicher Würdenträger einer anderen Nation es wahrscheinlich gethan hätte. Aber ich habe die geistige Tiefe nicht in ihm gefunden welche seine Berühmtheit mich erwarten ließ. Wir Deutsche sind gar zu verwöhnt in dieser Hinsicht! Ich kann nicht sagen, daß die persönliche Bekanntschaft irgend eines italienischen Mannes der Wissenschaft oder der Kunst die Erwartungen erfüllt hätte zu welchen sein Ruf mich zu berechtigen schien.

XVII.
Frau von Staël. August Wilhelm Schlegel.

Eine Frau ganz anderer Art als Frau von Genlis*) war freilich Frau von Staël, welche fünf bis sechs Jahre später in Berlin war als Jene, und zu welcher ich in mannichfachen Beziehungen gestanden habe. Es ist nicht möglich sich eine lebendigere und geistreichere Unterhaltung zu denken als die ihre. Allerdings aber wurde man von ihr fast bis zum Uebermaß mit Geistesblitzen überschüttet. Und nicht minder lebhaft als im Antworten war sie im Fragen, ja ihre Fragen folgten einander mit solcher Schnelligkeit daß es kaum möglich war ihr genügend zu entgegnen. Ihr unersättlicher Durst nach Vermehrung ihrer Kenntnisse ließ ihr keine Ruhe, aber ihre Sucht, den subtilsten Geist welcher aus den Tiefen der Wissenschaft aufsteigt im Fluge von der Oberfläche wegzuhaschen war schon bei ihrer Anwesenheit in Berlin Gegenstand leichten Spottes, und dieser blieb ihr nicht immer verborgen. Prinz August fragte sie einmal in meiner Gegenwort: ob sie denn nun schon glücklich in den Besitz der ganzen Fichte'schen Phi-

---
*) S. Nr. XII.

losophie gelangt sei? — „Oh, j'y parviendrai!" antwortete sie mit großer Entschiedenheit, zugleich aber auch mit einer Schärfe des Tons, welche bewies daß sie die Meinung des Fragenden wohl verstanden hatte.

Mit dieser Fichte'schen Philosophie hat sie manche gute Leute nicht wenig gequält. — Ich begegnete eines Tages dem Professor Spalding, dem Philologen. „Ach", rief er mir schon in der Entfernung einiger Schritte entgegen, „morgen steht mir ein saueres Diner bevor! — Im Laufe desselben soll ich ein Werk das ich nicht ganz verstehe in eine Sprache übertragen die mir nicht geläufig ist." — Und es ergab sich, daß er zu Frau von Staël eingeladen war um ihr beim Diner so nebenher ein philosophisches Werk Fichte's in französischer Sprache beizubringen.

Ein Diner, und zwar bei der Herzogin von Kurland, war es auch bei welchem ich ihre Bekanntschaft machte, und zwar ein sehr interessantes, denn in der nur kleinen Gesellschaft befand sich außer ihr und Johannes Müller noch Prinz Louis Ferdinand.

Ich sah sie seitdem öfter bei mir. Sie hatte kaum August Wilhelm Schlegel kennen gelernt als der Wunsch daß er sich ihr anschließe und sie begleite sehr rege in ihr warb, und da Schlegel demselben Anfangs nicht entsprechen wollte so bat sie mich ihn dazu zu bestimmen. — „Vous avez quelque ascendant sur lui!" sagte sie mir. — „Ich will ja nichts von ihm als daß er meinen Sohn und meine Tochter im Deutschen unterrichte, alle übrige Zeit soll ihm ja bleiben! — Er schützt die Uebersetzung des Shakespeare vor. Aber ich sehe die Nothwendigkeit nicht ein", rief sie mit großer Lebhaftigkeit, „den englischen Dichter eben in der Hauptstadt Preußens zu übersetzen!" —

Es konnte ihr jedoch nicht lange verborgen bleiben, daß es in der That nicht der englische Dichter sondern eine berlinische Dame war was ihn an Berlin fesselte. Schlegel hing mit zärtlicher Freundschaft an Sophie Bernhardi, geb. Tieck, nachherigen Frau von Knorring. Sobald Frau von Staël dies erfahren hatte, drang sie in mich Schlegel und seine Freundin zu mir einzuladen, damit sie die Letztere kennen lerne. Vergebens stellte ich ihr vor daß Frau Bernhardi nicht französisch spreche, während Sie das gesprochene Deutsch nicht verstehe. „Je la verrai parler!" — rief sie mit ihrer überwältigenden Lebhaftigkeit. — Ich mußte nun eine größere Gesellschaft einladen, um durch sie die Absicht der Frau von Staël möglichst zu maskiren.

Ein Wunder wäre es jedoch gewesen hätte Frau Bernhardi nicht bemerken sollen worauf es abgesehen war. Denn kaum hatte sie irgend etwas gesprochen, so rief Frau von Staël Schlegeln auf's Lebhafteste zu: „qu'est-ce qu'elle dit?" — und dieser, der hinter ihrem Stuhle stand, mußte das Gesagte übersetzen. Dabei verfuhr er denn aber aus Treue so treulos als möglich. Denn hatte Frau Bernhardi irgend etwas gesagt was möglicherweise der Staël nicht behagen konnte, so gab er etwas Anderes dafür. Dies erregte dann in der Gesellschaft ein Lächeln, von welchem ich befürchten mußte daß es der Frau von Staël, weil sie es eben nicht zu deuten wußte, befremdlich werden könnte. Um daher einer möglichen größeren Unannehmlichkeit vorzubeugen, benutzte ich eine Gelegenheit dem trügenden Dolmetscher in scherzendem Tone das Handwerk zu legen. Als nämlich Frau Bernhardi einmal behauptete, die französische Sprache sei eine durchaus unmusikalische und für den Gesang im Geringsten nicht geeignet, Schlegel aber auf das: „qu'est-ce quelle dit?" der Frau von Staël, der Anderen eine Aeußerung in den Mund legte welche einem Lobspruch auf das melodische Element in der französischen Sprache ziemlich ähnlich sah, berichtigte ich den Uebersetzer, und machte so den Fragen der Frau von Staël ein Ende, die sich alsdann in der That hinsichts der Frau Bernhardi mit dem voir parler begnügte. —

Frau von Staël gab während ihres Aufenthalts in Berlin an jedem Freitage eine Soirée, aber sie lud jedesmal nur drei Damen dazu ein. Ich gehörte öfter zu den Eingeladenen, und erinnere mich des letzten dieser Abende als eines vorzugsweise geistvollen und anregenden. Die drei weiblichen Mitglieder der Gesellschaft waren diesmal, außer der Wirthin, die Herzogin von Kurland, Frau von Berg und ich. Besonders geistreich und liebenswürdig erwies sich an diesem Abende Prinz Louis Ferdinand; wie er denn überhaupt einer der liebenswürdigsten Fürsten war. Es ist wahr, daß er bei allebem einen gewissen ton de corps de garde nie völlig unterdrücken konnte. Doch machte ihn dieser nicht irgend unangenehm, er diente nur dazu ihm eine bestimmte, eigenthümliche Färbung zu verleihen. So verfuhr er eben an jenem Abende hinsichts meiner auf eine Weise die, von jedem anderen geübt, unzart ja verletzend gewesen wäre, bei ihm jedoch sich wie gemüthliche Theilnahme darstellte. Er faßte mich nämlich bei der Hand und führte mich vor die Herzogin von Kurland. „Betrachten Sie diese Frau!" — rief er. „Und diese Frau ist nie geliebt worden wie sie es verdiente!" — Recht hatte er in Letzterem freilich. So unendlich gut mein Mann gegen mich war, so liebend er sich die Bildung meines Geistes angelegen sein ließ, so vertrauensvoll er mir alle Freiheit gewährte die mir das Leben verschönen konnte, eine Liebe wie ich sie im Herzen trug kannte er nicht, ja wenn ich sie äußerte wies er sie gleich einer Kinderei zurück.

Schon vor dieser Scene hatte ich gegen den Prinzen geäußert, daß ich ihn noch nie Piano spielen gehört hätte, und er war so freundlich mir zu versprechen, daß er am nächsten Freitage sein Instrument zu Frau von Staël bringen lassen wolle. Doch an diesem Freitage bei dieser gab es keine Soirée mehr. Sie hatte die Nachricht von der Krankheit Neckers, ihres Vaters, erhalten, und war eiligst abgereist um ihn noch zu sehn. Aber sie fand ihn nicht mehr unter den Lebenden. —

Kurze Zeit darauf, bei der Anwesenheit Schillers in Berlin, wendete sich das Gespräch zwischen ihm und mir auf Frau von Staël. Er verhehlte mir seine Abneigung gegen sie nicht. An Anerkennung ihrer geistigen Vorzüge ließ er es zwar keinesweges fehlen. Er sagte mir in dieser Beziehung unter Anderem, daß er erstaunt über die Fortschritte gewesen sei welche sie in kurzer Zeit in der deutschen Sprache gemacht habe. Sie habe Manuscripte welche Göthe und er ihr zum Durchlesen gegeben vollkommen verstanden, was sich aus ihren Aeußerungen über sie deutlich erwiesen habe. Aber von

Schillers Ideal von Weiblichkeit war freilich Frau von Staël weit genug entfernt. Und eben der Mangel an Weiblichkeit, von welchem ich meinerseits zwar glaube daß ihr lebhaftes, rasches Wesen ihn mehr voraussetzen machte als daß er wirklich vorhanden war, mochte ihn hauptsächlich gegen sie eingenommen haben. — Sie hatte in Jena in einem Hause gewohnt, welches wegen eines Spukes — eines Papiermännchens welches darin umgehen sollte — anrüchig war, und wußte sich etwas damit, daß während ihrer Anwesenheit sich von diesem nichts habe merken lassen. Schiller erzählte mir davon. „Aber" — schloß er — „hätte denn selber ein Geselle Satans mit Der zu schaffen haben mögen?" —

Wilhelm von Humboldt war bei seiner Anwesenheit in Paris im Jahre 1799 viel mit Frau von Staël, ja mehr vielleicht als mit irgend jemand Anderem. Aber es war doch auch nur ihr Geist der ihn zu ihr hinzog, einen Mangel ächter Weiblichkeit glaubte doch auch er, und zwar auf eine wenig wohlthuende Weise, bei ihr zu verspüren. Doch die übrigen Menschen in Paris genügten ihm damals so wenig daß er sich vergleichsweise bei ihr wohl fühlte. Ihn erfreute überhaupt damals dort kaum etwas Anderes als die Verehrung, welche man — in jener Zeit schon, noch vor dem Antritt der Reise welche den Grund zu seiner Weltberühmtheit legte — für seinen Bruder Alexander hatte. Diese Verehrung eines ausgezeichneten Menschen, dessen Inneres er so ganz kannte, schien ihm ein besserer Cultus als der welchen er damals in den Kirchen von Paris sah, „in diesen Kirchen mit ihren moralischen Inschriften, ihren gipsernen Statuen der Freiheit und den Paar Theophilanthropen, welche sich an jeder Dekade darin versammeln, um Gebote vorlesen zu hören die nicht befolgt werden", wie er mir schrieb. Ihm wurde erst wieder wohl in dem Tempel der Natur der sich ihm auf der Gränze Frankreichs, welches er ohne irgend ein Bedauern verließ, in den Pyrenäen aufthat. Madrid, wohin er von da ging, interessirte ihn unendlich mehr als Paris es damals gethan hatte. Er schwelgte in den Kunstschätzen dieser Stadt, und besonders in denen des Escurials. Und konnte er auch viele der Motive nicht theilen welche die herrlichen spanischen Kirchen füllten, immer gaben sie und ihre Besucher ihm ein schöneres, erhebenderes Gefühl als jene französischen. So sprach er sich auch hierüber in seinen Briefen an mich aus. — Aber dennoch sehnte er sich, sobald er sich von seinem Bruder hatte trennen müssen, der von Corunna aus seine Reise um die Welt antrat, auf's lebhafteste von Spanien hinweg und wieder nach Deutschland. Er war durch und durch Deutscher. —

Doch zurück von dem theueren heimgegangenen Freunde zu Frau von Staël. Hatte diese geistreiche Frau den Nutzen welchen ihr August Wilhelm Schlegel bringen konnte sehr richtig erkannt, so hatte sie doch auch eingesehen daß dieser sich seinerseits bei ihr wohl fühlen, daß das Leben welches er bei und mit ihr führen werde ihm ein anregendes und förderliches sein müsse. So war es auch in der That. Von eigenen Productionen war der „Ion" die letzte bedeutendere vor seiner Bekanntschaft mit der Staël, ein Werk ohne Eigenthümlichkeit und Leben. Er erhob sich wieder an dieser Frau, und was er während seines Zusammenlebens mit ihr theils ausführte theils concipirte gehört zu seinem Besten.

Am wenigsten an seiner Stelle war er als Universitätslehrer in Bonn. Er paßte nicht zu einem deutschen Professor, er paßte nicht zu dem derben Wesen deutscher Studenten. Oft mußte er diesen lächerlich, seinen Collegen mindestens fremd vorkommen. Ich sah ihn auf meiner Rückkehr aus Italien im Jahre 1819 in Bonn wieder, wo er sich überaus freundlich gegen mich erwies. Wie war er schon äußerlich verändert! — das sonst so glänzende Auge war erloschen, der Teint bleich, verschossen, die früher schlanke Gestalt aufgedunsen, sein sonst so geistreiches Wesen war nur noch zu ahnen! — Wir machten eine Land= und Wasserpartie mit Bonner Professoren und ihren Frauen. Sie waren fröhlich und laut, aber je mehr sie dies wurden desto ernster und stiller wurde Schlegel. Zuletzt saß er mit gänzlicher aber anständiger Theilnahmlosigkeit da, ganz wie ein ältlicher Franzose der nicht deutsch versteht in einer deutschen Gesellschaft dasäße, und auch sein Aeußeres widersprach diesem Bilde nicht. Eigentlich verstand er auch nicht was um ihn her gesprochen ward, wenn er auch die Worte verstand. — Er machte einen schmerzlichen Eindruck auf mich. —

XVIII.
Schiller. Göthe.

Schiller mußte auf die Mehrzahl der Menschen nothwendig einen angenehmeren Eindruck machen als Göthe. Die äußere Erscheinung sprach allerdings im ersten Augenblick mehr für den Letzteren. Aber er gab sich denjenigen gegenüber welche ihn nicht besonders zu interessiren wußten gar zu sehr seiner augenblicklichen Stimmung hin, und schien die Verehrung welche ihm entgegengebracht wurde als einen schuldigen Tribut zu betrachten, der auch nicht die kleinste Erwiderung seiner Seite erheische. Gewiß mag ihn die Neugier unbedeutender Menschen oft ungebührlich geplagt, und um eine edle Zeit betrogen haben von welcher er fühlte daß er sie ersprießlicher anwenden konnte. Aber ich habe ihn auch bisweilen von einem Kreise anerkannt tüchtiger Männer und strebender Jünglinge umgeben gesehn, welche Alle, entbrannt von dem Wunsche irgend eine Ansicht, eine Meinung nur, von ihm aussprechen zu hören, an seinen Lippen hingen, und doch als die Beute eines langen, vielleicht ihr ganzes Leben hindurch ersehnten Abendes, nichts mehr als ein gedehntes: „Ei — ja!" oder „So?" — oder „Hm!" — oder bestenfalls ein: „Das läßt sich hören!" — davon trugen. Schiller war eingehender. Auch sein Aeußeres war jedenfalls bedeutend. Er war von hohem Wuchse, das Profil des oberen Theiles des Gesichtes war sehr edel; man hat das seine, wenn man das seiner Tochter, der Frau von Gleichen, in's Männliche übersetzt. Aber seine bleiche Farbe und das röthliche Haar störten einigermaßen den Eindruck. Belebten sich jedoch im Laufe der Unterhaltung seine Züge, überflog dann ein leichtes Roth seine Wangen, und erhöhete sich der Glanz seines blauen Auges, so war es unmöglich irgend etwas Störendes in seiner äußeren Erscheinung zu finden. —

Bis zum Jahre 1804, wo ich ihn zum ersten und letzten Male, und zwar hier in Berlin sah, hatte ich ihn nur aus seinen Schriften gekannt, und wie es begreiflich ist daß wir uns das Bild der Persönlichkeit eines Dichters den wir kennen und lieben aus seinen Werken gestalten, so hatte ich ihn mir in seiner Ausdrucksweise feurig, und in seinen Reden rückhaltlos seine Ueberzeugungen aussprechend gedacht. Ich meinte er müsse so im Laufe eines Gesprächs etwa wie sein Posa in der berühmten Scene mit König Philipp sprechen. Zu meinem Erstaunen nun stellte er sich in seiner Unterhaltung als ein sehr lebenskluger Mann dar, der namentlich höchst vorsichtig in seinen Aeußerungen über Personen war wenn er irgend glauben durfte Anstoß durch sie zu erregen.

Doch half ihm in Berlin die Zurückhaltung nicht viel. Die schlauen Hauptstädter wußten bald, daß seine Frau gegen ihre feingesponnenen Fragen weniger gewappnet war als er, wie ich denn überhaupt gestehen muß daß sie auf mich nicht den Eindruck einer geistig bedeutenden Frau gemacht hat, namentlich nicht wenn ich sie mit ihrer Schwester Caroline von Wolzogen vergleiche; und so erfuhr man denn von der Frau, was der Mann zu verschweigen für gut achtete. — Den auf ihre Bühne sehr eitlen Berlinern, deren Hauptinteressen sich damals um Schauspiel und Schauspieler wendeten, unter welchen Letzteren sie sich in der That sehr großer Künstler wie eines Fleck, eines Iffland, einer Bethmann, zu rühmen hatten, lag es besonders daran Schillers Urtheil über die hiesige Darstellung seiner Stücke zu hören. Nun war gerade über die der Thekla im Wallenstein das ganze intelligente Berlin in zwei Parteien getheilt. Diese Rolle wurde von Flecks Gattin dargestellt, einer hübschen, mit einem weichen und tönenden Organ begabten Frau, die später als Madam Schröck in den Rollen der edlen Mütter und Anstandsdamen alle Stimmen für sich vereinigte, als jugendliche Liebhaberin jedoch von einem Theile des Publikums bis in den Himmel erhoben wurde, während ein anderer sie einer falschen langweiligen Sentimentalität beschuldigte die bei ihr zur unaustilgbaren Manier geworden sei. So auch in der Rolle der Thekla. Aber von Schiller war nichts darüber herauszubringen. Seine Frau jedoch, so bemerklich ihr auch das Ausweichen ihres Mannes werden mußte, war bald zu der Mittheilung zu vermögen, daß ihm die Darstellung der Thekla gar nicht behage. Und allerdings konnte dies bei der gehaltenen und gemessenen, wenngleich wenig erwärmenden Art der Recitation, welche Göthe und Schiller auf der Weimarschen Bühne eingeführt hatten, kaum anders sein. —

Göthe hatte ich noch nie gesehen, als ich während eines Aufenthalts in Dresden im Jahre 1810 in einer Soirée bei Frau Seidelmann, der trefflichen Sepiazeichnerin, plötzlich seine Ankunft berichten hörte. Ich äußerte meine Freude so lebhaft, daß der ebenfalls anwesende noch sehr junge Herzog Bernhard von Weimar ihn durchaus herbeiholen wollte um mir seine Bekanntschaft sogleich zu verschaffen. Ich weiß nicht wie er dies gegen Göthe hätte verantworten wollen, aber gewiß ist es, daß ich ihn noch in der Thür am Rockschoße zurückhalten mußte um ihn von seinem Vorhaben abzubringen. Am andern Morgen jedoch kam Frau Körner zu mir, um mich zu benachrichtigen daß Göthe auf der Gallerie sein werde. Natürlich eilte ich dahin. Hatte ich ihn gleich nie gesehn, dennoch erkannte ich ihn auf der Stelle, und ich hätte ihn erkannt wäre mir auch nie ein Bildniß von ihm zu Gesicht gekommen. War schon seine ganze Erscheinung in aller Einfachheit imposant, so zeichnete doch vor Allem sein großes, schönes, braunes Auge, welches sogleich den bedeutenden Menschen verrieth, ihn vor allen Anwesenden aus. Er war so freundlich sich mir durch Frau Seidelmann vorstellen zu lassen. Und da diese, eine Venetianerin von Geburt, nur italienisch und französisch sprach, so wurde die Unterhaltung Anfangs in der letzteren Sprache geführt. Er drückte sich in derselben gut und mit Geläufigkeit aus. Da man jedoch in einer fremden Sprache, spreche man sie auch gut, immer nur sagt was man kann, in der eigenen aber was man will, so suchte ich es bald dahin zu wenden daß wir uns in der Muttersprache unterhielten.

Am Abend fand ich ihn bei Körners wieder. Da umstand ihn eben auch solch ein Kreis von Leuten die nichts von ihm zu hören bekommen konnten. Und bald trat er zu mir heran und sagte: „Geht's Ihnen wie mir, und hat das heutige Sehen der Gemälde Sie angestrengt, so setzen wir uns ein wenig, und nebeneinander." Nichts konnte mir erwünschter sein. — Die Gemälde gaben den Stoff zur Unterhaltung. So Treffliches er auch über manche historische Gemälde sagte, so war ich doch hier nicht überall mit ihm einverstanden, denn ich gehörte damals, gleich dem ganzen Kreise meiner Freunde, der romantischen Richtung an, auch spukte schon von unseren deutschen Künstlern in Rom etwas von jener, bald auf die deutsche Kunst so einflußreich gewordenen Nazarenischen Richtung über die Alpen herüber. Und so hörte denn z. B. die italienische Kunst für mich so ziemlich mit dem Meister auf, mit welchem sie für Göthe eben recht begann, mit Raphael. Aber da mir vor Allem darum zu thun war ihn zu hören, so hütete ich mich sehr ihm hierin zu widersprechen. Ueber Landschaftsmalerei jedoch sagte er das Trefflichste. Hier war er ganz zu Hause. Der Dichter, der Kritiker, der Naturbeobachter und der ausübende Künstler gingen hier bei ihm Hand in Hand. Denn bekanntlich war er selbst meisterlicher Landschaftzeichner.

Wir sahen uns nun während seiner Anwesenheit in Dresden fast jeden Abend, denn alle seine Freunde und Bekannte waren auch die meinigen. —

Diesen glänzenden Stern habe ich nun auf- und untergehen sehn, denn ich erinnere mich noch der Zeit als sein

Götz und sein Werther soeben erschienen waren, und die Aufmerksamkeit Aller die sich für Literatur interessirten auf ihn richteten. Habe ich ihm daher, nächst der Auszeichnung welche er mir persönlich erwies, unendliche Genüsse welche der Dichter mir gewährte zu danken, so hat er mich doch auch in einem von mir hochverehrten Freunde sehr verletzt, und ich will nicht verhehlen daß ich ihm dies stets ein wenig nachgetragen habe. Der Fall beweist, daß er sogar bis in seine Familienverhältnisse hinein sein Bestreben trug alles was ihm unbequem war, oder auch nur dies zu werden drohte, rücksichtslos zu beseitigen. Als die Tochter seiner einzigen geliebten Schwester, der Gattin Schlossers, Nicolovius heirathete, hatte er etwas gegen diese Verbindung. Der geistige und sittliche Werth der Letzteren giebt mir ein Recht zu der Voraussetzung, daß diese Unzufriedenheit nicht eine des Dichters sondern eine des Ministers war, und nur die, allerdings damals noch nicht glänzende, äußere Stellung Nicolovius' betraf. Doch mußten die Aeußerungen derselben verletzend genug gewesen sein, namentlich wenn man den milden und versöhnlichen Sinn des guten Nicolovius in Anschlag bringt. Denn nie haben Göthe und er einander gesehn, so leicht dies auch von dem Augenblicke an zu bewirken gewesen wäre wo Nicolovius als Mitglied des Staatsraths nach Berlin versetzt wurde, und so manche Anlässe sich auch dazu boten. Auf die Kinder des Letzteren übertrug Göthe jedoch seinen Mangel an Freundlichkeit nicht, und namentlich hatte er für Alfred Nicolovius viele Theilnahme.

XIX.
Aus der Zeit der französischen Occupation.

An den Palast der Herzogin von Kurland unter den Linden, welchen ich in Folge meiner Beziehung zu dieser Fürstin und ihren Kindern vor dem Kriege von 1806 oft besuchte, knüpft sich für mich die Erinnerung an ein Erlebniß unter Verhältnissen, welche nicht nur im Allgemeinen sondern auch hinsichtlich der Bewohner dieses Gebäudes sehr veränderte waren. Ich achte es schon deshalb der Erzählung werth, weil es beweist, wie der Grund so mancher der Vorfälle während der französischen Occupation welche als Folgen des Uebermuths und der Rücksichtlosigkeit der Sieger erschienen, in der gemeinen Gesinnung Einzelner unter den Besiegten zu suchen war.

Als die Herzogin von Kurland 1806 mit ihren Töchtern nach Rußland ging, blieb Göcking! im Palast zurück. Er bewohnte einige Zimmer im Hofe, und ich besuchte ihn dort mitunter zu der Zeit als der französische General Hüllin, damals Commandant von Berlin, das Gebäude für sich und die Commandantur in Besitz genommen hatte. Die Herzogin hatte in demselben nächstdem noch einen Kammerdiener, und zwar einen der nicht zu den geringeren Klassen ihrer Dienerschaft gehörte und der geläufig französisch sprach, als Organ zur Verständigung mit den Fremden zurückgelassen. Er war dadurch mit diesen näher bekannt geworden, und gab bald eine Art domestique de place bei dem General ab.

Eines Tages nun tritt dieser Mensch, der mich von der Herzogin her kannte, ziemlich cavalièrement, einen großen Hund hinter sich, in mein Zimmer, und fordert mich im Namen des Commandanten auf zu diesem zu kommen. Diese befremdende Aufforderung machte mich über alle Maßen betreten. Ich wußte zwar daß man mir französischerseits nicht mit Fug und Recht etwas anhaben konnte, denn die Gefahr nur zu gut kennend welche in jener Zeit mit Aeußerungen über politische Gegenstände verknüpft war, hatte ich mich außerhalb der zuverlässigsten Kreise vertrautester Freunde begnügt patriotisch zu denken und zu fühlen. Aber ein Nichts genügte auch um den Franzosen verdächtig zu werden. Und nächstdem hatte ich viel mehr Ursach als die meisten anderen Einwohner Berlins selbst nur ein Mißfallen Hüllin's zu fürchten. Denn ich war, ohne mit einer Sylbe bei ihm darum angehalten zu haben, wahrscheinlich auf die ohne mein Wissen erfolgte Verwendung seitens eines gemeinschaftlichen Bekannten, von Einquartirung frei, eine Vergünstigung die nur von ihm ausgehn konnte, und die eben mir von dem höchsten Werthe war, weil ich, durch die Einstellung der Zahlung meiner Pensionen fast aller meiner Subsistenzmittel beraubt, die Last der Einquartirung nicht hätte tragen können, vielmehr unbedingt zur Auswanderung genöthigt gewesen wäre; während doch die Sorge für meine in Berlin lebende alte und beinah blinde Mutter großentheils mir oblag. Und in der That war ich zu diesem betrübenden Schritte gezwungen, als unter Hüllin's Nachfolger, dem General St. Hilaire, jene Vergünstigung aufhörte. — Doch was half alles? — ich mußte dem Gebote folgen, und versprach zu kommen.

Meine innere Unruhe und der Wunsch nur recht bald Gewißheit über das Geschick zu erlangen welches über mich verhängt war, ließen mich nicht lange zögern. Doch sprach ich bevor ich zu dem General ging bei Göckingk vor, der meine Besorgniß theilte ohne mir jedoch irgend Auskunft geben zu können. Wenigstens aber konnte er mir sagen, in welcher Art die mir wohl bekannten Zimmer des Palastes benutzt wurden. Und so faßte ich denn, um nur meine peinliche Ungewißheit nicht durch langes Antichambriren vermehrt zu sehn, den Muth in das mir von ihm als das Adjubanturbüreau bezeichnete Zimmer zu treten, und dort um Anmeldung bei dem General zu bitten. Diese erfolgte auch sogleich, und ich wurde augenblicklich vorgelassen.

„Sie haben befohlen, General!" — sprach ich eintretend. „Ich befohlen?" — erwiderte er erstaunt, und doch, wie mir schien, nicht ohne einen Anflug von Verlegenheit. — „Der N. N. war ja in Ihrem Namen bei mir, General!" — „Ist der Mensch von Sinnen?" — Aber der Unsinnige wurde dennoch nicht von ihm vorgefordert um die Sache aufzuklären.— Ich sprach es nun aus, daß, so wenig ich mir einer Handlung bewußt sei die mir seine Unzufriedenheit hätte zuziehn können, die Einladung mich dennoch nicht ohne Besorgniß gelassen habe. — „Ich auf Sie zürnen?" — erwiderte er.

„Mais je ne connais que Madame Herz!" Als er eben im achtungsvollsten Tone noch einiges Schmeichelhafte hinzufügte trat General Boyer ein. Ich blieb nur eben noch so lange um ein leises Lächeln auf den Lippen Beider zu bemerken, als ich mich mit erleichtertem Herzen empfahl, und zu Göckingk eilte, der in Unruhe meiner harrte. — Doch kaum war die Besorgniß gewichen so kehrte die Neugier ein. Gänzlich ohne Antheil an der Sache war Hüllin nicht. Aber was wollte er eigentlich? —

Ich traf bei einer Freundin zuweilen den Neffen des Schatzmeisters der Armee, Estève, welchen ich in ziemlich genauer Beziehung zu dem General wußte. Ihm erzählte ich den Vorfall, und bat ihn mir Aufklärung über denselben zu verschaffen. Als ich ihn nach einiger Zeit wiedersah, merkte ich wohl daß er im Stande war sie mir zu ertheilen, aber er wollte mit der Sprache nicht heraus. Endlich, nach manchen Präliminarien, und sich wiederholt darauf berufend daß ich die Erklärung der Sache durchaus provozire, kam er mit dieser hervor. Hüllin hatte mich mehremale gesehn wann ich Göckingk besuchte, und da ich damals noch ganz stattlich aussah sein Gefallen an mir geäußert. Jener Kammerdiener, in dem Augenblicke gegenwärtig, hatte dies aufgegriffen und gesagt: „Wenn Sie ihr einen Wink geben lassen so kommt sie zu Ihnen." — Hüllin hatte geschwiegen, und der dienstwillige Elende, der wohl wußte wie er es zu machen habe damit ich unfehlbar käme, hatte nun freie Hand zu haben geglaubt, und dies mit der abscheulichen Bereitwilligkeit benutzt deren Folgen mir so peinvolle Stunden verursacht hatten. Jedoch der Plan schlug fehl, und ich durfte von der Wirkung welche mein persönliches Erscheinen gemacht hatte sehr befriedigt sein. —

Mir ward übrigens bald ein Beweis von einem, bis in die intimsten Verhältnisse eindringenden, Spionirsystem während der französischen Occupation Berlins, welcher meine Befürchtungen in dem Augenblick als mir jene Botschaft des Commandanten zukam vollständig rechtfertigte. Vor dem Kriege war mir durch Delbrück, dem Erzieher des Kronprinzen, das ehrende Anerbieten gemacht worden die Erziehung der Prinzessin Charlotte, jetzigen*) Kaiserin von Rußland, zu übernehmen, und ich hatte seiner Zeit um so mehr nur mit einigen meiner vertrautesten Freunde von demselben gesprochen, als ich mich veranlaßt gefunden hatte es abzulehnen. Wie erstaunt mußte ich nun sein, als eines Tages ein französischer Beamter zu mir sagte: „Nun? ist's jetzt nicht besser, daß Sie die Erziehung der kleinen Prinzessin nicht übernommen haben? Jetzt müßten Sie nun wahrscheinlich mit einem fliehenden Hofe nach Rußland ziehn!" —

---

*) — seitdem verwittweten. — Anmerk. zur 2. Aufl.

XX.

Aus Rom.

Die Zeit meines Aufenthalts in Rom von 1817 bis 1819 bezeichnet einen Wendepunkt in der deutschen Kunst. Der Geist welcher damals von den vielen dort anwesenden vaterländischen Künstlern ausging verbreitete sich von jener Zeit an über Deutschland, und namentlich über das nördliche, und dies um so mehr, als manche derselben nach ihrer bald darauf erfolgten Rückkehr in das Vaterland sehr besuchte Schulen gründeten. Ich sah fast alle damals in Rom lebenden deutschen Künstler oft. Der Umgang mit ihnen war interessant genug. Es waren meist gesittete und kenntnißreiche junge Männer, welche über ihre Kunst zu sprechen wußten, ja mehrere derselben vielleicht besser als es ihnen für ihre Leistungen nützte. Denn ihre Richtung war, wie auch eine ernste und würdige, doch von Einseitigkeit nicht frei; eine von dieser abweichende Kunstansicht aber wurde, wenn auch vielleicht von einem oder dem Anderen damals schon im Stillen gehegt, doch aus Furcht Anstoß zu geben nicht ausgesprochen, und so raisonnirte man sich gewissermaßen immer tiefer in die Manier hinein. Wenn ich sage, daß kein Widerspruch geäußert wurde, so lag dies daran daß jene Kunstansicht etwas von Fanatismus an sich trug, denn sie hing mit dem religiösen Bekenntnisse der Künstler zusammen, welche noch dazu meist Neubekehrte, und daher im Glauben um so eifriger waren.— Dieser religiöse Eifer, der auch gegen Nichtkünstler gar nicht ohne seine Unduldsamkeit war, bildete jedoch für Protestanten auch eine Schattenseite des Umgangs mit diesen deutschen Künstlern.

Ich glaube gern, daß diese neue Kunstrichtung zum Theil eine sehr natürliche Gegenwirkung gegen die ihr vorangegangene völlig weltliche und flache war, bin aber doch auch der Ansicht, daß die Nothwendigkeit in welcher selbst die deutschen protestantischen Künstler sich befanden ihrem religiösen Bedürfnisse in katholischen Kirchen zu genügen, nicht ohne Einwirkung auf die Gestaltung der neuen Richtung blieb. Es gab damals noch keinen protestantischen Gesandtschaftsprediger in Rom, und daher auch keinen protestantischen Gottesdienst, und unläugbar mußte der katholische Cultus für den Kunstsinn wie für die Phantasie dieser jungen Männer ansprechender sein als der protestantische. Da gab es denn bald Convertiten, und die Neubekehrten begründeten in Kurzem eine Manier die sich an den strengsten Styl christlicher Kunst anlehnte weil er ihnen eben der christlichste schien, welcher jedoch nicht eben der den Anforderungen an Kunstschönheit entsprechendste war.

Ich machte Niebuhr vor meiner Abreise nach Neapel im Jahre 1818 hierauf aufmerksam, und er versprach mir für Anstellung eines Gesandtschaftspredigers Sorge zu tragen. Er hoffe, fügte er hinzu, ich werde schon bei meiner Rückkehr einen solchen vorfinden. Und irre ich nicht, so fand ich in der That alsdann schon den ersten preußischen Gesandtschafts= prediger, Schmieder, in Rom.

Den meisten dieser Kunstjünger haftete, bei der sonst höchst liebenswürdigen Persönlichkeit sehr Vieler derselben, doch eine gewisse Krankhaftigkeit an, und nur zwei der damals in Rom lebenden Künstler gaben eigentlich den Eindruck zugleich von Ursprünglichkeit und unverkümmerter innerer Gesundheit, diese aber gehörten eben zu den älteren. Dies waren Koch und Thorwaldsen, der Letztere allerdings kein Deutscher, der sich jedoch zu den deutschen Künstlern hielt, beide freilich durch ihre Kunstfächer, der Erste als Landschafter, der Andere als Bildhauer, jener frommen Kunstrichtung enthoben. Nur war mit beiden nicht allzuviel zu sprechen, mit Koch namentlich für ein Frauenzimmer nicht. Dieser Schöpfer so vieler schönen, geistvollen, von tief eindringender Naturbeobachtung zeugen= den Landschaften, und auch in der Unterhaltung ein Mann von geistreicher Lebendigkeit, ist ein Tyroler Bauer, und ge= wohnt alles, was es auch sei, mit den nächstliegenden und derbsten, wenngleich oft bezeichnendsten und am meisten charak= teristischen Namen zu nennen; mit Thorwaldsen nicht, weil er eigentlich gar keine Sprache spricht, denn seine Mutter= sprache hat er fast vergessen, und doch keine andere Sprache gut genug gelernt um sich mit Leichtigkeit in derselben aus= zudrücken. Oft betrachtete ich den herrlichen Kopf, das wun= derbar strahlende blaue Auge des großen Künstlers, und dachte: wie trefflich müßte der Mann sprechen wenn er über=

haupt sprechen könnte! — Was er aber auszudrücken wußte,
zeugte von Gesundheit und Tüchtigkeit. —

Die Deutschen, sowohl Künstler als Literaten, erregten
damals bei den Römern, in höherem Grade aber noch als bei
diesen welchen der Anblick nicht mehr neu war, bei den Fremden, einiges Aufsehen durch ihre sogenannte deutsche Tracht,
und mehr noch als durch diese, durch das lang herabhängende
oft sehr verwilderte Haar, welchen Schmuck keiner entbehren
zu können glaubte, er mochte ihm nun gut oder schlecht stehn.
Der große breitschulterige Rückert besonders that in Beziehung auf das Haar das irgend Erreichbare. Er war außerhalb Roms ein Schrecken der Kinder, aber nicht blos der
Kinder, oft sogar der Erwachsenen. Als ich im Sommer 1818
mit meiner Freundin Dorothea Schlegel und einigen anderen
Damen einige Monate in Genzano in einem am See von
Nemi belegenen Hause wohnte, gehörte auch eine ebenfalls in
der Gegend wohnende Principessa Simonetta*) zu unseren
Bekannten. Diese ging eines Tages, gefolgt von der Amme
welche ihr Kindchen trug, aus, als ihnen plötzlich Rückert,
der sich damals in L'Arriccia aufhielt, in den Weg trat. —
„Simone mago, oimè Simone mago!" (Simon der Zauberer! Wehe mir, Simon der Zauberer!) rief entsetzt die
Amme aus, und war durch kein Zureden zum Stehen zu
bringen. Spornstreichs und ohne sich auch nur umzublicken
lief sie wieder nach Hause, hinter ihr die Prinzessin, welche

---

*) Oder Sermoneta. Die Verstorbene wußte dies nicht mehr genau.
Anmerk. des Herausgebers.

alle Ursach hatte für ihr Kind zu fürchten. Es war eine überaus komische Hetzjagd. — Und dabei war der Gefürchtete selbst nicht ohne Furcht. Seine lebhafte Phantasie, welcher wir so viele schöne Schöpfungen danken, wurde ihm selbst in Italien mitunter zur Plage. Briganti und Schlangen waren die Gespenster welche ihn schreckten. Um uns von L'Arriccia aus zu besuchen hatte er einen Weg von einer Viertelstunde durch den Wald zu machen, und nie war er zu bewegen bis zur Dämmerungszeit bei uns zu bleiben. Seine Einbildungskraft malte ihm stets Räuber vor, welche die macchia (den Buschwald) erfüllen würden sobald es dunkelte, und doch verlautete nicht das mindeste von Unsicherheit der Gegend. Und als Frau von Schlegel und ich ihn einst baten sich im Freien neben uns zu setzen, weigerte er sich dessen, so heiß und abmattend auch die Luft war, und erklärte uns auf unser Anbringen endlich, er thue es nicht — der Schlangen wegen.

Die Erinnerung an solche kleine Schwächen macht es mir um so mehr zur Pflicht einige schöne Züge von ihm im Gedächtniß zu bewahren. So hatte sich unter anderen Atterbom seiner Herzensgüte zu erfreuen. Dieser schwedische Dichter, daheim in mannigfache Streitigkeiten verwickelt, war in bester Absicht von Frau von Hellwig nach Italien mitgenommen worden. Aber sie hatte übersehen daß er in diesem Lande Mittel zur Subsistenz bedürfen würde, und dann welche zur Heimkehr. So befand er sich schon in Italien in großer Bedrängniß. Rückert befreite ihn durch thätige Unterstützung, ja durch eigene Aufopferung aus derselben. —

Ich bin in der That geneigt zu glauben, daß die Lebhaftigkeit der Phantasie der Dichter, geeignet alle Gefühle in ihnen zu steigern, auch das der Furcht mächtiger in ihnen erregen kann als in uns gewöhnlichen Sterblichen. So erzählte man sich bei meiner Anwesenheit in Rom von der Furchtsamkeit Oelenschlägers gar wundersame Geschichten. Folgende ist eine derselben. Als er einmal mit den Brüdern Riepenhausen, den bekannten Kupferstechern, von Rom aus einen Ausflug nach Tivoli machte, beschlossen diese, welchen seine Furchtsamkeit bekannt war, einen Scherz auf sie zu gründen. Nach getroffener Verabredung mit der Wirthin im Gasthofe lief diese, anscheinend sehr unruhig, bald Treppe auf und Treppe ab bald im Zimmer umher. „Was mag der Frau sein?" fragte Oelenschläger, aufmerksam geworden. — Einer der Riepenhausen befragte sie um den Grund ihres Treibens. Nach einigem Zögern erklärte sie daß sie alle Vorzeichen eines Erdbebens bemerke. Ein gelblicher, schwefelfahler Ton der Luft, noch andere Erscheinungen welche sie angab, alles deute auf ein solches hin. — Oelenschläger erbleichte, seine Begleiter waren anscheinend betroffen. — „Aber was ist in solchem Falle zu thun?" fragte er endlich mit bebender Stimme. — „Ja was wäre da zu thun!" rief einer der Riepenhausen. „Sich seinem Schicksal zu ergeben! Wohl dem der klettern kann! Denn auf einem hohen Baume allein giebt es einige Sicherheit." — Oelenschläger schwieg in sich versunken. — Plötzlich hob einer seiner Begleiter unbemerkt mit dem Knie den Tisch, so daß die Flaschen schwankten und aus den Gläsern Wein überfloß. — Entsetzt fuhr Oelenschläger auf und eilte aus dem Hause. — Bald bemerkten die Anderen durch das Fenster, wie der wohlbeleibte, unbeholfene Mann mit Händen und Beinen eine hohe Pinie umklammerte und hinauf zu klettern begann. Mit unsäglicher Anstrengung gelang es ihm endlich den Gipfel zu erreichen. Da saß nun hoch oben unbeweglich, gebuckt und ängstlich der Dichter der den Muth so mancher Nordlandsrecken zu singen gewußt hatte, und erwartete bange die krampfhaften Zuckungen der Erde. Diese blieben freilich aus, aber nur mit Mühe gelang es endlich seinen Begleitern durch die beruhigendsten Versicherungen ihn von dem Baume herabzukirren, und zur Rückkehr nach Rom zu bewegen. —

Aber auch Eitelkeit scheint zu den Schwächen Oelenschlägers zu gehören, und dies ist um so mehr zu bedauern, als der als Dichter so bedeutende, als Mensch freundliche und wohlwollende Mann andernfalls alle Stimmen für sich vereinigen würde. Ich höre von einem jungen Freunde welcher kürzlich*) aus Kopenhagen zurückgekehrt ist, daß diese Eitelkeit im Gegensatz zu der Bescheidenheit einer anderen, wie man wohl behaupten darf ihm überlegenen Größe, des ebenfalls jetzt dort anwesenden Thorwaldsen, oft recht unangenehm in die Erscheinung tritt. Man erzählt unter Anderm dort, daß er geäußert habe er besuche keine Kirche mehr, und zwar aus Rücksicht auf die Andacht der Gemeine, welche durch die Aufmerksamkeit die sich lediglich auf ihn richte allzusehr von dem Zwecke des Kirchenbesuchs abgezogen werde.

Von den italienischen Künstlern welche damals in Rom

---

*) Anfangs des Jahres 1839.

lebten wüßte ich nicht viel zu sagen. Ich gestehe, daß sie weder als Künstler noch als Menschen mich besonders zu interessiren wußten. Selbst den damals hochgefeierten und bis zum Uebermaß beschäftigten Canova kann ich davon nicht ausnehmen. Als Künstler hat er zwar die bis zu seiner Zeit in größter Ausartung durch geistlose Nachahmer herrschende Berninische Manier beseitigt, aber meiner Meinung nach nur eine andere Maniertheit an die Stelle gesetzt. Diejenige Bernini's betraf die Gewandung, und dies war allenfalls zu ertragen, bei Canova äußert sie sich in den Linien und in der Bewegung der Figuren. Die Ersteren sind von einer Weichheit die bis zur Verweichlichung geht. Ein Perseus, welchen er nebst einem Paar unausstehlicher Fechter in einem Zimmer des Vatikans in fast unmittelbarer Nähe des Laokoon und des Apoll von Belvedere aufzustellen die Stirn hatte, gleicht einem schönen tänzelnden Mädchen.

Im Umgange war Canova von feiner Sitte und vieler Lebendigkeit. Wie fast alle Italiener, denen ihr Italien in jeder Beziehung genügt, bewunderte er es wenn man noch eine andere Sprache sprach als die eigene. Aber er konnte auch gleich den meisten seiner Landsleute sein Erstaunen nicht bergen wenn man ein vernünftiges Wort sagte. Italiener, wenn sie fremde Länder nicht sehr genau kennen, betrachten die Bewohner derselben noch immer mehr oder weniger als Barbaren.

Canova besuchte mich in Begleitung eines Freundes sehr bald nach meiner Ankunft in Rom. Als er das zweite Mal kam, hatten meine Reisegefährtin und ich einen Gipsabguß des Reliefs der „Nacht" von Thorwaldsen, welcher in meinem Zimmer hing und dessen Wirkung von der gleichfalls weißen Wand beeinträchtigt ward, soeben mit einem Kranze von Lorbeern und Immergrün umgeben, welche wir zu diesem Behufe in den Orti inglesi gepflückt hatten. Der Zufall wollte, daß Canova der Erste war welcher ihn so umkränzt sah. Er äußerte nichts, aber er kam von da an nie wieder, ungeachtet ich ihn später noch mehre Male in seiner Werkstatt besuchte. — Das Verhältniß zwischen beiden Künstlern war nicht das beste, und konnte es bei eben so abweichender Persönlichkeit als künstlerischer Richtung auch kaum sein. —

Nächst den Deutschen waren es die Engländer welche damals in Rom die Aufmerksamkeit auf sich zogen. Die Frauen waren höchst wunderlich gekleidet, und noch mehr Aufsehn erregte die absonderliche Touristenkleidung vieler Männer, an welche man nach der vorhergegangenen mehrjährigen Ausschließung der Engländer vom Continent in Italien noch nicht so gewöhnt war als später. Dabei gab ihnen, eben in Folge dieser längeren Isolirung, alles was nicht englischer Sitte entsprach Anstoß, und die Männer glaubten selbst Plumpheit und Rohheit nicht scheuen zu dürfen um die Einwirkungen solcher ihnen nicht zusagender Sitten und Gewohnheiten von sich abzuwenden, was sie sehr unbeliebt und zur Zielscheibe des Spottes der Römer machte. Selbst meine Reisegefährtin und ich hatten uns auf solchen Anlaß über schlechte Behandlung seitens eines Engländers zu beklagen. Wir fuhren während des Carnevals maskirt im Corso, und unser Begleiter warf einen Engländer mit Confetti, wie dies bei diesem Feste ganz gebräuchlich ist. In dem Reisehandbuche des guten Mannes mochte jedoch wohl von diesem Gebrauche nichts erwähnt gewesen sein. Er kam an den Wagen und stieß meine Gefährtin heftig mit dem Stock. Ich war ganz empört von dieser Rohheit, meine Begleiterin aber sann auf Vergeltung. Maskirt und überhaupt sehr vermummt, steckte sie ihm am nächsten Tage auf dem Corso ein Billet in die Hand, worin ihm von einem „Wohlmeinenden" mitgetheilt wurde, daß sein Leben wegen seiner gestrigen Beleidigung einiger Damen in Rom auf's Höchste gefährdet sei. — Wie viel wir uns auch seitdem an allen von Fremden besuchten Orten umherbewegten, wir sahen unsern Engländer nicht wieder. —

Mir ward später in Berlin ein neuer Beweis davon daß manche Engländer im Auslande ein im Allgemeinen ehrenwerthes Nationalgefühl bis zu dem Grade steigern, um die Sitte des fremden Landes selbst dann völlig unberücksichtigt zu lassen wenn sie ihnen vollkommen berechtigt entgegentritt, und da der Fall wunderlich genug ist so will ich ihn erzählen.

Lady Frances Mackenzie hatte mir Charles Scott, den Sohn Walter Scotts, empfohlen als er Deutschland besuchte. Ich kann nicht läugnen, daß die Bekanntschaft mit ihm mich erstaunen machte daß der Vater eben diesem Sohne seine Liebe vorzugsweise vor seinen anderen Kindern zugewendet hatte. Ich wenigstens mußte sein Wesen vielmehr abstoßend als anziehend finden. Lady Mackenzie hatte ihrer Empfehlung den Wunsch hinzugefügt, daß ich den jungen Mann in das Haus des Ministers Humboldt einführen möchte. Aber Herr

Charles Scott sprach keine andere Sprache als seine Muttersprache, im Humboldtschen Hause jedoch hatte man damals — es war vor der Zeit von Humboldts Gesandtschaft in London — eine entschiedene Abneigung gegen das Englischsprechen. — Frau von Humboldt selbst bat mich deshalb ihn ihr nicht zuzuführen, und es war mir hinterher angenehm daß aus diesem Grunde eine Einführung unterblieb welche mir manchen Verdruß hätte bereiten können. Denn Mr. Charles Scott war kürzer angebunden und rücksichtsloser, als man es im Humboldtschen Hause ertragen hätte ohne verstimmt zu werden. Er gab mir selbst Gelegenheit dies zu empfinden. Ich sprach einmal mit ihm in sehr anerkennender Weise von einem Romane seines Vaters, als von diesem verfaßt. Nun hatte sich Walter Scott damals zwar noch nicht öffentlich zu seinen Werken bekannt, seine Autorschaft derselben war aber bereits notorisch, und wiederholt öffentlich behauptet, von ihm jedoch niemals bestritten worden. „My father never spoke of such a book," antwortete der Sohn sehr kurz. Und wahrscheinlich um mir meine Indiscretion noch schärfer zu markiren und jeder weiteren Aeußerung meinerseits über irgend ein Werk seines Vaters zuvorzukommen, fügte er nach einer kurzen Pause die absonderlichen Worte hinzu: „He never spoke of a book!" —

Der Fall jedoch, in welchem er auf eine sehr aufsehenerregende Weise gegen die deutschen Begriffe von Sitte und Schicklichkeit verstieß, ist der folgende. — Bei Hofe, irre ich nicht bei dem Herzog Carl von Mecklenburg, sollte ein Ball im Costüm stattfinden, zu welchem Mr. Charles, wie er mir mittheilte, eingeladen war. Ich fragte ihn, in welchem Costüm er erscheinen werde. — „In my highland-dress," — lautete die Antwort. Vergebens bezeugte ich, markirte ich mein Erstaunen, wiederholte ich meine Frage. „In my highland-dress!" — lautete unverändert die Antwort. — „Ganz treu? Nicht mit einer den Umständen angemessenen Modification?" — „In my highland-dress!" — wurde mir beharrlich geantwortet. — Zu verwundern ist es, daß der englische Gesandte, der ebenfalls von dem Vorsatze wußte und aus mehr als einem Grunde deutlicher mit ihm hätte sprechen können als ich, ihn nicht davon abzubringen suchte. Kurz Mr. Charles erschien in der That in seinem highland-dress, und ein großer Theil der Unbefangenheit mit welcher sich die Damen ohne diesen Umstand auf dem Feste bewegt hätten, wurde ihnen durch die Bemühungen geraubt, den highland-dress des Mr. Charles Scott, oder vielmehr das was an demselben eben nicht dress war, zu meiden. —

Einen anderen seiner Landsleute, und zwar einen viel höher Stehenden und daher in der Gesellschaft viel Berechtigteren seine Ansichten von Sitte zur Geltung zu bringen, habe ich dagegen wegen seines willigen Eingehens auf unsere deutsche Art zu loben. Es war dies der Herzog von Suffex*), welcher um das Jahr 1800 einen Winter in Berlin zubrachte, und welchen ich während seiner Anwesenheit daselbst viel sah. Schon damals zeichneten Wohlwollen und Humanität den

---

*) Irrig wurde statt seiner in der ersten Auflage dieses Buches der Herzog von Clarence genannt.

äußerlich zwar ansehnlichen aber nicht grade schönen Prinzen aus, welcher in dieser Hinsicht seinem Bruder dem Herzoge von Cambridge nachstand. Auch die deutsche Literatur interessirte ihn lebhaft, und er ging gern mit Gelehrten und anderen unterrichteten Leuten um, welchen Standes sie auch sein mochten. Selbst an der Feßlerschen Lesegesellschaft nahm er zuweilen Theil.

Dagegen gab mir dieser Prinz einmal Gelegenheit mich zu überzeugen, wie selten so hochgestellte Personen eine richtige Ansicht von den äußeren Verhältnissen selbst solcher Leute haben welche sie zu ihrem Umgange zuziehen. Es handelte sich wieder um einen Ball im Costüm bei Hofe. Der Herzog bat mich schriftlich ihm meinen Diamantschmuck zu demselben zu leihen. Und welchen Werth hätte dieser haben müssen, sollte ein englischer Prinz an einem königlichen Hofe in ihm glänzen können! — Ich antwortete ihm, ich sei überhaupt nicht reich genug um einen Diamantschmuck zu besitzen, aber selbst wenn ich es in dem Maaße wäre um Eigenthümerin eines Seiner würdigen zu sein, so würde es mir an der dazu erforderlichen Eitelkeit fehlen. —

Uns Deutschen ist der Vorwurf des Bestrebens unsere Art und Sitte auch im fremden Lande durchzuführen nicht füglich zu machen, unser Fehler vielmehr ist vielleicht der entgegengesetzte, der eines zu leichten Aufgebens unserer Nationalität, ja dieser geht bei manchen Deutschen, welche sich in fremden Ländern niedergelassen haben bis zur Verläugnung der schönen Muttersprache. Und diese Betrachtung führt mich von meiner Abschweifung nach Rom zurück, weil ich eben dort die so seltene entgegengesetzte Erfahrung machte. Leider mußte ich sie durch einen sehr langweiligen Abend erkaufen.

Die Gemahlin des Marchese Massimi, Tochter des Prinzen Xaver, Bruders des Königs Friedrich August von Sachsen, war, wenngleich in Deutschland geboren doch in Frankreich erzogen worden, daher das Französische ihre eigentliche Sprache war, und verheirathete sich dann jenem Marchese, mit welchem sie in Italien lebte, so daß das Italienische ihre zweite Muttersprache wurde. Dessenungeachtet hatte sie sich eine große Vorliebe für die Sprache ihres Geburtslandes bewahrt. Sie ließ es ihre Kinder lehren und sprach es mit ihnen, gab auch öfter società tedesche (deutsche Gesellschaften). Ich hatte schon von diesen Gesellschaften gehört, welche auf einige Zeit durch den Tod eines Schwagers der Marquise unterbrochen worden waren, als ich nebst einigen Landsleuten von ihr zu einer picola società tedesca eingeladen wurde. Ich war, ich läugne es nicht, recht neugierig auf das deutsche geistige Mahl welches man uns Deutschen in Wälschland auftischen würde, denn es mußte ein tüchtiges sein wenn es uns, die wir von der Quelle kamen, befriedigen sollte. Der Abend kam heran. Wir wurden mit bedeutungsvollen Mienen in einen kleinen Saal geführt, in dessen Hintergrund Schirme aufgestellt waren. Unsere Spannung auf das Geheimniß welches sie bargen war groß. Bald sollte es sich offenbaren. Hinter einem Schirme nach dem anderen trat irgend einer, ein Papier in der Hand, hervor, aus welchem er eine Rolle aus einem dramatisirten Sprüchworte ablas. Die Kinder des

Hauses waren unter den Lesenden. Alle diese Italiener aber, wenn sie auch sonst das Deutsche richtig aussprachen, hatten keinen Begriff von dem Tonfall oder Gesang der deutschen Sprache. Sie sprachen sie ungefähr wie die Taubstummen sie sprechen. Das hätte der Sache etwas Komisches gegeben, hätte man nur lachen dürfen; so aber vermehrten die Bemühungen das Lachen zu unterdrücken noch die Pein. Glücklicherweise sind dramatisirte Sprüchwörter kurz, und man las ihrer nicht viele ab. Mir aber wurde nun die Ungeduld erklärlicher als je, von welcher ich oft Gelehrte erfaßt sah wenn Laien ihnen dadurch besondere Aufmerksamkeit und großes Vergnügen zu erweisen meinten, daß sie ihre Kenntnisse in dem Fache der Anderen vor ihnen auskramten. — So konnten wir denn der guten und freundlichen Marchesa für ihren deutschen Sinn in der That viel weniger Dank wissen, als wir ihr solchen ihrer guten Absicht und der Schicklichkeit wegen aussprachen. —

Ist der Deutsche, wie ich schon bemerkte, im Allgemeinen sehr geneigt im fremden Lande seine Nationalität aufzugeben ja zu verläugnen, und neigt dagegen der in Deutschland ansässige Fremde sehr selten dazu, so kannte ich doch einen der Letzteren, und der noch dazu einem Volke angehörte das sich sonst am schwersten in eine fremde Volksthümlichkeit hineinlebt, welcher durch und durch ein Deutscher geworden war. Dies war Chamisso. Sowie seine Gedichte bekunden wie sehr sein Sinn und sein Geist deutsch geworden waren, so ließ auch sein persönlicher Umgang kaum irgend etwas Französisches mehr hervorblicken. Aber nicht nur den Franzosen, sondern auch den Adeligen hatte er vollkommen abzustreifen gewußt. Erst sehr spät erfuhr ich daß seine Familie bedeutenden regierenden Häusern, ja sogar dem dänischen Königshause, verwandt ist, aber ihre Vornehmheit leuchtete trotz ihrer Verarmung in Folge der ersten französischen Revolution aus ihrem ganzen Wesen hervor, als sie während der Letzteren nach Berlin kam. Chamisso wurde damals Page bei der Mutter des Königs*), dann Officier, und preußischer Officier unter dem alten Regime, und wer hätte von diesem allen je etwas an ihm bemerkt? Niemand war weniger anmaßend als er, niemand machte für seine Person weniger Ansprüche. Die Begegnung welche ihm bei seiner Weltumsegelung auf dem russischen Schiffe widerfuhr hat er daher gewiß nicht verschuldet, und am wenigsten dadurch daß er sich eine höhere Stellung als die ihm gebührende angemaßt hätte. In seinen Manieren war er durchaus bürgerlich im besseren Sinne des Wortes, in seinen Gewohnheiten schlicht, sein Aeußeres vernachlässigte er sogar bisweilen bis zur Uebertreibung.

Das Letztere gab Anlaß zu einer komischen Geschichte. Ich pflegte einige Sommermonate auf dem Gute L. bei der Familie v. W. zuzubringen, wo ich in der Frau vom Hause eine treffliche Freundin zu verehren hatte. Da tritt eines Tages der Bediente ein, und überreicht mir eilfertig und ängstlich eine Karte, auf welcher die Worte stehen: Ein Wilder von den Sandwich-Inseln.

---

*) Friedrich Wilhelms III.

„Ein Wilder?" fragte ich erstaunt. — „Ja, wild genug sieht er aus!" — antwortete scheu der Bediente.

Ich trat sehr gespannt in das Vorzimmer. Ein Mann mit lang herabhängendem Haar, unrasirt, in einem schlechten grünen Kalmuck-Flausch, die Botanisirtrommel über die eine Schulter, über die andere einen Kasten gehängt, welcher, wie ich später erfuhr, ein Teloskop enthielt, stand vor mir. Es war Chamisso. Er war kurz vorher von seiner Reise um die Welt zurückgekehrt, hatte mich noch nicht wiedergesehn, und benutzte jetzt, auf einer botanischen Excursion in der Nähe des Gutes vorüberwandernd, die günstige Gelegenheit dazu. Wie ein Wilder von den Sandwich-Inseln sah er nun freilich nicht aus, aber doch dermaßen, daß ich nicht wagte ihn in die feine Familie, in welcher man gewöhnt war alles mit Glacé-Handschuhen anzufassen, einzuführen ohne ihr in der Geschwindigkeit seine Geschichte gemacht, und ihr als Mittel gegen den unrasirten Bart seinen Stammbaum und als Mittel gegen den Flausch seine Reise um die Welt eingegeben zu haben. Nun wurde er aber auch sehr freundlich aufgenommen, blieb den ganzen Tag über, und setzte erst am nächsten Vormittage seine Wanderschaft fort. —

Die Marchesa Massimi, von welcher ich vorhin sprach, erinnert mich daß man in Berlin verschiedentlich verbreitete ich hätte mich dem Papste vorstellen lassen, und an diese Vorstellung sogar Erzählungen von einem in Rom erfolgten Uebertritte meinerseits zum katholischen Glauben knüpfte; denn jene Fürstin war es welche damals das Ehrenamt der Einführung der fremden Damen bei dem Papste bekleidete. Aber auch nicht einmal jene Vorstellung fand statt. Zwar waren schon alle Verabredungen hinsichts derselben zwischen uns getroffen, sogar der Schleier welcher für die Vorzustellende de rigueur ist war schon gekauft, als mir die vernünftige Erwägung kam daß die herkömmlichen Vorgänge bei einer Präsentation, darin bestehend daß die Vorgestellte Miene macht dem heiligen Vater den Pantoffel zu küssen, dieser es abwehrt, und dann ein Paar Worte mit ihr spricht, der Umstände derselben nicht werth seien. Zudem hatte ich Pius VII. öfter in unmittelbarster Nähe gesehen, z. B. am Weihnachts-Heiligabend 1817 in St. Maria Maggiore, und am folgenden Gründonnerstag bei der Fußwaschung und Speisung. An dem ersten dieser Tage wurde der Sessel, welchen er verließ um nach dem Throne zu gehn, dicht vor uns niedergelassen. Der Papst sah sehr bleich aus, und enthielt sich merkbar des Hustens, doch war seine Stimme als er der Messe beistand stark und klar. Bei der Fußwaschung und der darauf folgenden Speisung der sogenannten Pilger fand ich ihn schon viel kränklicher und schwächer, so daß die Emsigkeit mit welcher er trotzdem diese Priester, unter welchen auch ein Neger war, mit Speise und Trank bediente, mich wahrhaft rührte, und um so mehr als ich meinte der gute Greis müsse sich sagen, es dürfte das letzte Mal sein daß er dies Symbol christlicher Demuth übe. Auch diese Schwäche war ein Grund, daß ich ihn einer leeren Ceremonie halber nicht in Bewegung setzen wollte. Dennoch lebte er noch fünf Jahre, und starb auch dann nur in Folge eines Falles. —

Seinen Günstling, den Cardinal Consalvi, sah ich oft,

sowohl bei mir als bei gemeinschaftlichen Bekannten, am meisten und im engsten Kreise bei meiner Freundin Dorothea von Schlegel. Es konnte in Italien, wo man jeden sich darbietenden Vortheil zu benutzen bemüht ist, hiernach kaum fehlen daß meine Verwendung bei dem allmächtigen Minister öfter in Anspruch genommen wurde. Einmal hat mich ein solches Ansuchen in peinliche Verlegenheit gesetzt. Es galt nämlich, einen jungen Mann welcher sich mit einem Mädchen vergangen hatte, die Folgen jedoch nicht durch eine Heirath wieder gutmachen wollte, von der nach unseren Begriffen freilich sehr harten, in Rom jedoch gesetzlich darauf stehenden Galeerenstrafe zu befreien. Ich kämpfte lange mit mir. Endlich jedoch siegte die Erwägung, daß der junge Mann sich selbst von der Strafe durch einen Schritt befreien könne welchen eben Ehre und Pflicht ihm ohnedies geboten. Ich fühlte wohl daß beiden Theilen aus einer auf solche Weise geschlossenen Ehe kein besonderes Glück erblühen könne, doch war dies eben eine Folge ihrer Schuld, welche beide Theile zu tragen hatten. Ich versagte meine Verwendung. —

Consalvi war ein hochgewachsener hübscher Mann von der feinsten weltmännischen Haltung. Ob von so weltlichem Sinne, daß, wie man sagte, Napoleon eine Manifestation dieses Sinnes benutzen konnte um dem Kirchenfürsten in dem Concordate welches er mit ihm, als dem Bevollmächtigten Pius VII., schloß, sehr vortheilhafte Bedingungen abzubringen, muß ich dahingestellt sein lassen. Gewiß ist, daß sich äußerst bequem mit ihm umgehen ließ, und daß nichts an ihm den Geistlichen verrathen hätte, hätte es seine Kleidung nicht gethan.

Dagegen hatte sonderbarerweise Cardinal Fesch, welcher in seinen früheren Jahren dem geistlichen Stande schon auf längere Zeit Valet gesagt, Kriegscommissär geworden war, als solcher, wie man versichert, Lieferungsgeschäfte betrieben hatte, und nur auf Napoleons Geheiß in den früheren Stand zurückgetreten war, ganz das Aeußere eines kleinen feisten Prälaten. Im Anfange meines Aufenthalts in Rom gewährte er den Fremden mit großer Liberalität Zutritt zu seiner Gemäldesammlung, welche viel des Trefflichen enthielt. Gegen mich war er freundlich genug mich selbst durch alle Zimmer zu führen. Aber so wenig ich sonst auf meine Kunstkennerschaft gebe, so möchte ich doch nicht auf die bedeutenden Namen schwören die er vielen, wie mir schien ziemlich mittelmäßigen, Kunstwerken beilegte. Er theilte mir zuletzt mit, daß er die Sammlung gegen eine Leibrente von 12,000 Scudi zu verkaufen wünsche, und der ziemlich kaufmännische Geist welcher aus ihm sprach ließ einigen Verdacht in mir aufkommen, daß ich seine große Zuvorkommenheit vielleicht der Ansicht dankte, ich könne ihm durch meine mannichfachen Beziehungen zur Erreichung dieses Zweckes verhelfen. Das Geschäft mußte aber jedem Kauflustigen als ein sehr gewagtes erscheinen, denn er sah sehr gesund und viel jünger aus als er war. Englische Rücksichtlosigkeit entzog den Kunstfreunden später die leichte Zugänglichkeit zu der jedenfalls sehr interessanten Sammlung. Engländer, welche doch die Indiscretionen Fremder hinsichtlich ihrer Landsleute so scharf zu rügen lieben, hatten die fast unverzeihliche begangen, die auf dem Schreibtische liegenden Papiere des Cardinals zu durchstöbern, während er sie ungeleitet in den Zimmern sich ergehen ließ damit sie desto ungestörter die Kunstwerke betrachten könnten. Diese unangenehme Erfahrung rechtfertigte allerdings Zurückhaltung und Vorsicht Seitens des Eigenthümers. —

Der Wunsch möglichst wenige Kunstwerke von Bedeutung in Rom ungesehen zu lassen führte mich in die Wohnung eines zweiten Verbannten von europäischem Rufe, wenngleich nicht vom besten, in die des Friedensfürsten Don Manuel Godoy. Von Gemälden fand ich wenige von Werth, aber nicht ohne Bedeutung und bezeichnend genug erschien es mir, daß die Zimmer dieses Günstlings einer Königin ganz wie die Zimmer einer petite maitresse eingerichtet waren, namentlich das Schlafzimmer. —

Eine der angenehmsten und liebenswürdigsten Erscheinungen war mir, und gewiß allen damals in Rom befindlichen Deutschen, der Kronprinz Ludwig von Baiern. Es that mir fürwahr weh wenn ich später manche Stimmen des Tadels sich gegen ihn erheben hören mußte. Er, der äußerlich so Hochgestellte, welchem bei dem Alter des Königs, seines Vaters, der Thron bereits winkte den er wenige Jahre später bestieg, und zugleich der schon durch sein umfassendes Wissen zu Ansprüchen berechtigte Mann, war gleichwohl der anspruchsloseste welchen ich jemals gekannt hatte. Man vergaß bei ihm ganz seinen Rang, aber wahrlich nicht um ihn deshalb weniger zu achten. Wie er sich seinerseits denen ganz hingab welchen er wohlwollte, wo man dann seine Rechtlichkeit, seine Religiosität, seinen Sinn für Kunst, seine Verehrung alles Guten, seinen Fleiß anzuerkennen sich gedrungen fühlte, so schloß er auch andererseits so Begünstigten unwiderstehlich die Herzen auf, denn sie mußten sich ihm gegenüber zum Aufgeben aller Zurückhaltung gedrungen fühlen.

Alle irgend namhafte damals in Rom befindliche Deutsche, zumal aber die Künstler, hatten sich mehr oder minder seiner wohlthuenden Aufmerksamkeit zu erfreuen, aber ich darf sagen daß er gegen mich ganz besonders freundlich war, und nächst der Frau von Humboldt mich am meisten auszeichnete. Ich werde deshalb nie aufhören eine dankbare Erinnerung an ihn zu bewahren. Ich sah ihn fast täglich, ja zu Zeiten täglich zweimal, und unangemeldet schmückte er mitunter meine kleinen — stets ungeladenen — Abendgesellschaften durch seine Gegenwart. Ich erinnere mich besonders eines sehr anregenden Abends, an welchem er unter Anderen Immanuel Bekker, Cornelius, Mosler, Koch, Ringseis und den wackeren Eberhard bei mir fand, welchen Letzteren, wenngleich ein Bayer, er in Rom erst würdigen lernte. Der Abend war der zwangloseste welchen man denken kann, denn auch im gesellschaftlichen Umgange war der Prinz durchaus bequem. Wie er denn überhaupt seiner Würde nichts zu vergeben glaubte, wenn er weder Anderen irgend welchen Zwang auflegte noch selbst den Prinzen kundgab. „Noch zu Haus?" — rief er mir wohl von der Straße aus nach meinem Fenster hinauf, wenn ich mich noch an diesem befand während es in Rom etwas Besonderes zu sehen gab.

Daß er meist ohne Begleitung ausging hätte ihm öfter beinah Unannehmlichkeiten zugezogen. Eines Abends rief er mir, bei mir eintretend, zu: „So eben wäre ich bei einem

Haar arretirt worden!" Er hatte sich in der Dunkelheit in dem Hause geirrt, und war in die Wohnung ihm gänzlich Unbekannter gerathen. Und da er in derselben ohne Weiteres in die inneren Zimmer gegangen war, so hatten herzukommende Diener ihn für einen verdächtigen Menschen gehalten, und ihn festnehmen lassen wollen. —

Noch ein anderer im engeren Freundeskreise mit dem Prinzen sehr heiter verlebter Abend ist mir lebhaft im Gedächtnisse, und zwar wurde dieser in einem Hause zugebracht welches oberflächliches Urtheil vielleicht dem Rang und der Würde eines Thronerben noch weniger entsprechend erachtet haben möchte als das meine. Es war das der Signora Buti, einer achtungswerthen Wittwe welche Fremde logirte, meist aber Deutsche, und vorzugsweise deutsche Künstler, bei welcher aber auch Thorwaldsen fast während der ganzen Zeit seines Aufenthalts in Rom wohnte. Das Abendessen nahmen in der Regel alle Hausbewohner gemeinschaftlich ein, wobei die Wirthin und ihre sehr hübschen Töchter denn auch nicht fehlten. Es ging da in interessanter Gesellschaft sehr heiter zu, und Frau von Humboldt, eine andere Freundin und ich hatten uns deshalb auch einmal für den Abend anmelden lassen. Dem Kronprinzen war durch Herrn von Eckardtstein ein Wink davon geworden, und ganz unerwartet stellte auch er mit seinem Gefolge sich ein. Der Abend, welcher sich bis zwei Stunden nach Mitternacht hinzog, war einer der fröhlichsten meines Lebens, ja ich darf ihn von Ausgelassenheit nicht freisprechen. Und man denke sich die bunte Zusammensetzung der Gesellschaft von dem Kronprinzen an bis zu den

Töchtern des Hauses, welche man dem Stande der Arbeiterinnen beizählen durfte, weil sie, um ihrerseits der früh verwittweten Mutter, welcher auch noch die Sorge für einen unmündigen Sohn oblag, die Bürde zu erleichtern, für Geld nähten und wuschen, durch die verschiedensten Nüancen der Stände und Bildungsstufen hindurch! Aber ein solch buntes Gemisch der Gesellschaft ist auch nur in dem glücklichen Süden möglich, wo nächst gesundem Verstande, Grazie, Takt und gute Sitte in der Regel auch dem Geringsten inwohnen, und die Macht über die anmuthigsten Wendungen einer schönen und wohlklingenden Sprache Gemeingut ist. In Deutschland ist eine solche Gesellschaft fast eine unmögliche. Den Theilnehmern an derselben aus den höheren Ständen würde hier sofort der Vorwurf der Unschicklichkeit gemacht werden, ja es würden vielleicht sehr bereitwillig unsittliche Absichten präsumirt werden. —

Auch in Rom hatte ich bisweilen Anlaß mich an die Mittel meiner Bekannten Behufs der Erleichterung Unglücklicher zu wenden. Der Prinz spendete bei solchen Gelegenheiten selbst für seinen Stand reichlich. Einmal war das Letztere besonders hinsichtlich eines armen kranken Bildhauers der Fall, der, sollte er nicht unrettbar dem Tode verfallen, seine Wohnung, welche ihm im Winter auch nicht einen einzigen Kamin bot, wechseln mußte, jedoch aller Mittel entbehrte die rückständige Miethe für die jetzige und die vorauszuentrichtende für eine künftige zu zahlen. Als ich zudem nun noch erfuhr daß der Prinz ihm auch seinen Arzt geschickt habe, dankte ich ihm sehr bewegt. Da ergriff er meine Hand, und rief in einem Tone aus welchem ungeschminkte Wahrheit sprach: "Ich danke Ihnen!" —

Wurde dem Prinzen zu Ehren irgend eine Festlichkeit, etwa eine Beleuchtung u. s. w., veranstaltet, welche ein Interesse für die deutschen Künstler und seine sonstigen Bekannten haben konnte, so verfehlte er nie sie davon zu benachrichtigen. Unter den Genüssen welche mir selbst durch solche Begünstigung wurden, nimmt die Beleuchtung der Antiken im Vatikan für mich eine erste Stelle ein.

Die Künstler geizten nach seinem Lobe weil sie seine Kunstkenntniß anzuerkennen hatten, und seine Kunstliebe eine durchaus ungeheuchelte war. Er hat diese später genugsam durch die mannichfachen und großartigen Werke bekundet welche er ausführen ließ. Während er es nun so als die würdigste Benutzung seiner reichen Geldmittel erachtete Kunstschöpfungen in's Leben zu rufen, mußte es ihn begreiflich mit Unwillen erfüllen wenn er des Geldes halber einen reichen Fürsten sich trefflicher ererbter Kunstwerke entäußern sah. Und so habe ich ihn nur einmal zornig, und doch vielleicht in höherem Grade noch als zornig, ergriffen gesehn, als er das Casino der Villa Borghese seiner herrlichen Sculpturen beraubt sah. Sein Unwille machte sich in einem Gedichte Luft, welches er mir mittheilte, und von welchem ich noch eine Abschrift besitze.

Vor allem aber rühmten sämmtliche in Rom anwesende Deutsche von dem Prinzen, daß Er, der in so vielen Beziehungen den Anspruch hatte zu gelten, keinen höheren Ehrgeiz zu besitzen schien als den ein Deutscher zu sein. Es war die Zeit des Deutschthums. Auch den Kronprinzen sah man nicht anders als im deutschen Rocke, auf dem Kopfe die Mütze mit dem Landwehrkreuze. Er liebte es aber auch alle Deutsche in diesem Rocke und mit dem Barett zu sehn, und wer, namentlich unter den Künstlern, nicht die Mittel besaß sich diese Kleidungsstücke selbst anzuschaffen, dem verehrte er sie. Ein Deutscher in gewöhnlicher Tracht wurde zuletzt gewissermaßen anrüchig. Er galt für einen Undeutschen, und, wenn diese Anschuldigung nicht Platz greifen konnte, doch für einen Philister. Noch heute ist mir in der Erinnerung der Augenblick ergötzlich, in welchem ich meinen guten Immanuel Bekker, der sein Lebelang sich um nichts weniger Noth gemacht hatte als um seine Kleidung, endlich aber der vielen Insinuationen und Andeutungen im Betreff derselben satt und müde geworden war, mit süßsauerm Lächeln im altdeutschen Rocke in mein Zimmer treten sah.

Kurz, die Deutschen und namentlich die Künstler fanden in dem Prinzen den seltensten Verein aller schönen Eigenschaften und edlen Neigungen. Die Letzteren waren für ihn enthusiasmirt ja begeistert, und ihr Enthusiasmus wurde ansteckend. Auch mir erschien der Prinz von so großer Trefflichkeit, daß ich, wie denn alle irdische Größe und Höhe solche Befürchtung einzuflößen geeignet ist, für ihren Bestand fürchtete. Und als ich in solcher Stimmung einst, in seiner Begleitung die spanische Treppe hinaufsteigend, ihn fragte:

„Werden sie denn auch als König so bleiben wie Sie jetzt sind?" antwortete er mir, die Schlußzeile des Schillerschen Gedichts „Kolumbus" variirend*):

„Was der Jüngling verspricht, leistet der Mann euch gewiß."

Der damalige Aufenthalt des Prinzen in Rom wurde vor seiner auf den nächsten Morgen festgesetzten Abreise nach Griechenland durch jenes herrliche, ihm von den deutschen Künstlern veranstaltete, Fest beschlossen, dessen Beschreibung seiner Zeit alle bessere deutsche Blätter enthielten. Ich will daher nicht auf sie zurückkommen, und nur einige damals nicht bekannt gewordene Einzelheiten erzählen. — Die Künstler beabsichtigten anfänglich das diplomatische Corps zu dem Feste einzuladen, Frauen jedoch von demselben auszuschließen. Der Prinz verbat sich das Erstere, und erbat sich die Letzteren. Es waren ihrer etwa zwanzig in der Gesellschaft, welche aus ungefähr hundertundzwanzig Personen bestand, unter ihnen mehre Frauen und Bräute anwesender Künstler, Frau von Humboldt, deren Töchter und ich. Die Herren nahmen das Souper stehend ein, mit Ausnahme des Kronprinzen, welcher seinen Platz zwischen Frau von Humboldt und mir genommen hatte, wie er sich denn überhaupt am meisten mit uns unterhielt. Das Fest zog sich bis spät in die Nacht hin. Auf 4 Uhr Morgens hatte der Prinz seine Messe bestellt, um 5 Uhr wollte er abreisen.

---

*) Das bezügliche Distichon lautet:
„Mit dem Genius steht die Natur in ewigem Bunde;
Was der eine verspricht, leistet die andre gewiß."

Beim Abschiede verlangte er wiederholt von mir das Versprechen eines zweiten Zusammentreffens in Rom nach Verlauf von zwei Jahren. Ich konnte es ihm nicht geben, und hätte es auch nicht halten können. Meine Bewegung bei diesem Abschiede war groß, meine Wünsche für den Prinzen waren die aufrichtigsten und heißesten. —

XXI.

Ein Erlebniß bei Ernst Moritz Arndt.

Arndt ist ein Mann welchen ich sehr hochachte, und der sich mir auch stets freundlich erwiesen hat. Dennoch bin ich niemals dazu gelangt mich ihm so zu erschließen wie ich öfter den Drang dazu in mir fühlte, selbst bei einem längeren Aufenthalt in seinem Hause nicht. Ich glaube den Grund darin zu finden, daß er nur ein Organ für kräftige, fast heroische weibliche Naturen besitzt. Die übrigen Frauen stehn in seiner Meinung zu tief unter den Männern. Sie sind ihm Alle Blumen und Kinder. —

Auf meiner Rückreise aus Italien gewährte er mir im Juli und August 1819 einen gastlichen Aufenthalt in seinem Hause in Bonn. Seine Frau, eine Schwester Schleiermachers, war schon vor ihrer Verheirathung meine Freundin. Sie war, als ich im Juli in Bonn ankam, erst seit kurzem von ihrem ältesten Sohne entbunden. Wenige Tage nach meiner Ankunft, am 14. Juli, Morgens gegen 6 Uhr, ward an die Thür meines Schlafzimmers gepocht. Ich schrieb ein so frühes Klopfen einem Irrthum in Betreff des Zimmers zu, und öffnete nicht. Nach einiger Zeit jedoch hörte ich ungewöhnliches Geräusch auf dem Corridor, und als ich nun öffnete, fand ich diesen von Polizeibeamten und Gensd'armen besetzt. An's Fenster tretend, sah ich andere dieser Herren vor dem Hause aufgestellt. Bald ließ mich Frau Ahrend wissen, daß die Papiere ihres Mannes durchsucht würden. —

Mittlerweile war das Ereigniß in der Stadt ruchtbar geworden. Studenten versammelten sich vor dem Hause. Einer von ihnen, welchem es gelungen war in das Haus einzubringen, ein junger Mann aus Frankfurt a. M., trat in mein Zimmer, und theilte mir seine Absicht mit die vor dem Hause befindlichen Studenten einzulassen, worauf man dann Untersuchung und Beschlagnahme der Papiere verhindern, und die Letzteren, wenn möglich, in dem Tumulte über Seite schaffen wolle. Da er meine Ansicht über diesen Plan zu wünschen schien, so nahm ich nicht Anstand ihm mit allem Ernst und aller Bestimmtheit zu erklären, daß er ein solch unüberlegtes ja tollkühnes Beginnen unbedingt zu unterlassen habe. Nächst der Gefahr welche es den Studirenden selbst brächte,, müßte es auch Arndt und seiner Sache nothwendig schaden.

Ich sah zu meiner Befriedigung auch bald darauf die Studenten auf Bänken welche dem Hause gegenüberstanden Platz nehmen, und den Ausgang der Sache ruhig abwarten. — Nicht lange nachher sah ich Arndts Papiere, in eine Anzahl großer Säcke mindestens von der Höhe von Mehlsäcken gepackt, aus dem Hause bringen, und in eine Chaise welche zu diesem Behuf auf der Straße hielt legen, welche dann mit ihnen abfuhr.

Bald klärte sich auch das frühere Klopfen an meine Thür

auf. Die Frau des Professors Welcker, des Juristen, bei welchem man mit den Durchsuchungen angefangen hatte, hatte einen Boten abgeschickt, welcher mich wecken und mich von den Vorgängen in ihrem Hause unterrichten sollte, damit ich Arndt warne. Dies war nun zwar vereitelt worden, doch würde eine Benachrichtigung an Arndt auch schwerlich irgend etwas in der Sache geändert haben. Er hätte sich ohne Zweifel dadurch nicht zu irgend einem Schritte veranlaßt gefunden.

Arndts Haltung nach diesem Vorfalle, wie ernst sie auch war, verrieth keine Bestürzung. Aber seine große innere Aufregung äußerte sich dadurch, daß er Nachts so heftig perorirte, daß ich in meinem Schlafzimmer, welches neben dem seinen lag, öfter dadurch aus dem Schlafe geweckt wurde. —

XXII.
Zeitgeschichtliches.

Betrachte ich das lebhafte Interesse mit welchem viele meiner Geschlechtsgenossinnen politische Angelegenheiten besprechen, und dies sogar oft nicht ohne Anerkennung seitens sachkundiger Männer, so muß ich mir sagen daß ich wenig zur Politik hinneige; ja seit Jahren ist mir das Uebermaß der Verhandlungen über sie in geselligen Kreisen fast drückend geworden. Denn es äußert sich auch hier der tiefe Riß welcher sich in den politischen und socialen Ansichten gebildet zu haben scheint, und der sich von den höheren und urtheilsfähigen Klassen bis zu den unteren zieht, welche leider meist nur durch dunkle Gefühle und Leidenschaften bestimmt werden. Seit das Wort Salon statt unseres guten deutschen Wortes Gesellschaftszimmer sich bei uns einbürgerte, hat das Letztere aufgehört ein neutraler Boden zu sein. Man mag auch heute noch zusammenkommen um einander zu erheitern, sich geistig zu fördern, der Erfolg widerspricht der Absicht, und an Stelle der erwärmenden, leuchtenden, oft freilich auch nur blendenden Geistesblitze welche das Gesellschaftszimmer durchzuckten, höre ich in dem Salon oft nur ein dumpfes Donnergrollen.

Und dieses würde vielleicht zu heftigeren Ausbrüchen fortschreiten, stemmte sich nicht der Theil guter Sitte dagegen welcher unseren gebildeteren Kreisen denn doch noch geblieben ist. Ich sage der guten Sitte, denn die feine Sitte, jene, ich möchte fast sagen bestrickende Courtoisie der früheren Zeit ist dahin, vielleicht nicht ohne Nothwendigkeit dahin, vielleicht als Folge des Stückes Geschichte welche die civilisirten Völker in dem letzten halben Jahrhundert durchlebt haben, aber ich regrettire sie dennoch. Die Frauen herrschen nicht mehr in der Gesellschaft, die Interessen der Männer drehen sich in derselben nicht mehr um sie, — da steckt der Fehler. Denn für die feine Geselligkeit sind nur die Frauen eigentlich bildend. Wir sind überhaupt in der Geltung gesunken. Gutzkow hat Recht, wenn er hinsichts der Liebe im letzten Viertel des vorigen Jahrhunderts sagt, die Leute verständen nicht mehr zu lieben wie damals. — Ich selbst habe von meiner Jugend an die Hinneigung der beiden Geschlechter zu einander in drei Kategorieen getheilt, in Liebhaben, Verliebtsein und Lieben. Die letztere, die höchste, scheint mir nicht mehr zu existiren; die beiden anderen gewähren uns keinen tiefeingreifenden Einfluß auf die Männer. —

Doch war es trotz meiner geringen Neigung zu den Bewegungen der Politik nicht möglich daß ich zu irgend einer Zeit ohne Kunde derselben blieb, denn es gehörten zu meinen nahen Kreisen viele Männer, welche, sei es durch äußeren oder inneren Beruf, selbst in die Speichen der Ereignisse einzugreifen strebten. Und daraus ergab sich für mich mit Nothwendigkeit ein Interesse an den letzteren, aber auch die Möglichkeit, daß mein Urtheil über sie zu Zeiten durch die an ihnen betheiligten Persönlichkeiten bestimmt wurde. Eigentlich erwärmt, gehoben, ja ich möchte sagen elektrisirt habe ich mich jedoch nur durch drei Epochen der Geschichte meiner Zeit gefühlt: durch den amerikanischen Krieg, durch die ersten Zeiten der französischen Revolution, und durch die deutschen Freiheitskämpfe. —

Ich war zwar erst 19 Jahr alt aber doch schon 4 Jahre verheirathet, als die Anerkennung der Unabhängigkeit der Vereinigten Staaten seitens Englands durch den Pariser Frieden erfolgte, und schon im Hause meines Vaters, noch mehr aber in meinem eigenen, wo sich alsbald ein Kreis bedeutender Männer um uns versammelte, bildete während der ganzen Dauer des Krieges zwischen dem Mutterlande und seiner Colonie dieser einen Hauptgegenstand des Gesprächs. Ich glaube nicht, wenigstens erinnere ich mich nicht, daß irgend Jemand aus diesem Kreise sich auf die Seite Englands gestellt hätte. Es war hauptsächlich die der Colonie von diesem versagte Gleichberechtigung mit ihm was für die Bestrebungen und Kämpfe der Amerikaner interessirte, für ihre Unabhängigkeit von England war die Theilnahme geringer. Wie ich denn versichern kann, daß die Idee völliger Gleichberechtigung vor dem Gesetze damals vielleicht noch eine mächtigere Herrschaft übte als heute, und selbst von den jungen Edelleuten in unserem Kreise lebhaft erfaßt wurde, so viele politische Vorzüge der Adel auch in Preußen genoß. Auch dies lebt noch heute in meinem Gedächtniß, daß der Verkauf der Hessen und Braunschweiger an England von Jedem als eine

Schmach erkannt wurde, die alle Deutschen traf. Für mich, meine Freundinnen, und auch für viele junge Männer unserer Umgebung, die wir uns keines staatsmännischen Blickes rühmen konnten, der etwa auch die Veränderungen in seinen Gesichtskreis zog welche die Emancipation der Colonie in der Gestaltung der Weltverhältnisse hervorbringen könnte, wendete sich das Hauptinteresse um den tapferen und doch milden, kühnen und doch vorsichtigen, festen und doch gemüthvollen Helden der amerikanischen Revolution, um Washington, ja der ganze Kampf verkörperte sich für uns in ihm, und die Folie die seinen Glanz noch höher für uns erstrahlen machte mußte uns der starre und eigensinnige Georg III. bilden. Die Zeit welche unsere ästhetische Bestrebungen uns übrig ließen wurde durch begeisterte Unterhaltungen über ihn ausgefüllt, und diese Stimmung klang in Manchem fort bis nicht viele Jahre nachher die Anfänge der französischen Revolution ein näheres mächtigeres Interesse in Anspruch nahmen.

Ich sage die Anfänge der Revolution. Aber man darf nicht glauben, daß schon bei den ersten Ereignissen derselben dasjenige was Frankreich, das anmuthige Nachbarland, welches durch so viele Bande des Geistes und der Sitte mit uns verbunden, ja in der Letzteren maßgebend für uns war, bewegte, mit diesem Namen benannt wurde. Und auch noch später, als man hie und da anfing jene Bewegungen als eine Revolution zu erkennen, war man im Allgemeinen entfernt davon an einen Ausgang zu denken wie der es war welchen sie nahm. Das letzte europäische Ereigniß welchem man später den Namen einer Revolution beigelegt hatte, war die

englische von 1688 gewesen. Ein unpopulärer König hatte
den Thron geräumt, ein anderer Fürst hatte friedlich seine
Stelle eingenommen, und von da an über ein zufriedengestelltes
Volk geherrscht, — das war die Revolution gewesen.

Und wie viel schöner noch ließ sich alles in Frankreich an!
Man kannte die Gebrechen des dortigen Regierungssystems,
aber man wußte auch daß dort ein menschenfreundlicher nicht
unbeliebter Fürst den Thron einnahm, und so war denn noch
ein viel befriedigenderer Ausgang zu hoffen als in England.
Man erwartete demnach ein rührendes Familiendrama, wie
man es ja so häufig und so gern auf der Bühne sah, zwar
in großem Maßstabe, durch größere Interessen in Bewegung
gesetzt, und daher ergreifender, sonst aber ziemlich gleicher Art.
Unverkennbare Mißstände, Irrungen, Zwiespalt, Edelmuth,
Selbstaufopferung, viele Tugendhafte belohnt, wenige Laster-
hafte beschämt davonschleichend. Man konnte sich das gar
nicht anders vorstellen.

Und begann denn nicht wirklich das große Drama auf die
befriedigendste Weise? Schon die Ursache der Zusammenberufung
der Notabeln, die Finanznoth, mit welcher der erste Anstoß zur
Revolution gegeben war, ließ Niemanden einen blutigen Verfolg
erwarten, denn man legte überhaupt materiellen Interessen nicht
die Bedeutung bei wie heute, in meinen Kreisen vollends nicht.
Schulden! Viele junge Männer, welche sich in unseren Gesellschaften bewegten, Beamte, hohe und niedere, Edelleute, wenige
der Letzteren ausgenommen, hielten sich ohne Schulden nicht
für Leute comme il faut, und schlossen mit liebenswürdigem
Leichtsinn von den eigenen Verhältnissen auf die eines Staats,

Und als nun Pairs und Adel allen ihren früheren Vorrechten entsagten, als die Bastille zerstört ward, an deren Namen sich die Erinnerung an so viele nicht allein in Folge königlicher Launen Eingekerkte, die dem Leben entrissen wurden ohne daß ihnen die Wohlthat des Todes gewährt ward, an so viele düstere Mysterien knüpfte, wie wurde aufgejauchzt! wie viele Thränen der Theilnahme wurden von uns Frauen geweint, als wir von Befreiten lasen denen die Haft in dem düstersten Kerker so zum natürlichen Zustande geworden war, daß sie auf die Ruinen dieses Kerkers mit Trauer zurückblickten, weil Licht, Luft und Freiheit ihnen nur fremd und drückend geworden waren! — Und nun die Aufhebung des, der Gleichberechtigung so feindlichen Feudalsystems, der gute König als Wiederhersteller der Freiheit begrüßt! wie mußte ihm solcher Zuruf das Herz weiten! Endlich die so schöne romantische Feier des Bundesfestes auf dem Marsfelde! Noch heute lebt der freudige erhebende Eindruck der Beschreibungen dieses Festes in mir fort! —

Bald sollten die Gefühle, die Interessen, eine andere, eine entgegengesetzte Richtung nehmen. Schon das nächste Jahr ließ uns ahnen, daß das rührende Familiendrama in eine blutige, welthistorische Tragödie umschlagen möchte. Unser Interesse wendete sich bald vorzugsweise auf den hartbedrängten König, den ein Decret der Nationalversammlung fast zum Gefangenen machte. — Und als er mit seiner Familie dieser Gefangenschaft zu entfliehen suchte, und, in Varennes angehalten, nach Paris zurückgeführt wurde, da waren es nur Er und die Seinen die uns noch Theilnahme einflößten, was aber sonst noch von nun an in Frankreich geschah, erregte uns nur Abscheu und Grauen. Aus enthusiastischen Anhängern wurden wir erbitterte Feinde der Revolution; und ich spreche damit eine damals ziemlich allgemeine Umkehr aus. In den blutigen Gräueln der Revolution die Bluttaufe einer neuen Zeit zu sehn waren wir weit entfernt, und hätten diese neue Zeit auch nicht durch solche Unthaten erkauft sehn mögen. Wir hatten uns ja ganz wohl und behaglich gefühlt in unseren ästhetischen Kreisen, und wurden auch mitunter Wünsche für das Gemeinwesen wie für einzelne Stände des eigenen Vaterlandes in uns rege, um den Preis den Frankreich zahlte hätten wir ihre Erfüllung nicht begehrt.

Spannung, Neugier riefen nun freilich die Ereignisse in jenem Lande fortdauernd hervor, und ein Kannegießern, welches, da nun einmal das erhebende, das Herz weitende Interesse ängstigenden Gefühlen Platz gemacht hatte, mir und vielen meiner Freunde und Freundinnen sehr unangenehm und daher in unserm Kreise möglichst vermieden wurde. Ich sage kannegießern, denn von irgend einer tieferen politischen Ansicht war damals bei den meisten Menschen, selbst aus den gebildeten Klassen, wenig die Rede. Es wurden hauptsächlich die kommenden Ereignisse conjecturirt; und zu solchen Conjecturen ließen die bedeutenden Zwischenräume in welchen man ohne neue Nachrichten war den erwünschtesten Spielraum. Denn die spärlichen Berliner Zeitungen erschienen damals und noch lange nachher nur zweimal wöchentlich, und ihr Inhalt war dürftig genug, ihre Nachrichten waren bei der Schneckenhaftigkeit der Communicationsmittel alt, oft von Courier- oder Stafetten-

Nachrichten überholt, und Mittheilungen aus den Cabinetten fehlten ihnen gänzlich. Mit Inbegriff aller Privatanzeigen überstieg ihr Volumen auch in den bewegtesten Zeiten selten einen Bogen in klein Quarto, und Beilagen gehörten zu den großen Seltenheiten. Um etwas besser unterrichtet zu werden, las man denn wohl noch den Hamburger Correspondenten, welcher, irre ich nicht, auch nur dreimal wöchentlich erschien; aber auch was dieser gab würde heut zu Tage sehr ungenügend genannt werden. —

Es ist die Art meines Geschlechtes daß wir in kleinen Dingen gute Beobachterinnen sind. Und da entging mir denn die Wahrnehmung der wesentlichen Veränderung in den politischen Conversationen nicht, welche mit dem öfteren Erscheinen und dem reicheren Inhalte der politischen Zeitungen verbunden war. Die lästigen müßigen Conjecturen nahmen immer mehr ab und machten den Raisonnements Platz; man fing an, Ansichten und Principien zu haben und zu vertreten, und die langweilige, kannegießernde Politik wurde damit immer seltener. Ich erwähne das weil es auch eine Beziehung zu der Gesellschaft hat, und das Bild derselben aus jener Zeit um etwas anders färben wird als die jüngere und jüngste Generation gewohnt sein mag sie sich zu denken. Zeit, viel Zeit ersparte das seltene Erscheinen und die Dürftigkeit der damaligen politischen Blätter allerdings. Seit dem täglichen Erscheinen und dem so sehr viel größern Umfange derselben ist fast eine andere Zeiteintheilung nothwendig geworden, denn wer läse heute nicht täglich seine Zeitung? Fehlt doch selbst mir etwas wenn mir in dieser Beziehung ein Hinderniß in den Weg getreten ist, und ich vergesse nicht das Versäumte nachzuholen. —

Wie sehr man nun auch das unglückliche Geschick Ludwigs XVI. bedauerte, große Zustimmung fand dennoch die Kriegserklärung Preußens gegen Frankreich nicht. Die Siegesgewißheit welche ein Friedrich dem Vaterlande gegeben hatte war doch nicht mehr vorhanden, wenngleich wenig Zweifel an der Trefflichkeit des preußischen Heeres gehegt wurde. Die Sache um welche gekämpft ward blieb eine fremde. Und als gar der Einfall der Verbündeten in Frankreich dem Schicksale seines unglücklichen Königs eine so unheilvolle Wendung gab, und der Verlauf des Krieges den Lorbeeren unseres Heeres wenig neue Blätter hinzufügte, war man eigentlich in Berlin ganz zufrieden als Preußen einen Separatfrieden schloß.

Neue Befürchtungen ja Schrecken erregte mehrere Jahre darauf der Mord der französischen Gesandten bei deren Abreise von dem Congresse zu Rastadt, und bildet daher einen sehr hervorleuchtenden Punkt in meinen Erinnerungen. Man fürchtete davon eine Erneuerung des Kampfes, einen blutigen Rachekrieg in welchen auch Preußen hineingezogen werden würde. Auch in der Berliner Gesellschaft wurde der Mord, besonders da die Papiere der Gesandtschaft von den Mördern geraubt worden waren, politischen Motiven zugeschrieben, und es war vielleicht meist eine Wirkung dieser Befürchtung und des Wunsches sich von einem ängstigenden Gefühle zu befreien, daß man bald anfing die französische Regierung selbst der Anstiftung der Unthat zu bezichtigen. Mein Freund

Dohm, einer der preußischen Abgesandten zu dem Congreß, beauftragt den Bericht über das unglückliche Ereigniß zu erstatten, wiederlegte dies Gerücht. Aber es dauerte lange bis es gänzlich verhallte, und ein zufälliges, von mir gar nicht zu erwartendes Zusammentreffen mit Dohm auf seiner Rückreise vom Congresse war mir daher um so erwünschter als schon vage Nachrichten, welche ich über körperliche Leiden hörte, von denen er in Folge der Anstrengungen bei der Vollführung jenes Auftrages heimgesucht war, es mir erfreulich machten ihn zu sehn.

Ich verband nämlich meine Rückreise von Dresden im Frühsommer 1799 mit einem Ausfluge nach dem Harz, und besuchte auf dem Wege dahin die Kanzlerin N. N.*) auf ihrem Gute in Lochau. Kurz nachdem wir dort zur Weiterreise Postpferde bestellt hatten, kam der Postmeister, bedauernd daß wir noch würden warten müssen, da er nicht viele Pferde habe, und soeben ein sechsspänniger Wagen mit einem aus Rastadt kommenden Gesandten angelangt sei, der zunächst befördert werden müsse. „Welcher?" fragte ich schnell. „Dohm," war die Antwort. Ich eilte unverzüglich nach dem Gasthofe in welchem er und seine Frau abgestiegen waren. Wir freuten uns herzlich über das so ganz unerwartete Zusammentreffen.

Dohm bestätigte mir, daß seine genauen Forschungen ihm die aufrichtigste Ueberzeugung gewährt hätten, jenes erwähnte Gerücht sei ein leeres Märchen. — Ich fand ihn weniger angegriffen als verbreitet worden war. Freilich hatte er durch

---

*) Ihr Name fehlt in dem betreffenden Tagebuche.

jenes traurige Ereigniß viel gelitten. Er mußte die ganze Schreckensnacht bei Regen und Wind unter freiem Himmel zubringen, am andern Tage nahm er das Protokoll über die Unthat auf, und am zweiten brachte man ihn, vor Mattigkeit fast bewußtlos, nach Karlsruhe. Dort arbeitete er, im Bette sitzend, während zweier Tage und Nächte das Protokoll für den Druck aus. Seine Frau saß beständig an seinem Lager, und konnte seine Lebensgeister nur durch sehr kleine aber oft wiederholte Gaben kräftiger Brühe aufrecht erhalten. Er ging jetzt Behufs seiner völligen Wiederherstellung nach einem Bade. —

Ein leuchtendes Gestirn, welches bereits früher am politischen Horizont aufgegangen war und bald die allgemeine Aufmerksamkeit auf sich gezogen hatte, begann um diese Zeit der Hauptgegenstand der geselligen Conversation zu werden. Der kühne abenteuerliche Zug nach Aegypten umgab Bonaparte mit dem romantischen Zauber welcher so sehr der Richtung der gebildeten Kreise Berlins entsprach, und als er bald darauf den Rath der Fünfhundert auseinandertrieb und als erster Consul die Regierung Frankreichs übernahm, glaubte man den Abgrund der verhaßt gewordenen Revolution durch ihn geschlossen, und es griff ein bewundernder Enthusiasmus für ihn Platz. Kaum thaten Siege der französischen Heere in Deutschland und Italien dieser Stimmung Eintrag. Das deutsche Reich war fast ein lächerliches Ding geworden, man suchte Deutschland nur noch in Preußen, und die Schwächung Oesterreichs, welches trotz mancher in den letzten Jahren von ihm gethanen annähernden Schritte seit den Zeiten

Friedrichs des Großen als der Erbfeind Preußens betrachtet ward, wurde eher gern gesehn als bedauert. Die Bewunderung für den Helden des Tages erstreckte sich, wie man erzählte, bis auf die höchsten Kreise. Sollte doch selbst die hochverehrte allgeliebte Königin ihre Zimmer mit seinem Bilde geschmückt haben.

Die Besitznahme Hannovers seitens Frankreichs, eine nicht zu erwartende Gewaltthat, denn das deutsche Reich war damals mit Frankreich im Frieden, erinnerte zuerst daran, daß der bewunderte Held ein sehr unbequemer ja gefährlicher Nachbar werden konnte. Seine Heere hatten sich damit zwischen die getrennten Theile Preußens mitten inne geschoben. Die drohende Gefahr begann der Bewunderung Eintrag zu thun. Und als aus dem lebenslänglichen ersten Consul nun gar ein Kaiser der Franzosen erstand, erfolgte unter seinen Berlinischen Anhängern ein bedeutender Abfall.

Was für einen Theil unserer Gesellschaft und namentlich für uns Frauen hinsichts der Gesinnungsänderung maßgebend wurde, war, daß eine letzte romantische Täuschung über ihn damit zerfloß. Der ritterliche Held der Pyramiden, der glühende Liebhaber seiner Gattin, von der wir wußten daß ihr edles Herz sich nicht dem Gefühl für das Unglück der früheren Dynastie verschloß, unter deren Herrschaft sie und ihr erster Gemahl sich als wohlgelittene Erscheinungen in den Kreisen des Hofes bewegt hatten, ja daß sie nicht Anstand genommen hatte dem ersten Consul ein Schreiben ihres Schwagers, des Marquis de Beauharnais, zu übergeben, in welchem dieser ihn aufforderte dem vertriebenen Herrscherhause die

Krone Frankreichs zurückzustellen, war für uns nun ein selbstsüchtiger Usurpator geworden. Unsere frühere Täuschung darf uns nicht allzusehr zur Last gelegt werden, hatten doch fast alle französischen Emigranten sie getheilt, ja gepflegt, von denen so manche sich in unseren Kreisen bewegten.

Auf die Gesellschaft übten diese Letzteren im Ganzen weniger Einfluß als man denken könnte. Ich will nicht von denen der geringeren Stände sprechen, welche sich ebenfalls in nicht allzukleiner Zahl bei uns eingefunden hatten, und von einem nicht unbedeutenden Theile derer man kaum wußte, welchem der verschiedenen Regimes die während der Revolution in Frankreich herrschten sie durch ihre Auswanderung zu entgehen gesucht hatten. Denn man argwöhnte unter diesen manche verkappte Jakobiner, ja, namentlich unter denen aus dem südlichen Frankreich, sogar Manche, die den Gräueln in Lyon und anderen Städten des Südens nicht fern standen, während sie sich doch alle für Royalisten de pur sang gaben. Ich spreche von denen welche dies wirklich waren, und den höheren Ständen angehörten. Nicht nur daß sie mit ihren Ideen bei den letzten Regierungsjahren Ludwigs XV. stehn geblieben waren, sie erkannten keine andere Bildung an als die französische, und behaupteten sie auch nicht daß es noch gar keine deutsche Literatur gebe, denn dazu waren sie zu fein und zu hülfsbedürftig, so gebehrdeten sie sich doch so. In irgend eine Richtung des deutschen Geistes einzudringen, fiel keinem von ihnen ein als dem trefflichen Chamisso, an welchem dies Bestreben sich dafür auch so schön belohnte, ja selbst in ihrer Kleidung hatten sie an derjenigen der ersten Jahre der

Revolution festgehalten. Noch ist mir in dieser Beziehung ein Chevalier de St. Paterne erinnerlich, stets en escarpins und in seidenen Strümpfen, deren Farbe nur je nach Jahreszeit und Straßenkoth zwischen weiß und schwarz wechselte, stets, auch im Winter auf der Straße, im Frack, in rothem Untergilet und in dem breiecten Hut dessen Form nach der Mode von 1789 kaum ein Hutmacher Berlins noch zustande zu bringen vermochte, und eines ähnlich gekleideten Chevalier Reinhard, der in einem "Tableau de Berlin," um seinen Dank für die ihm hier gewordene freundliche Aufnahme zu bekunden, die schönen Gebäude Berlins weniger beschrieb als durch gebrechselte Phrasen zu illustriren strebte.

Die gute Gesellschaft hatte für diese Leute wohl Theilnahme, doch wenig geistige Anknüpfungspunkte. Aber als achtungswerth mußte man fast Alle in der Beziehung anerkennen, daß sie Alles was sie an Fähigkeiten oder auch bloßen Fertigkeiten besaßen anwendeten um sich selbstständig durchzubringen. Sie verwertheten ihr etwaiges musikalisches Talent, wie z. B. die Genlis, ertheilten Unterricht in ihrer Muttersprache, und Manche, und gerade aus den niederen Ständen, deren einziger Beruf zum Lehrfache darin bestand daß sie ihre Muttersprache zu sprechen, wenn auch nicht immer richtig zu schreiben wußten, verschafften sich die Erlaubniß hier Schulen zu errichten, welche sie denn auch bestens auszubeuten strebten. Oft auch verwertheten Leute aus den höheren Ständen, ohne sich dessen irgend zu schämen, ihre Kenntnisse in Handwerken welche sie daheim theils zu ihrer Unterhaltung in müßigen Stunden, theils einer unter dem französischen Adel herrschenden bezüglichen

Mode folgend erlernt hatten, in welcher ihnen die Könige und Prinzen von Frankreich vorangingen. Aber auch der niedersten Arbeiten schämten sie sich nicht, wenn sie sich allein durch solche zu erhalten wußten. Als ich im Jahre 1799 Campe in Braunschweig besuchte, bearbeitete er, um sich von angestrengten geistigen Arbeiten durch rein körperliche zu erholen, einen 24 Morgen großen Garten selbst, und nur mit Unterstützung eines Gartenknechts und eines Tagelöhners. Der Gartenknecht aber war ein ci-devant französischer Chevalier, der sich jedoch in seine jetzige niedere Stellung mit allem Anstand schickte. Beim Abendessen, an welchem ich mit einigen anderen Gästen Theil nahm, fand ich ihn bei Tische wieder, denn er schien mit Rücksicht behandelt zu werden. Und seine, wie auch seiner jetzigen Stellung gemäß zurückhaltende Conversation, contrastirte doch durch Anmuth und Leichtigkeit sehr gegen die des guten Campe, der, wenn ich mich mit ihm und seiner Familie allein befand, zwar munter und ohne Affectation war, wenn aber irgend ein Fremder hinzukam in einen salbungsvollen, wenig angenehmen Ton verfiel. —

Das ereignißreiche, verhängnißvolle Jahr 1805 war herangekommen. Das Schwanken der preußischen Politik zwischen einem Bündnisse mit Frankreich und einem mit den gegen dasselbe verbündeten Mächten rief zuerst die Gesellschaft beeinflussende Parteiungen hervor, und um so ausgesprochenere, als man nun anfing den Ernst der Situation zu begreifen, ja die geistig bedeutendsten Männer aus unseren Kreisen wenn auch nicht die Existenz, doch die Machtstellung Preußens bedroht fürchteten wenn nicht die richtige Partie ergriffen wurde. Drei Hauptansichten stellten sich heraus. Die eine verlangte nur daß die Regierung einen Entschluß fasse, gleich viel welchen, und diesem mit Aufrichtigkeit und Energie Folge gebe; sie ging davon aus, daß Preußen nach jeder Seite hin den Ausschlag geben und sich dadurch die ihm gebührende Geltung verschaffen könne; die andere wollte ein mit den Verbündeten gemeinsames Vorgehn gegen Frankreich, die dritte, daß Preußen für jetzt dem Stern Napoleons folge, dessen Glanz so Viele blendete, sich die Vortheile verschaffe die aus einem Bündniß mit dem siegreichen Kaiser für dasselbe hervorgehn mußten, so zu einer in Norddeutschland gebietenden Macht wurde, und den Kern eines Deutschlands bilde, dessen Hegemonie, wenn jener Stern einmal sänke und Preußen mit Klugheit den geeigneten Moment wahrnähme um in eine andere Bahn einzulenken, ihm zum Heile Deutschlands nothwendig anheimfallen müsse. Welche Ansicht sich zunächst zur Geltung bringen werde, war allen der Verhältnisse wie der wirkenden Persönlichkeiten Kundigen klar, als der, durch den in unsern Kreisen viel gesehenen Bignon, dem mehrjährigen Geschäftsträger Frankreichs in Berlin, diesem Staate zugewendete Haugwitz nach Schönbrunn zu Napoleon abgesendet wurde. Die aus dieser Sendung hervorgegangene Erwerbung Hannovers, eines zur Abrundung der deutschen Provinzen Preußens so wünschenswerthen Besitzthums, war den Anhängern des Bündnisses mit Frankreich sehr genehm, als ein vielverheißender Beginn zur Verwirklichung ihrer Pläne, aber von der Mehrzahl wurde das Geschenk Napoleons als eine Danaergabe betrachtet. Seit der Schlacht bei

Austerlitz hatte sich doch der Gesellschaft merkbar eine trübe Stimmung bemächtigt, über welche man sich hin und wieder zu zerstreuen suchte, die jedoch immer wieder die Oberhand gewann. Man ahnte daß auf Napoleons Siegeszügen die Reihe bald an Preußen kommen würde, und mehr als Andere war von Besorgnissen erfüllt wer die Unentschlossenheit und die Parteiungen in den höhern Regionen kannte. Wir in unseren Kreisen kannten sie sehr genau, wenngleich sie auch dem großen Publikum nicht verborgen bleiben konnten.

Denn es fehlte ja an öffentlichen sogar lauten Kundgebungen derselben nicht. Dem Grafen Haugwitz wurden nach der Rückkunft von der Wiener Mission die Fenster eingeworfen, dagegen dem, wie es hieß für den Krieg gestimmten, Herrn von Hardenberg (dem späteren Staatskanzler und Fürsten), welcher der seiner Ansicht jetzt widrigen politischen Strömung weichen und sein Amt niederlegen mußte, bis zu seinem Abgange von Berlin allabendlich Ständchen von Militärmusik gebracht. Den Anhängern des Bündnisses mit Frankreich standen freilich so laute Manifestationen ihrer Ansicht nicht zu Gebote. Denn jene gingen von den Officieren des Regiments Gensd'armes und der Garde du Corps aus, jungen in vielen Beziehungen übersprudelnden Edelleuten, welche keinesweges geeignet waren das Verhängnißvolle eines Kampfes mit Napoleon zu erkennen, und vor Allem ihrem Grimme darüber Ausdruck zu geben suchten, daß das preußische Heer, nachdem es einmal in's Feld gerückt, ohne Schwertstreich wieder heimgekehrt war. Ja man behauptete, sie hätten unter

ben Fenstern des friedliebenden und gewagten Entschlüssen ab-
holden Königs ihre Säbel gewetzt.

Man hat vielfach den Prinzen Louis Ferdinand beschuldigt,
der Anstifter dieser ungeschickten und theilweise rohen Demonstra-
tionen gewesen zu sein. Der intellectuelle vielleicht, ja wahrscheinlich, denn er theilte jenen Grimm und scheute sich nicht ihn im
Gespräche in sehr drastischen ja kaustischen Witzworten zu äußern,
in anderer Weise jedoch nicht. Denn wie leidenschaftlich er auch
war, und ich habe genug Aeußerungen dieser Leidenschaftlichkeit von ihm gehört da er in vertrauteren Kreisen gar nicht
damit zurückhielt, er war weit entfernt eine rohe Natur zu
sein, vielmehr war er, trotz der Ausschweifungen von denen
man ihn nicht freisprechen kann, voll der edelsten Regungen.
Bei dem Könige war er wegen seines dissoluten Lebens nicht
beliebt, aber die Königin, welche wahrscheinlich diese Seite
seines Lebens weniger genau kannte, und eblen und liebenswürdigen Eigenschaften, wie der Prinz deren in der That viele
besaß, sowie einem geistreichen Wesen selten Würdigung versagte, war nicht ohne Anerkennung für ihn, überdies behauptete
man, daß auch sie das ruhige Hinnehmen der Unbilden welche
Napoleon Preußen in dem letzten Jahre zugefügt hatte schmerzlich empfand. Und so hätte der Prinz schon der Königin halber
Schritte nicht unmittelbar veranlaßt, welche den König in
Rücksicht auf die Partie die er ergriffen hatte beleidigen
mußten. Uns Frauen aus seinem Kreise riß er hin, viel
weniger durch den Sarkasmus mit dem er zu Zeiten seinen
Aerger über die Situation äußerte, als durch die viel öfter
vorkommenden tiefgefühlten Ausdrücke ächter, schmerzerfüllter,

zu jeder Aufopferung bereiter Vaterlandsliebe. Von einem siegreichen Kampfe gegen Napoleon allein hoffte er zugleich den Sieg freisinniger Ideen, und dieser lag ihm ebensosehr am Herzen als die politische Unabhängigkeit des Vaterlandes. Er mußte untergehn, er war eine Abnormität, in ihm walteten die diametralsten Gegensätze: Ein Sklav seiner Leidenschaften, ein Mensch, ein Prinz, der beispielsweise eine ganze Nacht im Freien auf der Erde liegend zubringen konnte, nur um fortwährend die Fenster des Wohnzimmers eines hübschen, aber ziemlich gewöhnlichen Frauenzimmers zu sehn, welcher er schöne Emotionen und Gedanken andichtete die sie gar nicht hatte, und ein Aar, der sich mit kühnem Schwunge über seine Zeit erheben konnte, der höchsten Ideen fähig und stets bereit sein Leben für sie einzusetzen; in seinem Gebahren einerseits ganz ein damaliger preußischer Gensd'armes-Officier, — und man muß sie gekannt haben um zu wissen was das sagen will — und dann wieder ein den zartesten Gefühlen und des entsprechendsten Ausdrucks derselben fähiger Mensch; ein stolzer hochfahrender Prinz, und zu Zeiten ein schüchterner verlegener junger Mensch. Er rieb sich auf in diesen unausgleichbaren Gegensätzen, auch trug er die Ahnung eines frühen Todes lange in sich, und sie wäre auch ohne seinen Heldentod bei Saalfeld in Erfüllung gegangen. —

Die Tage der Vergeltung für das was in Zeiten politischer Krisen der größte Fehler ist und vielleicht schlimmer noch als ein Fehler, für das Schwanken hinsichts des zu fassenden Entschlusses, brachen heran. Der Krieg war Preußen nun aufgedrungen, und das unter viel ungünstigeren Verhältnissen als diejenigen im vorangegangenen Jahre es waren. Jetzt stand es dem gewaltigen, ohne Schwertstreich schon bis an die Grenzen des Reiches vorgedrungenen Feldherrn ohne Bundesgenossen gegenüber, denn was man von dem Ungestüm seines Angriffes aus früheren Feldzügen wußte, berechtigte zu der Annahme, daß der Feldzug entschieden sein könne bevor noch Ein Russe deutsches Gebiet betreten habe.

Genau die Stimmung unter den geringeren Klassen Berlins zu ergründen war ich nicht in der Lage; mir schien es jedoch als herrsche dort höchstens eine gewisse Spannung; von einem Bewußtsein des Verhängnißvollen des Augenblicks bemerkte ich wenig, von großen Befürchtungen ward nichts laut, aber auch nichts von großen Hoffnungen. Verhielt es sich in der That so, so war es ein übles Zeichen, ein Beweis eines fast bis zur Nullität gesunkenen Nationalgefühls, und aus dem Verhalten des Volks nach dem Einzuge der Franzosen glaubte ich mich zu dem Rückschluß berechtigt daß ich mich nicht geirrt hatte. In unseren Kreisen gelangte man erst zu ruhigen Erwägungen nachdem die Berliner Garnison in's Feld gerückt war; bis dahin hatte uns der ungestüme Kriegsdurst der jungen Officiere unserer Bekanntschaft wenn auch nicht hingerissen doch gewissermaßen betäubt. An der Tapferkeit des Heeres, des gemeinen Mannes wie der Offiziere, wurde kein Zweifel in uns rege, aber die Heerführer waren geeignet uns mit den bangsten Befürchtungen zu erfüllen.

Welche Männer waren es, die dem größten Feldherrn der Zeit und seinen in Folge fast ununterbrochener Kämpfe kriegserfahrenen und dabei jugendkräftigen Generalen entgegengestellt wurden? Der 72jährige Herzog von Braunschweig, der sich hätte glücklich schätzen sollen, daß er dreizehn Jahre früher, schon fast ein Greis, ohne wesentliche Gefährdung eines noch um mehr als dreißig Jahre vorher erworbenen Kriegsruhms davongekommen war, der Feldmarschall Möllendorf, noch zehn Jahre älter als er, ein Mann den wir täglich beobachten konnten weil er in unserer Mitte lebte. Da sahen wir denn den hübschen Greis, der in früheren Jahren einen fast weiblichen Teint gehabt hatte von dem er noch Spuren trug, mit seinem milden freundlichen Gesichte, im Schlafrock, eine schwarze Sammtmütze auf dem Kopfe, vor einem Parterrefenster des Gouvernementsgebäudes in der Königsstraße stehn, im Frühjahr sich der Blüthen der schönen Rosenbäume erfreuend, welche innerhalb eines Gitters vor dem Hause standen, stets aber, denn er fehlte dann fast nie am Fenster, den fröhlichen tobenden Kinderschaaren welche Mittags und Nachmittags den Schulen entströmten theilnehmend und lächelnd zuschauend. Er war einer von den Leuten von denen man trotz ihrer hohen Stellung gar nicht sprach; nur eine ihn betreffende Geschichte erinnere ich mich gehört zu haben, und sie wurde eben in jener Zeit öfter wiederholt. Als guter Wirth kümmerte er sich sorgsam um die Einzelheiten seines Haushalts, und da war er denn sehr erfreut eines Tages in Abwesenheit seines Kochs einen fetten Truthahn, welchen einer jener Ausländer vor seinem Fenster vorübertrug, die damals noch im preußischen Heere dienten und denen es mitunter erlaubt ward einen kleinen Handel zu treiben, für einen sehr billigen Preis zu erhandeln. Die Vorwürfe, welche der General-Feldmarschall dem heimgekehrten Koch machte, der ihm stets einen viel höheren für solches Geflügel anrechnete, begegnete dieser durch den Beweis, daß Excellenz seinen eigenen von dem Verkäufer unmittelbar vorher vom Hofe des Käufers gestohlenen Truthahn gekauft hatte. — Dieser gemüthliche Greis und sorgsame Haushälter, der — unbeschadet seiner nun schon sehr antiquirten militärischen Verdienste — jetzt nur noch den Stoff zu einer Boß'schen Idylle hätte abgeben können, und nun, und das wider seinen Willen, denn er fühlte seine Jahre und seine Unzulänglichkeit, als einer der Oberbefehlshaber dem im kräftigsten Mannesalter stehenden kühnen Feldherrn entgegengestellt wurde, bildete seinen jetzigen Hinneigungen wie seiner äußeren Erscheinung nach einen für den Patrioten schmerzlichen Gegensatz zu diesem, den ein eben um jene Zeit an den Schaufenstern mehrer Kunsthändler Berlins ausgestellter Kupferstich uns in dem Augenblicke zeigte, als er, — nicht viele Jahre zuvor — die wehende Fahne in der Hand, im Sturmschritt seine Krieger den mörderischen Geschossen der Feinde entgegen auf die Brücke von Arcole führt, und so die blutige Schlacht entscheidet.

Das waren nun selbst für die Gesellschaft Berlins, wie sehr sie auch durch günstige Ansichten vieler ihrer Mitglieder beeinflußt sein mochte, handgreifliche Uebelstände. Aber sie wurde auch auf andere Bedenken geleitet. Was die Organisation des Heerwesens, die Verproviantirung, die Bekleidung betraf, so hatte man nie an ihrer Trefflichkeit gezweifelt; das heißt stillschweigend, denn man hielt es für unnöthig dies erst auszusprechen. Aber alles dies mußte nothgedrungen Gegenstand der

Besprechung werden, als beim Ausrücken der Truppen — ich weiß nicht mehr ob im Jahre 1805, wo der erste Feldzug nothwendig ein Winterfeldzug hätte werden müssen, oder im Herbst 1806, wo mit Wahrscheinlichkeit ein solcher bevorstand — öffentliche Aufforderungen zur Spendung von Mänteln für die Soldaten oder zu baaren Gaben Behufs der Anschaffung solcher erschienen. Diese schmucken, wohlaufgeputzten Soldaten, deren Uniformen nicht das kleine Stäubchen aufweisen durften, sollten nicht Stockprügel oder Arrest den Frevel empfindlich strafen, waren nicht gegen irgend welche Unbilden des winterlichen Wetters geschützt! Das streifte doch sehr an „Sorglosigkeit" und hin und wieder fing man an sie auch da als möglich anzunehmen wo man sie nicht bemerkte.

Aber man verzagte darum doch nicht, wenn auch hin und wieder gezagt wurde. Schien doch der geliebte und als das Gegentheil von leichtfertig bekannte König so wenig von Zweifeln bewegt, daß er noch sehr wenig Abende vor seinem Abgange zum Heere in der Stimmung war einer Vorstellung der de Bach'schen Kunstreiter-Gesellschaft beizuwohnen. Und am Ende: „die preußische Armee!" Ein Nimbus umgab noch immer das Wort. — Auch dem Glücke behielt man eine Rolle in dem Drama vor. Der Stern Preußens! — Er sollte den Bonapartes erbleichen machen, der doch bisher so hell gestrahlt hatte. Die Denkendsten und daher Bedenklichsten suchten doch kaum zu ertragende Gedanken von sich fern zu halten, und fürchteten sich, ganz so viel zu fürchten als sie doch Grund zum befürchten zu haben meinten, wenn sie theils so übermüthig theils mit so heiterem Sinne die verhängnißvollen Würfel werfen sahen. Ein letztes Beruhigungsmittel für diese war: il y' a un Dieu des ivrognes.

Aber was nützten alle Selbsttäuschungen und Opiate! Gleich einem Donnerschlage rüttelte die Kunde von Saalfeld auf, und machte selbst die Zuversichtlicheren erschrecken. Das erste Treffen in diesem Kriege unglücklich, und unglücklicher noch durch den Tod einer so hervorragenden, so allgemein interessirenden Persönlichkeit wie die des Prinzen Louis es war! — Wie schmerzlich die Trauerkunde unsere Kreise berührte ist leicht zu ermessen. Aber auch die welche dem Prinzen ferner gestanden hatten, und oft durch seinen anscheinenden Uebermuth, diejenige Seite an ihm welche er ihrer Natur nach zumeist der Oeffentlichkeit zuwendete, choquirt worden waren, waren versöhnt und tief ergriffen. — Doch es blieb keine Zeit irgend einen Schmerz durchzufühlen. Die Nachrichten vom Kriegsschauplatz überstürzten sich.

Die nächste war freilich eine falsche. Soult sollte geschlagen, sein ganzes Corps gefangen worden sein. Ein Anschlag in der Flur eines Ministerhotels in der Behrenstraße — ich glaube es war das Haugwitzsche — gab dem Publikum die Nachricht. War sie gegründet, so war sie von unermeßlicher Bedeutung. Aber man bemerkte keine freudige Aufregung im Volke, nach der ersten Stunde nicht einmal einen Andrang im Ministerhotel um das lächerlich winzige Zettelchen welches in kaum zu entziffernder Schrift einen so großen Erfolg verkündete zu lesen. Als ich einige Stunden nach dem Erscheinen dieses Bülletins mich nach dem Hotel begab um mich gegen meine Zweifel durch den Augenschein zu stärken, fand ich außer mir nur noch eine Person in der Hausflur, und diese war der Portier, der griesgrämig auf und ab schlich. War das preußische Volk stumpfsinnig geworden? oder gab es überhaupt keines mehr? Noch standen aus meiner Kindheit die gehobene Stimmung, die leuchtenden Blicke des Geringsten aus dem Volke wenn das Gespräch auf die Siege der Preußen unter Friedrich kam, vor meinen Sinnen, und dieser Friedrich war ja erst zwanzig Jahre todt. Oder hatte das fast welthistorische Ereigniß von Jena schon Schatten vor sich hergeworfen, welche Sinn und Gemüth der Menschen umdüsterten? Bei den höheren Ständen war dies gewiß der Fall.

Allen Conjecturen machte die furchtbare Nachricht ein Ende, welche schon der nächste Tag brachte. Dem Anschlage der diese verbreitete bestritt Niemand die Wahrhaftigkeit, und dies war bezeichnend genug. Er ist öfter ungenau wiedergegeben worden, ich glaube aber mich des Wortlautes genau zu erinnern, denn er drang ätzend in meinen Geist ein.

„Der König hat eine Bataille verloren. Ruhe ist jetzt die erste Bürgerpflicht. Ich fordere sie von den Einwohnern Berlins. Der König und seine Brüder leben." —

Welcher Lakonismus! — Und dabei immer noch Ueberflüssiges. Denn wer dachte in Berlin daran die „Ruhe" zu zu stören! — Dieser Aufschlag wurde nun zwar gelesen. Aber kaum auf einigen Gesichtern malte sich ein Ausdruck des Schreckens, auf den meisten gar nichts, höchstens gingen Einige kopfschüttelnd davon, mit einer Miene die da zu sagen schien: Nun, das ist doch etwas allzurasch gegangen! —

Diese zur Ruhe aufgeforderten Berliner waren so kindlich ruheliebend, daß als der ruheprebigende General wenige Tage darauf zu Pferde an der Spitze einiger noch in der Stadt zurückgebliebenen Truppen auszog, sie ihn mit der Bitte umschaarten sie doch nicht zu verlassen. „Ich lasse euch ja meine Kinder zurück!" war die Antwort des Kriegers. Die Leute sahen sich verblüfft an. Fast keiner wußte wer diese „Kinder" waren. Manche suchten ein Symbol, eine Art Mysterium, ein ihnen bis dahin unbekannt gebliebenes Palladium hinter dem Worte. Aber diese Kinder waren leibliche, und keine andere, als die Fürstin Hatzfeld und ihr Gemahl; die Fürstin eine mir sehr werthe Freundin, die aber gewiß selbst sehr erstaunt war als sie hörte daß sie von ihrem Vater als Pfand für das Heil Berlins zurückgelassen wurde.

Dies war die letzte That des letzten preußischen Generals welchen Berlin auf mehre Jahre hinaus an der Spitze von Truppen in seinen Mauern sah. Seine erste ist vielleicht nicht heldenmüthiger gewesen. Er war General der Infanterie geworden, wie er Chef der Bank und Seehandlung, Generalpostmeister, Geheimer Staats- und Cabinetsminister, Curator oder gar Präsident der Akademie und noch vieles Andere geworden war, und so die heterogensten Aemter und Würden in seiner Person vereinigte: weil es seit Jahren einmal hergebracht war, daß fast jedes vacante hohe und einträgliche Amt dem Grafen von der Schulenburg-Kehnert zufiel. Als die im Palast Monbijou residirende Königin, Mutter König Friedrich Wilhelms des Dritten, gestorben war, welche vom Volke Wittwe Königin genannt wurde, begegneten sich zwei ehrsame Bürger vor diesem Palaste. „Weißt du schon daß Wittwe Königin gestorben ist?" sprach der Eine. „Ei! — Aber wer wird denn nun Wittwe Königin werden?" erwiderte der Andere, der etwa glauben mochte dies sei eine Würde oder eine Stelle die niemals unbesetzt bleiben dürfe. „Wer wird's werden? Schulenburg wird's werden!" war die Antwort.

Die Furcht vor dem Heldenmuth der Berliner mußte wohl in der Familie erblich sein. Denn kaum war der Schwiegervater abgezogen und hatte dem Schwiegersohn die Obhut der Stadt überlassen, so wußte dieser wieder nichts Eiligeres zu thun, als das Heldenvolk vor jedem Widerstand zu warnen: „Ein jeder werde schreckliche Folgen haben. Der Ueberwinder ehre nur ruhige Hingebung im Unglück." Die letztere Behauptung war eben so neu als kühn, aber die Warnung in der That lächerlich. Doch einigen bangen Gemüthern wurde dadurch noch banger. Sie fürchteten, daß ein heimlicher Widerstand sich organisirt habe, etwa von rauf= und raublustigen Horden die sich von auswärts hereingeschlichen haben mochten. —

Das waren für die Einsichtigeren traurige Tage, das war ein klägliches Ende der vaterländischen Herrschaft. Aber wer 1813 erlebt hat braucht sich nicht zu scheuen die Erinnerung an 1806 zu fördern. Sie kann für jede Zukunft, wie sich diese auch gestalten möge, dazu dienen das Vertrauen auf die Elasticität des preußischen Volks wie seiner Regierung aufrecht zu erhalten. Welche Aenderung in wenigen Jahren! welch rascher Uebergang von der Misere zur Hochherzigkeit, von der stumpfen Gesinnungslosigkeit zum klaren politischen Bewußtsein, von dem schwächlichsten Uebersichergehenlassen zur kräftigsten That! — Aber auch dazu möge die Erinnerung beitragen, sie stets von Neuem mit der an die Männer zu verbinden welche die ersten Impulse zu dieser Wandelung gaben, ihr die förderlichste Richtung anwiesen, und dabei keine Gefahr scheuten, statt, wie es wohl geschehn ist und von manchen Seiten noch fortdauernd geschieht, in Pietätlosigkeit und Undank diese Männer in den Hintergrund zu schieben oder gar zu verunglimpfen ja zu verfolgen. —

Was man nach jener väterlichen Mahnung an die guten Berliner Kinder, sich artig und ruhig zu verhalten wenn sie sich nicht verdienter Züchtigung aussetzen wollten, bis zum Einzuge der Franzosen an diesen vorherrschend bemerkte, war einige Neugier auf die Heere des Mannes, welcher soeben wieder einen so mächtigen Schritt auf der Laufbahn gethan hatte auf welcher er sich die Herrschaft über Europa zum Ziel gesteckt zu haben schien. Einem Fremden, der, unbekannt mit den welthistorischen Ereignissen, in diesen Tagen in Berlin eingetroffen wäre, wäre keine Ahnung von der Nähe eines für Stadt und Staat so verhängnißvollen Tages angeflogen. Hätte er früher Berlin gekannt, so hätte ihm höchstens auffallen können, daß trotz des schönen Herbstwetters die Spaziergänge etwas weniger belebt waren als sonst. —

Als ich an einem der folgenden Tage in der Mittagsstunde durch die Königsstraße ging, sah ich eine kleine Schaar französischer Cavalleristen von der Kurfürstenbrücke herkommen und vor dem Berlinischen Rathhause halten. Sie erregten wenig Aufsehn und wurden nur in etwas respectvoller Entfernung von einigen Straßenjungen begleitet, die offenbar keine andere Absicht hatten als etwanigen Concurrenten bei dem Amte des Pferdehaltens zuvorzukommen. Einige der Reiter stiegen ab und begaben sich auf das Rathhaus, wo der Magistrat in Erwartung der Dinge die da kommen sollten in Permanenz versammelt war, und forderten denselben zu den nöthigen Vorkehrungen für die Einquartierung der am nächsten Tage eintreffenden französischen Truppen auf. Es waren Chasseurs à cheval in ihrer grünen Uniform, und es möge zum Beweise dienen, wie selbst der Mittelstand in der Lage der Dinge orientirt war, daß ein vorübergehender sehr wohlgekleideter Mann, durch die Farbe der Uniformen veranlaßt, meinen Begleiter fragte, ob das nicht Russen seien. Durch Hinweisung auf die dreifarbige Cocarde eines anderen belehrt, ging er ohne irgend eine Emotion zu zeigen mit den Worten fort: „Da wird man wohl nach Hause gehn und wegen der Einquartierung Vorkehrungen treffen müssen." — Ich sah den Geist Friedrichs des Großen mit zornsprühenden Blicken über der ganzen Scene schweben, und wankte mehr nach Hause als ich ging.

Die Tage des Einzugs der französischen Heerestheile widersprachen solchen Vorgängen nicht. Die Fenster waren besetzt mit Neugierigen, als gälte es einer Curiosität oder einem festlichen Aufzuge. Von diesem hatte nun freilich dieser Einzug nichts; und dieser Umstand erregte in den Berlinern vielleicht die erste innere Bewegung in diesen verhängnißvollen Tagen. Nach preußischen Begriffen in schlechtester Haltung, geräuschvoll mit einander plaudernd, zogen capotbekleidete kleine Kerlchen, drei auf einen Pommern gehend, dahin, und pour comble d'horreur, auf ihren dreieckigen Hüten, in vertraulichster Nähe mit jenen eine neue Aera bezeichnenden drei Farben welche zwei Welttheile fast stets siegreich gesehn hatten, steckten Blechlöffel behufs bereitester Benutzung. Es galt einen Witz machen, und das Volk thaute auf. So wie die Berliner das Wort „Löffelgarde" als Bezeichnung für diese Krieger gefunden hatten, und sie fanden es am ersten Tage, belebten sich ihre Züge um etwas; jetzt war ihnen zu Muth als hätten sie ihrerseits einen Sieg über die Sieger erfochten. Nur hin und wieder sah man ein trübes Gesicht. Es gehörte sicher jedesmal irgend einem pensionirten preußischen Militär an, der das graue Haupt schüttelte, in welches der Gedanke an die Möglichkeit nicht eingehn wollte, daß diese ungeregelten Horden preußische so sauber uniformirte, so trefflich dressirte, so zweckmäßig gedrillte Soldaten hätten besiegen können.

Ein reges Leben bewegte sich in den nächsten Tagen auf den Märkten, namentlich auf dem Gensd'armes-Markte, wo die Sieger die Früchte ihrer Beutelust, meist in Silber- und Goldsachen und fremden Münzen bestehend, zu Spottpreisen verhandelten, und willige Käufer fanden, welche sie ihnen ohne Scheu und Schaam abnahmen. Junge Dirnen, traurige Früchte anderer Siege als der auf den Schlachtfeldern errungenen, Städterinnen und Bäuerinnen in den verschiedensten Costümen, mit den feindlichen Kriegern eingezogen, unter ihnen Mädchen deren Haltung und Kleidung man es ansah daß sie nicht den untersten Ständen angehörten, beobachteten je nach dem Grade ihrer Entsittlichung theils mit aufmerksamen theils mit gierigen

Blicken die Feilschenden, wissend daß der Erlös den mit ihren Buhlen zu feiernden Orgien zugut kommen werde. Der Zufall führte mich über einige dieser Plätze, aber Unwille gemischt mit einem Gefühl tiefer Demüthigung trieb mir das Blut in's Gesicht, und ich suchte längere Zeit hindurch stets sie zu umgehen.

Von durch die Feinde verübten Excessen hörte man nur wenig. Und da die für die französischen Truppen ausgeschriebenen Lieferungen und die Wirkungen der bald eingetretenen sogenannten Continentalsperre, die Fabriken belebend, manchen Industriellen Gewinn und manchen Händen Beschäftigung zuführten, so ward in vielen Kreisen der Druck der schweren Contributionen nicht allzufühlbar. Am fühlbarsten wurde, und das allen Ständen, die immer größere Entwerthung der früher in ungeheueren Summen ausgeprägten sehr geringhaltigen Scheidemünze. Aber der Unwille darüber kehrte sich gegen die vaterländische Regierung. Wie denn überhaupt alle Fehler derselben vermittelst ihrer jetzt augenfällig gewordenen verderblichen Wirkungen plötzlich in den grellsten Farben vor die Augen des Volkes traten, und die letzten Reste der Anhänglichkeit an den Staat wie er eben noch bestanden hatte vernichteten. Ein warnendes Beispiel!

Und überhaupt wurden in dieser Zeit der Schmach alle Fehler bestraft, Fehler der Regierenden, wie nicht minder der Regierten, und auch die beiden gemeinsamen. Bei der ohnehin so gesunkenen Kraft des Vaterlandsgefühls vollendete die Macht und der Zauber der Sprache des Feindes den Sieg desselben. Jetzt strafte sich die Thorheit, daß man mit Hintenansetzung der schönen vaterländischen Sprache die französische zur Modesprache, zu derjenigen gestempelt hatte, in welcher allein man sich mit Feinheit und Anmuth auszudrücken vermöge, und daß die französische Literatur vorzugsweise die geistreiche sei. War man doch sogar, mehr als man es heut glauben dürfte wenn nicht schriftliche Documente es bewiesen, mit dem Gebrauche des Dativs und Accusativs in der Muttersprache bis in die höchsten Klassen der Gesellschaft hinauf brouillirt, sprach aber die französische mit Geläufigkeit, oft sogar mit Eleganz. — Verständige Franzosen selbst äußerten sich tadelnd in dieser Beziehung. „Was gewinnt die vornehme Berliner Gesellschaft dabei daß sie nur französisch spricht, daß sie es hin und wieder sogar zu einem französischen bon mot oder Calembourg bringt? Eine deutsche Gesellschaft kann dadurch nur eine flachere werden!" hörte ich einst Frau von Staël in einem vertrauten Kreise sagen.

Bis in die unteren Stände hinab, und am festesten vielleicht bei dieser in der betreffenden Beziehung so einsichtslosen Masse, hatte sich denn begreiflicherweise der Glaube festgesetzt, daß die größere oder geringere Fertigkeit in dieser fremden Sprache bis zu ihrer gänzlichen Unkenntniß hinab das sicherste Criterium für die „Bildung" oder „Unbildung" eines deutschen Menschen abgebe, und in den Schulen der mittleren Stände machte daher sie einen wesentlichen Theil der Unterrichtsgegenstände aus. So brauchte denn der Feind es gar nicht erst auszusprechen, daß seine Nation „à la tête de la civilisation" marschire. Man kam ihm mit dem stillen oder lauten Bekenntniß davon entgegen.

Die Mehrzahl sah demnach in den Feinden "gebildete Leute", — widersprachen auch die Handlungen Einzelner bisweilen dieser Bezeichnung — Leute denen man seinerseits mit Achtung und Artigkeit entgegenzukommen habe. Und zu Hülfe kam diesen überdies bei den in der Kenntniß der fremden Sprache Vorgeschritteneren, daß auch die unteren Klassen der Franzosen wie die aller südlichen Völker gewandter in der Handhabung der Formen ihrer Sprache sind als die der nordischen. Thür und Thor der Herzen, besonders der so einflußreichen weiblichen, war ihnen geöffnet, ein sehr freundlicher Verkehr zwischen Quartiergebern und Einquartierten stellte sich bald her, und als eine Frau aus dem Bürgerstande auf die Frage: warum sie denn für die Fremden so eingenommen sei? sehr naiv antwortete: "weil sie alle so hübsch geläufig französisch sprechen", hatte sie mit ihrer Antwort vielleicht mehr in's Schwarze getroffen als der lachende Frager glauben mochte. — Ob es etwa dieselbe Frau war, hinsichts deren einer meiner Bekannten einmal einen französischen Officier, auf die Frage eines anderen, wer denn die Leute gewesen seien mit welchen er ihn gestern auf dem Spaziergange gesehn habe, antwortete: "c'était la femme de mon bourgeois avec son mari", mag ununtersucht bleiben.

Man hörte trotzdem allerdings manche Stoßseufzer guter Hausfrauen, bei denen Officiere in's Quartier gelegt worden waren, über die Kosten der Einquartierung. Zwei üble Gewohnheiten trugen sie ihnen besonders nach, einmal, daß sie, unserer Art von Zimmerheizung ungewohnt, diese zwar nicht erließen, aber dann alle Fenster öffneten, und ferner, daß sie zu ihren

Mahlzeiten Wein verlangten. Für Heizungsmaterial war freilich kein Surrogat zu finden, für den Wein fand der hausfräuliche Scharfsinn verschiedene. Nachdem schüchterne Fälschungsversuche bewiesen hatten daß die Geschmacksnerven so mancher Officiere nicht eben die feinsten waren, ging man bald dreister zu Werke, bis das übelberüchtigte Gebräu zustande kam, von dessen immer nur mit vorsichtiger Heimlichkeit betriebener Bereitung die Hausfrauen bald durch Wein- und sogenannte Materialwaarenhändler enthoben wurden, und das, mit dem technischen Namen Einquartierungswein benannt, von den Käufern mit lächelnder Miene bei den Verkäufern gefordert, von diesen mit einer noch lächelnderen verabreicht wurde; denn die trügenden Hausfrauen wurden durch die Händler zu noch weit größeren Betrügerinnen gemacht als sie selbst wähnten. Kostspielig blieb zwar die Einquartierung noch immer: „aber", sagte mir eine gute Hausfrau und sorgsame Mutter, „ich kann doch eine nicht unbedeutende Ersparniß in die Wageschale legen; die französische Conversationsstunde für meine Kinder habe ich jetzt gratis." —

Bedeutungsvolleres als man jetzt glauben mag wendet sich daher um die durch unsere Thorheit zur Herrscherin gewordene Sprache der Sieger. Und an diese Zeit denke ich, wenn ich nun schon seit Jahren wieder und stets von Neuem in unseren öffentlichen Blättern Gesuche nach „Bonnes françaises ou suisses qui ne parlent que leur langue" finde. „Unsere Zeit geht schnell", sagt man, und „keine Thorheit die nicht wiederkehre"; aber geht jene denn so schnell, daß Thorheiten deren Folgen kaum vernarbt sind schon wieder auftauchen müssen? In dieser den Meisten verständlichen, viele bestrickenden Sprache wurde von den Siegern mit den preußischen Bürgern im Tone der souveränsten Verachtung von der Politik, den Feldherren, der Heeresorganisation, den Institutionen ihres Landes gesprochen. Leider unterstützten soeben erlebte Thatsachen die in übermüthigster Weise ausgesprochenen Worte der Fremden, aber sie allein hätten nicht halb so sehr gewirkt, hätte man sie nicht von diesen in so pietätloser Darstellung gehört. Die Achtung vor dem Staate in dem man lebte, das Band das alle Einzelnen zu einem gemeinsamen, allen förderlichen Ganzen zu verbinden bestimmt ist, mit dem der Einzelne sich daher im lebendigsten Zusammenhange fühlen soll, machte dem Unwillen ja mitunter der Verachtung und in der Folge der Scham ihm überhaupt anzugehören Platz, für ihn etwas zu thun oder gar zu wagen hätte als Unsinn gegolten. Es gab kein Vaterland mehr, daher auch keine bessere Zukunft für dasselbe, wie andererseits die Geschichte seiner glorreichen Vergangenheit vergessen schien. Und das zwanzig Jahre nach dem Tode Friedrichs des Großen! — Es war sinnverwirrend für die Wenigen welche sich noch einen Sinn zu erhalten gewußt hatten.

Viel besser stand es mit geringen um so achtungsvolleren Ausnahmen auch in den Provinzen nicht, und namentlich nicht in den vielen bedeutenden Städten derselben welche schon im ersten Anlauf fast ohne jeden Widerstand dem Feinde zugefallen waren. Und diese gänzliche Apathie ersparte Napoleon ein Heer. Wie weit er auch vorrücken mochte, sein Rücken blieb ihm gedeckt. Wenige Jahre später, in Spanien, hat er empfunden was es heißt, den Krieg in ein Land tragen dessen Bewohner von einem Gefühle für das Vaterland beseelt sind.

Wie gut er die bei uns herrschende Gesinnung kannte, bezeugte, daß er die Bürger der Hauptstadt behufs der Erhaltung der Ordnung in derselben bewaffnete, oder vielmehr sich auf ihre Kosten bewaffnen ließ. Und wie gern übernahmen sie nicht die ihnen von dem Feinde übertragene Mission! Wußten sie ja doch, daß in Erfüllung derselben die Säbel mit welchen man ihnen erlaubte sich zu schmücken von keinem kleinsten Rostflecken durch das Blut verunziert werden würde welches sie in den Fall kommen möchten zu vergießen. Wie spreizten sich Gevatter Schneider und Handschuhmacher in der durch reiche goldne Epaulette gehobenen Officiersuniform dieser gleichsam zum Hohne „Nationalgarde" genannten Heldenschaar, und schienen nur zu bedauern, daß sie sich in ihr nicht vor jenen so exclusiven Kameraden aus dem vaterländischen Heere sehn lassen konnten, von denen sie bis dahin — und auch wahrlich nicht zur Stärkung des Vaterlandsgefühls — wenn eine unangenehme Nothwendigkeit es erforderte sie nicht gänzlich zu ignoriren, mit so wegwerfendem Hochmuth behandelt worden waren, und denen nun, zur Vergeltung, mit geringem Schmerz und vieler Schadenfreude fast allein die Schuld der Niederlagen des preußischen Heeres beigemessen wurde. —

Aber wie wenig man auch des Staates eingedenk blieb, hinsichts des Herrschers desselben und seiner Familie war dies nicht der Fall. Man kann sagen daß er, gleich als wäre er Herrscher eines ächt verfassungsmäßigen Landes gewesen, über der politischen Discussion stand. Keiner der Fehler welche das Vaterland vernichteten wurde ihm zugeschrieben. Er erschien dem Volke als ein verehrter, beklagenswerther Genosse desselben, mit ihm in den Abgrund gezogen durch die Täuschungen gewissenloser, durch die Fehler unfähiger Rathgeber, durch die Selbstüberschätzung untüchtig gewordener Feldherren. Und sowie er der Höchste im Staate gewesen war, um so tiefer und zerschmetternder wurde sein Fall erachtet, um so mehr er der Theilnahme werther als der Niederste im Volke, wie dieser auch unter dem Drucke des Feindes zermalmt werden mochte.

Es waren die persönlichen Eigenschaften der Mitglieder des Königshauses bis zu ihrer äußeren Erscheinung hin, die letztere namentlich für die, sinnlichen Eindrücken so hingegebenen, Massen kein unwesentliches Moment, sowie ihr schönes Familienleben, die ihnen die Liebe und die Verehrung des Volkes zugewendet hatten. Der König, von hoher imposanter Gestalt und edelster Haltung, der Gesichtsschnitt regelmäßig bis zu der Gränze hin mit deren Ueberschreitung der Kopf des Mannes aufhört den Eindruck männlicher Schönheit zu machen, — man konnte dies auf's schlagendste bestätigt finden als man ihn im Jahre 1805 neben dem schöneren Kaiser Alexander sah — das klare blaue Auge von ernstem doch nicht hartem Ausdruck, galt als Herrscher für einen höchst gerechten Mann, mit dessen Wissen und Willen auch dem Geringsten der Unterthanen niemals ein Unrecht zugefügt wurde, als Gatte und Familienvater für musterhaft, letzteres bis zu dem Grabe, daß er auch ein sehr genauer Haushälter war. Die Königin, — nun eben unbeschreibbar. Man muß sie gesehn haben. Ich kenne selbst kein Bildniß von ihr welches ich, wenn auch nur annäherud, ähnlich nennen möchte. Zum großen Theil mag dies wohl darin liegen, daß die Schönheit ihres Kopfes nicht hauptsächlich auf den Formen beruhte. Ihr Gesicht mochte im Verhältniß zu der Länge um ein wie auch Weniges zu breit sein, so daß man dem Kopfe nicht ein vollkommen schönes Oval nachrühmen konnte. Aber der Teint war der zarteste und feinste den man sich denken kann, das schöne blaue Auge das mildeste, ihr Lächeln welches zwei liebliche Grübchen auf ihren Wangen erzeugte, das holdseligste. Und nun die hohe majestätische Gestalt! Sie war zur Königin geboren. Aber der Verein von Lieblichkeit und Majestät war es, der sie über alle andere Fürstinnen hervorragend machte. Und damit ihr nichts fehle was zu staunender Bewunderung hinzureißen geeignet war, war ihre Sprache Musik. Ich habe nie wieder einen so zauberischen Ton der Sprechstimme gehört als etwa bei der großen Schauspielerin Unzelmann, später Bethmann, welche aber auch ihrem Organe einen Theil ihrer großen Erfolge verdankte.

Daß die Königin, wenn sie bei irgend einer feierlichen Gelegenheit im Glanz ihrer hohen Stellung öffentlich erschien, in einem seltenen Vereine Holdseligkeit mit Hoheit und Würde verband ergiebt sich nach dem Gesagten von selbst. Aber in welcher Eigenschaft sie auch sonst auftreten mochte, alles stand ihr auf's trefflichste an. Ich habe sie, ich glaube es war im Jahre 1805, an der Spitze eines Regiments Towarczys (unseren jetzigen Ulanen ähnlich) welches sie in Berlin hineinführte, im Reitkleide und in den Farben des Regiments hoch zu Rosse gesehn, ich habe sie im Königlichen Schlosse im antiken Costüm mit einem großen Gefolge von Persern und Griechen als Statira — an ihrer Seite Prinz Heinrich von Preußen als Alexander — vor mir vorüberschreiten sehn um sich zu einem Ball im Costüm im Königlichen Schauspielhause zu begeben, — hier wie dort hätte man sich keine schönere und angemessenere Gestalt und Haltung denken können. Ohne es zu beabsichtigen, denn der Glanz ihres Costüms war für eine Königin die eine Königstochter darstellte bescheiden zu nennen, überstrahlte sie bei der letzteren Gelegenheit weit alle andere Damen, und der preußische Hof war damals nicht arm an hervorragenden Schönheiten. Viele der Zeitgenossen, denen das Glück des Anblicks dieser ebenso glänzenden als wohlthuenden Erscheinung nicht mehr zu Theil wurde, kennen doch die edle fürstliche Haltung der Prinzessin Marianne, Gemahlin des Prinzen Wilhelm*), welche sich in den Kriegsjahren ein so unzerstörbares Denkmal in den Herzen aller Preußen gesetzt hat. Nun, diese Prinzessin, heute ein Muster schöner Fürstlichkeit auch in ihrer äußeren Erscheinung, machte — und ich übertreibe nicht, denn ich gebe nur die allgemeine Stimme jener Zeit wieder — neben der Königin gesehn den Eindruck eines hübschen Landfräuleins, in solchem Maaße verdunkelte die glänzende Erscheinung dieser alle Frauen welche sich neben ihr bewegten. Aber durch ihre Milde wirkte sie auch bildend und zu sich empor ziehend, und an ihrem hohen Anstande und ihrer anmuthigen Sitte erhob sich denn auch die junge bildungsfähige Prinzessin ihrerseits äußerlich und

---

*) Seitdem verstorben.

innerlich zu der wieder mustergültigen Höhe auf welcher wir sie jetzt kennen.

Dabei wußte, wie gesagt, das Volk das Familienleben in dem Königshause mustergültig, und weniges ist geeigneter die Achtung vor den Herrschern in den Unterthanen zu festigen. — Das öffentliche Auftreten war eben so würdig als fern von steifer Etikette. Im Sommer bewegte sich die Königliche Familie an den Sonntagen nach der Tafel im Schloßgarten zu Charlottenburg, wo die Musikcorps der in Berlin garnisonirten Regimenter alsdann spielten, frei und zwanglos, freundlich nach allen Seiten grüßend, unter dem Volke, dessen Haltung eben deshalb eine um so achtungsvollere war. Die der Umgebung des Königs und der Königin bewies, daß hier nicht ein hochfahrender Alleinherrscher walte; sie war nicht gleich der der Hofleute an viel kleineren deutschen Höfen, eine sklavische. Man sah daß die Cavaliere und Damen, auch in den Zeiten wo sie bei dem Königspaare dienstthuend waren, sich nicht in der Nothwendigkeit befanden ihre Geltung als Menschen aufzugeben. — Wie anders hatte sich mir das Gebaren des sächsischen Hofes dargestellt, als ich mich im Jahre 1799 eine Zeit hindurch in Dresden aufhielt!

Ich stand dort an einem Sonntage mit vielen anderen Schaulustigen nach der Musik in der katholischen Kirche in einem Gange, welcher nach den Gemächern der Kurfürstlichen Familie führte, und daher von dieser auf dem Rückwege von der Kirche passirt werden mußte. Mit gespreizten Schritten und wichtigen Mienen gingen Kammerherren und andere Hofdienerschaft in Erwartung der hohen Herrschaften in dem Gange auf und ab; hin und wieder schien ein leises Kopfnicken, aber ein sehr leises, alten Bekannten beweisen zu sollen, daß man auch hier und in so wichtiger Function noch gnädigst einige Notiz von ihnen nehme. Sobald aber der Zug der Herrschaften ankam, welchem diese Herren nun voranschritten, wurden sie bis zur Lächerlichkeit ernst und gemessen. Diesen selbst eröffneten zwei riesige gemästete Gardisten, Kammertürken genannt. Es wurden nämlich stets zwei der größten Leute aus der Garde ausgesucht, die vermittelst ihnen in Menge gereichter sehr nahrhafter Speisen fettgemacht wurden, während man sie zugleich auf das möglichst kleinste Maaß körperlicher Bewegung beschränkte, und denen, wenn sie den erforderlichen vorschriftsmäßigen Umfang erreicht hatten um als respectable Kammertürken figuriren zu können, das türkische Costüm angethan ward. Ihnen folgten zunächst nun jene Kammerherren, dann kamen die Fürstlichkeiten in geordnetem Zuge, Hofpersonal beider Geschlechter beschloß. — Die Gemessenheit der Schritte, die Steifheit der Haltung, der Stolz in jeder kleinsten Geberde, die geschmacklose altmodige Toilette der Damen versetzten mich um ein Jahrhundert zurück. Daß die Fürstlichkeiten Zuschauer gegrüßt, oder auch nur eine Miene zur Freundlichkeit verzogen hätten, davon war nicht die Rede, dennoch aber unterließen sie, feierlich langsam vorüberziehend, nicht, jeden Fremden, und es fehlte ihnen nicht einen jeden derselben unter den Einheimischen herauszufinden, mit diesen impassiblen Gesichtern vom Kopf bis zu den Füßen zu mustern. — Welcher Contrast gegen das was wir in Berlin zu sehn gewohnt waren! —

Bei so großer Anhänglichkeit an das Königshaus und so geringer an den zerfallenden Staat fühlte man eigentlich die Schläge welche den letzteren noch fortdauernd bis zur fast gänzlichen Vernichtung trafen, nur im Reflex der Wirkungen welche sie auf das Herz des Königs und der Königin üben mußten. Niederlagen großer Heere ohne vorangegangene Kämpfe, Verlust der stärksten Festungen die ohne Belagerung fielen, und später Schlachten mit eben soviel Tapferkeit und heroischer Aufopferung als Erfolglosigkeit geschlagen, bis hin zu den Demüthigungen in Tilsit und der willig angenommenen Bereicherung des Bundesgenossen aus der Beute welche der Sieger dem unglücklichen Preußen abgenommen hatte — alles dies traf das Herz des Volkes schmerzlich weil es das des Königspaars zerreißen mußte. Hatten doch schon rein persönliche Begegnisse der Mitglieder des Königshauses die lebhafteste Theilnahme erregt, wie die Hast der Flucht im October 1806, welche ihnen nicht gestattete auch nur die für ihre Personen nöthigsten Bedürfnisse mitzunehmen, mehr noch das traurige Ereigniß, daß der Prinzessin Wilhelm ihr erstgeborner Sohn, bis dahin ihr einziges Kind, unterweges starb, und sie nun auf dieser überstürzten Flucht seinen Leichnam, den sie nicht auf einem Boden zurücklassen mochte welcher bald nicht heimischer mehr zu sein drohte, beinah zwei Tage im Wagen in ihren Armen tragen mußte. Selbst ein rein materieller Verlust des Königs erregte schon deshalb großes Bedauern, weil man darin ein Zeichen der Unermüdlichkeit des Geschicks in der Heimsuchung des Monarchen finden wollte. Die Pretiosen des Königs von hohem Werth, denn es befanden sich darunter seine sämmtlichen Orden und die Achselbänder und Epaulette seiner verschiedenen Uniformen in Brillanten, waren, ich weiß nicht ob vor Beginn des Krieges oder nach der Schlacht bei Jena, nach der Hauptstadt eines neutralen Staates, nach Kopenhagen, geschickt worden, weil sie dort völlig sicher geglaubt werden durften. Aber im September 1807 ward dieser neutrale Staat von den Engländern plötzlich angegriffen, Kopenhagen ward von ihnen bombardirt, und durch den in Folge des Bombardements entstandenen Brand der Zollhäuser ging auch die dort niedergelegte, jene Kostbarkeiten enthaltende Kiste verloren.

Bei solcher Stimmung im Volke waren der verachtende Ton in welchem die französischen Blätter, und namentlich das officielle Reichsblatt der Moniteur, von dem Könige sprachen, und die bösliche Verläumbungen der Königin welche sie enthielten, das was in Preußen zuerst einen Haß und eine Erbitterung gegen Napoleon erweckte, die bei der anderweit in politischer Hinsicht herrschenden Apathie wahrscheinlich sonst lange noch geschlafen hätten. Aber der französische Moniteur wie die anderen französischen Blätter kamen doch nur Wenigen in Preußen zu Gesicht, und so trug man denn französischerseits in eben so übermüthiger als unkluger Weise Sorge dafür, daß diese Verunglimpfungen eines geliebten Herrscherhauses zur Kunde auch des Geringsten im Volke gelangten. Ein officiöses in Berlin in französischer und deutscher Sprache erscheinendes Blatt „der Telegraph", welchem auch von allen hiesigen Blättern durch das französische Gouvernement die frühesten Nachrichten vom Kriegsschauplatze zukamen, irre ich

nicht fast unmittelbar nach dem Einrücken der Franzosen in
Berlin gegründet, redigirt von einem früher schon übelberufenen Subjecte, einem gewissen Lange, — ich freue mich hinzufügen zu können kein Preuße sondern ein Braunschweiger, —
wurde bestimmt diese Unbilden nicht nur bei uns zu verbreiten
sondern zu verbreitern, und das letztere vermittelst Zusätze
von einem empörenden Cynismus.

Aber der erwachte Haß gegen Napoleon that der ruhigen
Ergebung in das für zweifellos erachtete Geschick, mit dem
ganzen übrigen Europa, sei es mittelbar oder unmittelbar,
seiner Herrschaft unterworfen zu werden, noch immer keinen
Eintrag. Und diese Ergebung wie der Glaube an diese vorherbestimmte welthistorische Mission des Kaisers trugen etwas
von einem religiösen Charakter, so daß es dem in jener Zeit
sonst nicht allzu bibelgläubigen Volke gewissermaßen zu einer
Beruhigung, weil zur Bestärkung in seinem apathischen Verhalten, diente, als irgend ein Grübler auf Cap. 9, V. 7 bis 11
der Apokalypse aufmerksam machte. Da wurde denn ohne
weitere philologische Bedenklichkeit blos auf Grund einiger
Homotonie der König Apollyon, der Engel aus dem Abgrunde,
für den Kaiser Napoleon erklärt, und seine Unterthanen, die
menschenpeinigenden Heuschrecken, mit ihren menschengleichen
Antlitzen, ihren Panzern wie eiserne Panzer, ihrer Kopfbekleidung wie Kronen dem Golde gleich, ihren Schwingen gleich
den Skorpionen, konnten ja wohl gar nichts anderes sein
als seine Soldaten, namentlich die bepanzerten Kürassiere
und die Dragoner mit ihren glänzenden metallenen Helmen
von denen wenn auch nicht Skorpionen doch Roßschweife

herabhingen. Aber auch die Besten und Bedeutendsten kannten doch kaum noch ein anderes Gefühl als das der Ergebung, keine andere That als stilles Dulden. „Jetzt ist nichts zu thun als zu leiden, und zu retten wo zu retten ist", schrieb mir noch im November 1807 Wilhelm von Humboldt aus Rom. —

Unsere geselligen Kreise waren aufgelöst. Ein Theil ihrer Mitglieder war nach allen Winden hin zerstreut. Von den Zurückgebliebenen hatten bei der materiellen Noth der Zeit, welche vorzugsweise die höheren Stände traf, wenige die Mittel, und diejenigen welche die Mittel hatten nicht die Stimmung, um jetzt Gesellschaft bei sich zu sehn. Nur eine meiner Freundinnen machte hierin eine Ausnahme, anfangs fast nothgedrungen, später nicht ohne eigene Befriedigung. Es war dies die treffliche Madame Levy*). Früh schon Gattin, und damals schon seit mehren Jahren Wittwe eines der ersten Banquiers Berlins, hatten die ausgedehnten auswärtigen Verbin-

---

*) Sarah Levy, am 11. Mai 1854, 91 Jahr alt, zu Berlin verstorben, war die Tochter des seiner Zeit sehr renommirten Banquiers Daniel Itzig, eines Mannes, der, wenngleich ein Emporgekommener, denn die Anfänge seiner mercantilischen Laufbahn waren sehr untergeordneter Art, doch dahin strebte für eine gründliche Bildung des Geistes wie des Gemüths seiner Kinder auf's eifrigste zu sorgen. Dies Streben belohnte sich besonders bei seinen Töchtern. Sarah Levy, sowie unter ihren Schwestern vorzüglich die Baroninnen von Arnstein und von Eskeles in Wien, verstanden es, als sie selbstständig in das Leben eingetreten waren, nicht nur durch Wissen und angenehme Sitte die feinste Gesellschaft aus allen auch den höchsten Ständen um sich zu versammeln, sie wirkten durch Humanität und Wohlthätigkeit auf's förderlichste bis in die niedersten hinab.

bungen ihres Gatten es mit sich gebracht, daß ihr Haus der Sammelplatz ausgezeichneter Fremder der verschiedensten Nationen wurde welche sich kürzere oder längere Zeit in Berlin aufhielten, und dieser Umstand hatte die Unterhaltung in französischer Sprache in demselben einigermaßen zu einer Nothwendigkeit gemacht, welcher die eigene Neigung der Wirthin, die in dem reichen väterlichen Hause der damaligen Sitte gemäß ihre Erziehung sehr nach französischem Zuschnitte erhalten und ihren Geist früh schon meist durch französische Literatur genährt hatte, sich keinesweges widerstrebend fügte. Bignon, der sich oft und gern in unseren Kreisen bewegt hatte als er französischer Gesandter in Berlin war, und der nun nach kurzer Frist in einer von seiner früheren sehr verschiedenen Mission, nämlich zur Administration der Finanzen in den von den Franzosen besetzten Provinzen Preußens, dahin zurückgekehrt war, suchte bald wieder das gastliche und angenehme Haus der Freundin auf, und ersetzte den Theil der deutschen Gesellschaft welchen er nicht wieder vorfand durch die Crême der Franzosen, namentlich von der Verwaltung, welche der Krieg nach Berlin geführt hatte. Es ist nicht zu läugnen, daß wenn man die betrübenden Ereignisse auf Augenblicke vergessen konnte welche diese Fremden nach der Hauptstadt Preußens geführt hatten, man sich in angenehmer, liebenswürdiger Gesellschaft fühlte, und manchen Anlaß zu Vergleichen mit dem unfreundlichen hochfahrenden Wesen der Mehrzahl früherer preußischer Beamten hatte, die sich doch kaum an Kenntnissen und sicher nicht an Verwaltungstalent mit diesen meist noch sehr jungen Leuten messen konnten. Ich darf es aber auch, selbst auf Gefahr ruhmredig zu erscheinen, aussprechen, daß sogar ein Grund des Patriotismus bestimmend sein konnte sich von diesen Gesellschaften nicht zurückzuziehen. Bewies sich die für das Land so wichtige Verwaltung Bignons, wenn nicht der unbeugsame Wille seines despotischen Herrn dem zu Zeiten entgegenstand, als eine den Verhältnissen nach möglichst milde und humane, so darf man es zum großen Theil seiner Hinneigung zu den geselligen Kreisen Berlins zuschreiben, unter denen die unseren zur Zeit seiner Gesandtschaft in dieser Stadt, und die im Hause der Freundin jetzt, keinen unwesentlichen Platz einnahmen, und die eine der ganzen Stadt, und vielleicht bis über die Grenze Berlins und selbst Preußens hinaus für Deutschland überhaupt, günstige Gesinnung zur Folge hatte. Aber wir hatten öfter Anlaß zu bemerken, daß nicht minder die jetzt in unseren Kreis eingeführten Franzosen in ihrem amtlichen Verkehr mit den Eingebornen sich freundlich und human erwiesen. —

Der Tilsiter Friede war im Juli 1807 geschlossen worden. Dem Namen nach blieb ein Preußen bestehn. Auch hatte das Haus Hohenzollern nicht „aufgehört zu regieren". Aber ob in Wirklichkeit ein Preußen bestand, ob in der That König Friedrich Wilhelm III. im Stande war in diesem Preußen seine volle Macht als Souverain auszuüben, konnte bei den Bedingungen jenes Friedens allerdings zweifelhaft bleiben.

Aber schon an die Möglichkeit davon sah man im Winter von 1807 zu 1808 den ersten schüchternen Versuch eines kleinen Anlaufs zu einiger, wenn auch nicht direct preußischen doch, als zum Uebergange zu dieser geeignet, deutschen Ge=

sinnung sich knüpfen, doch so schlau vermummt, daß kein französischer Spion herausfinden konnte was eigentlich unter der Maske stecke, so unschädlich, daß kein französisches Kriegsgericht den Pfiffikus, wenn trotz aller Vorsicht aus seiner Verhüllung ausgeschält, bestrafen konnte; eine Art Opposition ganz wie sie nach der feigen Apathie welche bis dahin geherrscht hatte eben allein möglich war. Die gebildeteren Klassen legten nämlich ohne alle Ostentation, still, vorsichtig, die französische Literatur bei Seite und griffen zur deutschen. Aber zu welcher? Darin steckte wieder eine Feinheit. Zur altdeutschen, als der welche man — damals — von allen romanischen Einflüssen frei glauben durfte. Noch war von derselben wenig publicirt was dem größeren Publikum zugänglich gewesen wäre. Tieck's „Minnelieder aus dem schwäbischen Zeitalter", die so eben sehr gelegen erschienenen „Deutschen Gedichte des Mittelalters", von von der Hagen und Büsching herausgegeben, und eine Uebertragung des „Nibelungenliedes" von von der Hagen bildeten ungefähr das zugängliche Material, und man nahm nicht Anstand in kleinen vertrauten Kreisen — größere gab es keine — Kraft, Innigkeit, Minnigkeit, Ritterlichkeit, Gemüthlichkeit, und Tiefe der Altvordern mit derjenigen gemäßigten Ekstase zu bewundern, welche eine Zeit zu welcher die Wände noch einige Ohren mehr hatten als gewöhnlich als die allein unbedenkliche erschien.

Doch man erhob sich bald zu etwas größerem Muth. Als im Winter von 1807 zu 1808 Dreher und Schütz ihr Marionetten-Theater in Berlin aufschlugen, und man sich entsann daß die Stücke welche sie darstellten alten deutschen Sagen entnommen waren, fingen die gebildeten Stände, welche bis dahin durch den Besuch von „Puppenspielen" ihrer Würde etwas zu vergeben geglaubt hätten, an, sich zahlreich bei diesen Vorstellungen einzufinden, mit kühner Nichtachtung der Gefahr, daß die fremden Gäste, welche sich ebenfalls, freilich nicht so heiligen Ernstes sondern frivolen Spaßes wegen, dabei einstellten, diesen zahlreichen Besuch auffallend finden könnten. Die Verschiedenheit der Intentionen der Zuschauer rief aber in der That mitunter Reibungen hervor, und ich wurde durch eine solche einmal tiefer und unangenehmer afficirt, als es der Zweck des Besuches dieses Theaters werth war. Ich wohnte nämlich einst in Begleitung Varnhagens der Vorstellung des „Faust" bei, für uns die bedeutungsvolle alte deutsche Sage, nach einem volksthümlichen in unvordenklichen Zeiten nach mündlichen Ueberlieferungen zusammengestellten Text, welchen damals nur diese glücklichen Dreher und Schütz besaßen, dargestellt, für die Franzosen Puppenkomödie mit Hanswurst, und daher von ihnen nach Belieben durch laute Unterhaltung, Lachen, ja sogar, o Gräuel! durch bessere oder schlechtere Witze unterbrochen, welche den achtenswerthen Darstellern bei irgend einer nicht menschenmöglichen oder doch sehr unglaublichen Bewegung ihrerseits zugerufen wurden. Darob unterließen wir denn nicht gebührend ergrimmt zu sein, ich, versteht sich, still in mich hinein, mein Begleiter seinem Aerger durch wiederholtes lautes „Silence!"-Rufen Luft machend. Damit begann denn wenn auch nicht die Stille doch die Ernsthaftigkeit der Franzosen. Zu meinem nicht geringen Schreck rief ein französischer Officier während des nächsten Zwischenactes Varnhagen bei Seite, und man wechselte Karten oder gab sich gegenseitig seinen Namen an. Andere Officiere aber folgten uns noch beim Nachhausegehn, und gaben durch wenig angenehme Reden kund wie sehr sie sich beleidigt fühlten, öfter dabei versichernd daß nur meine Anwesenheit noch stärkeren Aeußerungen Schweigen gebiete. — Ich verbrachte eine peinvolle Nacht, und athmete erst frei auf als ich erfuhr, daß am nächsten Tage die fatale Sache in Folge gegenseitiger, durch Secundanten vermittelter Erklärungen ausgeglichen worden war. Der Varnhagens war, wie ich mich erinnere, der nachherige Geheime Justizrath Reinhardt.

Aber diese nichtssagenden Plänkeleien waren doch, der Zeit nach wenigstens, die Vorläufer eines sehr ernsten Umschwungs in der Gesinnung des ganzen preußischen Volks. Er konnte in seiner Plötzlichkeit dem Beobachter fast wunderbar erscheinen, und beruhte doch auf den natürlichsten Gründen. Stein's Edict vom October 1807 und die Städteordnung vom folgenden Jahre waren es, welche, sobald nur ihre ganze Bedeutung dem Volke völlig klar geworden war und sie immer mehr zur Ausführung kamen, dieses anscheinende Wunder bewirkt hatten. Sie sprachen dem alten Staate das Todesurtheil, und reinigten damit das Volk vor sich selber, indem sie seiner bisherigen Apathie, in welcher es doch hin und wieder von einem unbehaglichen Gefühl mindestens seiner Pietätlosigkeit beschlichen worden war, zur Rechtfertigung dienten. Aber, was die Hauptsache war, sie stellten dem Volke in dem neuen Staate welchen sie schufen ein neues würdiges Object der Vaterlandsliebe hin. In diesem Staate gab es keine, einen der nützlichsten und wesentlichsten Stände baniederhaltende und verdumpfende Hörigkeit mehr, in ihm kam den städtischen Gemeinden das Recht zu, durch selbst gewählte Delegirte über das was die gemeinsamen Interessen betraf zu berathen, in ihm war keiner seiner Bürger mehr an der möglichst freien Entfaltung und Nutzbarmachung seiner Kräfte gehindert, in ihm gab es keine Pflichten mehr denen nicht Rechte gegenüberstanden. Und ich darf behaupten, daß mit der Gründung dieses neuen Staates auch die Pietät gegen den alten zurückkehrte. Freudige Hoffnungen auf die Zukunft stimmten mild gegen jene Fehler der Vergangenheit welche den gegenwärtigen Druck verschuldeten, und die glänzenden Momente der früheren vaterländischen Geschichte fingen wieder an zu leuchten, und zu dem Vertrauen zu erheben, daß die Thaten welche unter einem für jene Epoche zeitgemäßen Regierungssysteme möglich gewesen waren, unter einem jetzt zeitgemäßen wieder möglich sein, ja vielleicht überboten werden würden.

Und dieser Staat sollte noch ferner unter einer Fremdherrschaft erseufzen, deren Druck zu ertragen sein mochte so lange er nur das materielle Wohl gefährdete, jedoch jetzt unleidlich wurde, wo zu befürchten stand daß er alle neue verheißende Blüthen von höherem Werthe vernichtete bevor sie zu Früchten heranzureifen vermocht hatten? — Mit diesem Gedanken war der Haß gegen die fremden Unterdrücker geboren. Nicht Individuen mehr, die sich nach Umständen mit Individuen eines feindlichen Heeres sogar befreunden konnten, standen von nun an einander gegenüber, ein unterdrücktes Volk seinen Unterdrückern.

Der zweite Gedanke, daß das neu erworbene Gut nur vermittelst eines heißen blutigen Kampfes erhalten werden konnte, war von nun an nicht zu umgehn. Aber er hatte, Dank den Heereseinrichtungen des neuen Staates, nichts Abschreckendes mehr. Die Zeit war vorüber, wo jeder schlichte Bauersmann, jeder redliche Bürger der cantonpflichtigen Städte fürchten durfte, statt seines wohlgearteten Sohnes nach Ablauf der Militärzeit desselben ein vermittelst der Genossenschaft mit jenen, meist verlorenen, Subjecten von Ausländern, durch welche theilweise das preußische Heer recrutirt ward, ein bodenlos verderbtes, durch Stockprügel gänzlich entwürdigtes Familienglied bei sich aufnehmen zu müssen; wo ich und viele meiner Freundinnen zur Revuezeit während der Appellstunden nur nothgedrungen über die Straße gingen um nicht durch den widerwärtigen Anblick von Strafvollstreckungen an Soldaten, oft schon von vorgerückten Jahren, angeekelt zu werden, welche, vielleicht wegen einer jedem Laien unbemerkbaren Vernachlässigung ihres Zopfes, auf Befehl eines funfzehn- oder sechszehnjährigen Lieutenants ausgeprügelt wurden, wobei ihnen denn ein unwillkührlicher Schmerzenslaut zu einem neuen prügelwürdigen Vergehen wurde; wo — es war kurz vor 1806 — der Familie eines reichen Berliner Kaufmanns, dessen Gattin in ihrer Sommerwohnung in Charlottenburg von ihrer Niederkunft mit einem Sohne überrascht wurde, der nun cantonpflichtig war, — Berlin war es nicht — zu der Geburt des neuen, der trübsten Zukunft anheimgefallenen Ankömmlings fast Beileid bezeugt wurde. Jetzt begann das Volk das Heer als eine Schule nicht nur für den zu erwartenden Krieg, sonbern auch für das Leben zu betrachten. — Erwägt man nun noch, daß in dem Maße als der Gedanke an einen Befreiungskampf auftauchte der an die Unbesiegbarkeit des bisher unbesiegten, ja neuerdings gegen Oesterreich sogar wieder siegreichen, Feldherrn als unstatthaft in den Hintergrund gedrängt werden mußte, so wird man es begreiflich finden, daß ich bei meiner Rückkehr aus Rügen im Mai 1809 eine gegen die frühere, mir so schmerzlich gewordene, sehr gehobene Stimmung vorfand. —

Und versichern darf ich mit vollster Uebezeugung, daß der Kriegszug Schills trotz seines unglücklichen Ausgangs, und zum Theil vielleicht eben deshalb, wesentlich zu dieser beigetragen hatte. Er war eine That, die erste unter der neuen Ordnung der Dinge, und sie hatte vollgültig bewiesen daß es in Preußen jetzt Männer gab, welche für ihren König und das Vaterland sogar unter Umständen alles aufzuopfern bereit waren, die es als möglich erscheinen ließen daß dieser König selbst sie verleugnen, ja für ihre Hingebung strafen mußte; und dazu gehörte mehr und Höheres als Heldenmuth. Und dieser Fall trat ein, mußte bei den politischen Verhältnissen der Zeit eintreten. Aber diese drückten nach solchen Vorgängen um so unerträglicher, und stachelten zu gesteigerten Anstrengungen sie zu beseitigen. Ein besserer Erfolg, wie er jedoch bei der Wendung welchen der Krieg zwischen Frankreich und Oesterreich inzwischen genommen hatte freilich kaum möglich war, hätte keine für die Sache des Vaterlandes heilsamere Wirkung üben können, und die Strafen welche der fremde Unterdrücker über die Gefangenen verhängte, namentlich die

Berurtheilung vieler derselben zu der entehrenden Galeerenstrafe, stachelten bis zu derjenigen Erbitterung gegen ihn auf, welche er vier Jahre später so unheilvoll für ihn zu empfinden hatte.

Die große Volksthümlichkeit Schill's ist dabei in Betracht zu ziehen. Er war der Held des neuen Preußen. Er war kein Stern solcher Größe daß er nicht im Glanze eines glücklichen Krieges verdunkelt worden wäre, aber aus dem Dunkel des jüngst geführten strahlte er leuchtend hervor. Einem siegreichen großen Feldherrn gleich war er in Berlin empfangen worden, und zeigte er sich in den Straßen, so war der stattliche ernst aussehende Mann mit dem etwas vollen nach unten jedoch in ein schönes Oval ausgehenden Gesichte, der sanft gebogenen Nase, dem braunen etwas schwärmerisch blickenden Auge, dem auf der Stirn gescheitelten Haar von gleicher Farbe, dessen Arrangement den jungen Berlinern ja selbst vielen Damen auf längere Zeit zum Vorbilde ihrer Coiffüre diente, ein Gegenstand allgemeiner achtungsvollster Aufmerksamkeit. Der Volksglaube ließ ihn sogar sich aus Stralsund retten, um am Tage der blutigen Entgeltung den vaterländischen Heerschaaren voranzuziehn.

Den angeregten, dem Vaterlande Heil verkündenden Ideen einen bewußtvollen geistigen, den Gefühlen einen sittlichen Halt zu geben, und dadurch zugleich die nicht zu unterdrückende Leidenschaftlichkeit zu veredeln, konnte nichts förderlicher sein als die um diese Zeit in's Leben getretene Berliner Universität. Der Glücksstern Preußens — ich glaube nicht zu übertreiben indem ich mich so ausdrücke — wollte es, daß die Lehrer welche dahin berufen worden waren nicht bloß Notabilitäten in ihren Fächern, sondern Männer von der tüchtigsten Gesinnung waren, daß ihr Herz nicht minder deutsch war als ihr Geist und ihre Wissenschaft. Ich wüßte kaum einen, der nicht die Aufgabe die er sich in dieser Zeit sowohl auf dem Katheder als für sein sonstiges Wirken zu stellen hatte, vollkommen erkannt hätte. In einem Staate in welchem so vieles faul gewesen war konnte ein patriotischer Aufschwung allein die Bürger desselben nicht alsbald mit der nachhaltigen Kraft gehoben haben, die sich auch nach Erreichung des nächstliegenden Zweckes erhielt und ausreichend war, den verheißenen Neubau des Staates zu festigen und ihn mit einem würdigen Inhalt zu erfüllen. „Die geistige und sittliche Regeneration des Volkes" ward das Losungswort, welches mehr oder minder bestimmt und laut ausgesprochen ward, von Schleiermacher schon um etwa ein Jahr früher, als er, zuerst nur als Prediger an der Dreifaltigkeitskirche, nach Berlin kam.

Daß Jeder von seinem Standpunkte aus und durch die Mittel welche ihm sein Beruf bot auf eben dieses Ziel hinwirke war auch der Zweck des Tugendbundes, der sich damals von der Provinz Preußen aus auch nach unsern Gegenden zu verbreiten anfing. Da jedoch Jeder der sich in diesen Bund aufnehmen ließ entsprechende Gesinnung und entsprechendes Streben schon hinzubringen mußte, wenn er überhaupt ein förderlicher Erwerb für den Bund sein wollte, so hat dieser Bund als solcher eigentlich wohl nie wesentlich genützt. Es war der stille Bund der Herzen und Geister seiner Mitglieder welcher die Frucht trug, und diesen konnte Napoleon nicht vernichten als er den

Befehl des Königs zur Aufhebung des formalen Bundes durch das Gewicht seines Willens erzwang. — Auch Schleiermacher schrieb dem Bunde selbst nie eine bedeutende Wirksamkeit zu. —

Als mit der Rückkehr des Königs, und der mit ihr verbundenen Zurückverlegung des Sitzes der Regierung in die Hauptstadt des Reichs, noch eine Zahl wie durch Gesinnung so durch Wissen ausgezeichneter Beamten sich zu den Notabilitäten der Wissenschaft gesellte welche die neugegründete Universität herbeizog, wurde Berlin in der That die Hauptstadt der Intelligenz, und übte so einen mächtigen Einfluß auf die Provinzen, der durch die akademische Jugend die das neue Institut aus allen Theilen des Reichs herbeigeführt hatte, und welcher hier so reiche Nahrung für Geist und ächt vaterländische Gesinnung geboten ward, nur noch gesteigert werden konnte. Die Gesellschaft bildete sich von Neuem. Aeußerlich durch Elemente, welche von denen der früheren nicht sehr abweichend erschienen, dem Wesen nach doch sehr abweichende. An die Stelle jener glänzenden, halb übermüthigen halb sentimentalen, halb leichtsinnigen halb über jede ihrer eigenen Stimmungen so wie über die ihrer schönen und geistreichen Freundinnen grübelnden Militärs, traten ernste kenntnißreiche, über die Rolle welche ihnen in dem großen Drama zufallen mußte, dessen letzter Act die Befreiung des Vaterlandes sein sollte, denkende Krieger; Beamte à la Gentz machten weniger geistreichen aber um so gesinnungstüchtigeren Platz; auch die Frauen fingen an den früheren esprit mit Geist und Gesinnung zu vertauschen, und bemerkten daß sie dadurch nicht an Geltung verloren; ästhetische Genüsse wurden bald heitere, bald anregende bald sogar erhebende Begleiter der Gesellschaft ohne wie früher die Herrschaft über diese zu beanspruchen, und zuletzt leitete meist alle Conversation unwiderstehlich auf die Hoffnung einer Machtstellung und Größe des Vaterlandes wie sie auf den schönsten Blättern seiner früheren Geschichte verzeichnet waren, einer diesmal doppelt beglückenden Hoffnung, weil Macht und Größe dann nicht aus dem Dürst nach Gewinn und Ruhm, sondern nach der Wiedererlangung der heiligsten Rechte eines Volkes hervorgegangen waren. Kurz, es war die Zeit der Hoffnungen, und diese Zeit bleibt stets die schönste, selbst dann noch, wenn ihnen ungekürzte Erfüllung ward. — Und kaum scheint mir für jene Zeit das Wort Hoffnungen das erschöpfende, man könnte von einem Glauben sprechen, einem Glauben der den Charakter eines religiösen trug. So war denn auch das Jahr 1812 mit seinen für den Unterdrücker so verhängnißvollen Ereignissen in unseren Augen unverkennbar der Beginn eines Gottesgerichtes, in dessen weiterem Verfolg Preußen ein auserwähltes Werkzeug zu werden bestimmt war. —

Zwei Augen sollten die Tage der Vergeltung für so manche schwere Unbill nicht mehr sehn. Es waren dies die so schönen der Königin. Man hat ihren frühen Tod wesentlich dem Schmerze über die Ereignisse welche Preußen und seinen Thron so jäh von einer glänzenden Höhe herabstürzten zuschreiben wollen. Ich kann diese Ansicht nicht theilen. Sicher empfand sie diesen Schmerz tief, aber ich glaube kaum daß er in dem Maße in ihr mit Hoffnungslosigkeit gepaart war um so vernichtend auf sie zu wirken. Daß sie die Hoffnungen auf Wiedererhebung des Vaterlandes welche schon vor ihrem Ableben das Volk beseelten nicht getheilt haben sollte, ist kaum anzunehmen. Den Verunglimpfungen und Kränkungen die sie persönlich trafen, hatte sie die Macht eines reinen Gewissens entgegenzusetzen, und diese mußte durch die Ueberzeugung eines ganzen Volkes wenn möglich noch gekräftigt werden. Auch sprach ihr Aeußeres nach ihrer Rückkehr nicht für einen so nagenden Schmerz. Man sah sie wieder in ungebeugter Haltung, in voller Entfaltung sommerlicher Schöne. — Todesahnungen oder gar Todesgefühl umdüsterten ihren Sinn sicher nicht. Sie veranlaßte bald nach ihrer Rückkehr aus Preußen den Anbau an dem Königlichen Palais welcher diesen jetzt mit dem sogenannten Prinzessinnen-Palais verbindet, um künftig die Erziehung ihrer Töchter, welche das letztere bewohnen sollten, besser beaufsichtigen zu können. Glänzende Hoffeste wie vor dem Kriege fanden nicht mehr statt, sie konnten kaum den Verhältnissen angemessen erscheinen. Aber den bescheideneren Festen, die wohl vorkamen, entzog sie sich nicht, und gab sogar den Tanz nicht auf welchen sie früher sehr geliebt hatte. Ich glaube mich zu erinnern, daß sie noch auf der Reise nach Hohen-Zieritz zu ihrem Vater, wo sie verschied, einen Ball annahm welchen Officiere eines Regiments, das in einem der Städte welche sie passirte lag, ihr anboten. — Verschiedene Berlinerinnen, denen größere oder geringere Sorgfalt auf die Toilette verwendet, zum Kriterium für größere oder geringere Lust am Leben galt, bemerkten zwar mit einigem bedenklichen Kopfschütteln, daß die Königin, vor dem Kriege ein Muster in frischer und geschmackvoller Toilette, einen carmoisin Sammethut mit weißer Feder, in welchem sie im December ihren

Einzug in Berlin gehalten hatte, den ganzen Winter über trug wenn sie öffentlich erschien, und daß der lilafarbne Atlas eines mit braunem Pelzwerk verbrämten Ueberrockes, in welchem sie sich oft zeigte, an einigen Stellen Miene machte zu verschießen. Ich meine jedoch, daß dem nicht allzu hohes Gewicht beizulegen ist. — Aber sei dem wie ihm wolle, die Hiobspost von ihrem Tode, welcher kaum eine Nachricht von einer ernsten Erkrankung vorangegangen war, wirkte tief erschütternd. — In den Herzen der Preußen wird sie fortleben. —

Ich erzähle nicht von den Zeiten der Freiheitskriege, und wie Mann und Weib, Alt und Jung, Arm und Reich seine Pflicht that, und vielfach noch weit über diese hinaus, und mit welcher Freudigkeit. Die Geschichte weniger Völker dürfte von einer Epoche zu berichten haben, in welcher sich so schwungvolle Begeisterung mit so viel klarer Besonnenheit, so heldenmüthige Aufopferung mit so bescheidener Anspruchslosigkeit gepaart hätte. Und fast jeder der Zeitgenossen müßte das Gefühl haben daß er diese Letztere aufgebe, wollte er in die Einzelheiten dessen eingehn was er damals mitwirkte und mitlitt. War ja doch auch der Lohn so groß daß er über Mühen und Leiden hinaushob. —

Andauern konnte eine so schöne, gesteigerte Stimmung nicht, das wäre mehr gewesen als uns Sterblichen beschieden ist. Diesmal waren es die Federn der Diplomaten welche es verstanden sie in Kurzem herabzudrücken. Blüchers Worte über diese waren aus den Herzen aller Einsichtigen gesprochen, und ihre Wahrheit war bald auch von dem ganzen Volke anerkannt. Groll nach verschiedenen Richtungen hin trübte die bis dahin so reine Freude, und richtete sich in einem Volke das großmüthiger Regungen fähig ist von Neuem auch auf den besiegten und darniedergeworfenen Feind. Denn man hatte ihn auf dem Felde der Verhandlungen Siege erringen lassen welche die Früchte der auf dem Schlachtfelde gegen ihn errungenen schmerzlich verkümmerten. Dies war, meiner Ansicht nach, der Hauptgrund, weshalb der Haß gegen Frankreich noch manches Jahr nach dem Frieden fortdauerte, und das wieder hervorgesuchte Wort „der Erbfeind" ward gehegt, weil es eine erwünschte Rechtfertigung für die Dauer der diesseitigen Abneigung bot. Ich kann mich selbst von solcher Stimmung nicht freisprechen. Noch mehre Jahre nach dem Kriege war mir eine Signora Mari, die ich damals in Florenz kennen lernte, und welche zu Ende des vorigen Jahrhunderts an der Spitze des Aretiner Landvolks in Gesellschaft ihres Mannes diese Stadt von den Franzosen befreit hatte, eben deßhalb eine der interessantesten und von mir verehrtesten Persönlichkeiten*).

---

*) Die Freundin theilte in Beziehung auf diese Mari einmal das wenig beneidenswerthe Geschick aller, sei es durch Rang oder Einfluß, oder durch sonst irgend welche bedeutende Geltung in der Gesellschaft, hervorragenden Persönlichkeiten, daß — wir wüßten kaum einen passenderen Ausdruck zu finden als den in einem Briefe Schleiermachers, aus welchem wir in diesem Buche (S. 47) einen Auszug gaben, enthaltenen — sich an sie „alles Nichtswerthe anlümmelt", während doch eben die große Zahl der sich ihnen auf diese Weise Nähernden es ihnen unmöglich macht das „Nichtswerthe" mancher derselben durch Prüfung zu erkennen. — Diese Mari, welche die Freundin in einem der vornehmsten Florentinischen Häuser traf, war schlimmer als nichtswerth, sie war nichtswürdig. Aber geben wir hier zunächst wörtlich

Als ich, erfüllt von den Eindrücken welche Natur und Kunst des schönen Italien in mir hinterlassen hatten, im September 1819 wieder in Berlin eintraf, fand ich freilich Zustände in Deutschland vor wohlgeeignet den Sinn von Frankreich abzulenken. Gleichzeitig mit mir waren die Carlsbader Beschlüsse in Berlin eingetroffen, und die Mainzer Commis-

---

die sie betreffenden Stellen aus dem italiänischen Tagebuche der Verstorbenen.

Unter Florenz 5. October 1817 finden wir in demselben eine in mehren Beziehungen charakteristische Notiz. „Eine sehr interessante Frau lernte ich bei der Orlandini in der Baronin Mari kennen. Sie ist jetzt über funfzig Jahre alt, aber so schön und frisch als wäre sie in den Dreißigen. Diese Frau nimmt eine merkwürdige Stelle in der Geschichte Italiens ein. In der Revolutionszeit, sie war in den Zwanzigen, führte sie mit ihrem Manne das Aretiner Landvolk an, und befreite Florenz von den Franzosen. Die ganze betreffende Geschichte, von der ich schon früher gehört hatte, erzählte sie mir in allerschnellstem Italiänisch in's Ohr während gesungen ward. Ich hätte vor der Frau knien mögen. Komme ich nach Florenz zurück so suche ich sie sogleich auf. — Von der Orlandini fuhr ich zu der Gräfin Santini, wo auch wieder Leute aller Stände versammelt waren. Im Vorzimmer Läufer, Jäger u. s. w., dann zwei kleine nicht sehr erleuchtete Zimmer voller Menschen. In dem einen ward an einem großen runden Tische Pharo gespielt, im anderen conversirt. Es war aber eben des Spiels wegen die rechte Freiheit der Conversation nicht vorhanden. Die Meisten spielten, auch meine Mari". u. s. w.

Und von dieser Frau, vor welcher sie hätte „knien mögen", welche sie nach dem ersten Sehen schon „meine Mari" nannte, hätte sie sich ohne allen Zweifel mit unverhehltem Unwillen abgewendet, wäre ihr nur ein kleiner Theil ihres durch keine politische Exaltation, namentlich bei einem Weibe, zu entschuldigenden Wirkens in jener geschichtlichen

21*

sion begann kurz darauf ihre Wirksamkeit. Eine einzige unselige, und, wie sich später erwies, gänzlich alleinstehende That, die Ermordung Kotzebues, und viele vielleicht bedrohlich klingende Worte, denen jedoch zu fürchtende Thaten kaum je gefolgt wären, waren im Stande diejenigen welche die Jünglinge und Männer die auf einmal zu gefährlichen Staatsum-

---

Episode bekannt gewesen deſſen dieſe kecke Italiänerin ſich rühmte, und vielleicht um ſo mehr ſich rühmen zu dürfen glaubte, als es ihr, wie wir ſehen, den Zutritt zu der vornehmen Florentiner Geſellſchaft — die freilich in Betreff der Zulaſſung zweideutiger Subjecte noch heute für ziemlich läßlich gilt — nicht verſchloß. —

Die großen Ereigniſſe der Geſchichte werden nicht vergeſſen, leichter werden es die kleinen Epiſoden in derſelben, wie charakteriſtiſch für die betreffenden Zeitepochen ſie auch oft ſind. Schon aus dieſem Grunde würden wir ein näheres Eingehn auf diejenige, in welcher dieſe Signora Mari eine Rolle ſpielte, nicht für unangemeſſen halten, wäre nicht noch ein anderer auf die Jetztzeit bezüglicher beſtimmend für uns.

Die Fehler und Ausſchreitungen des franzöſiſchen Directoriums hatten den Verluſt des größten Theils des von den franzöſiſchen Heeren ſchon eroberten Italien nach ſich gezogen. Macdonald wurde nach der für ihn unglücklichen Schlacht an der Trebbia vom 17., 18. und 19. Juni 1799 gegen die Oeſterreicher und Ruſſen gezwungen ſich auf das Toscaniſche Gebiet zurückzuziehn. Das Landvolk, hauptſächlich durch Mönche aufgereizt, war gegen die Franzoſen aufgeſtanden. Windham, der engliſche Miniſter am neapolitaniſchen Hofe, (wir folgen von hier an faſt wörtlich, namentlich was Windham und das Ehepaar Mari betrifft, und nur mit Auslaſſung für den Zweck gänzlich unweſentlicher Stellen, der Storia civile della Toscana dal 1737 al 1848 da Antonio Zobi. Firenze presso Luigi Molini 1851. p. 323 sqq.) Windham alſo begab ſich auf die Kunde davon, um das Feuer möglichſt anzufachen, von Sicilien aus nach der Halbinſel. In Piombino an's Land

wälzern geworden sein sollten nicht näher kannten, eine Reihe
von Jahren in dem Wahn zu erhalten, daß Deutschland auf
einem Vulcan stehe, und eine schwüle, ängstigende Stimmung
hervorzurufen, die leider Vielen nur erwünscht sein konnte.
Die Letzteren waren aber Solche, die in den schönen Tagen
der Erhebung, und als es der furchtlosen That und der Selbst-

---

gestiegen, ging er nach Arezzo, wo er seinen Zweck bei den schon auf-
gestandenen Aretinern zu fördern strebte, und eilte dann in die Arme
seiner Geliebten Alessandra Mari von Montevarchio, der Gattin eines
toscanischen Dragoner-Officiers, welcher damals an der Spitze der, ein
Cavallerie-Corps bildenden, Aretinischen Freiwilligen stand. Alessandra verband mit persönlicher Schönheit und Anmuth Lebhaftigkeit des
Geistes sowie einen unternehmenden und abenteuerlichen Sinn. Bald
an der Seite des Gatten, bald an der des Geliebten, gelang es ihr
sich in bewegten Zeiten einen Ruhm zu erwerben, welchen sittliche
Frauen wenigstens ihr nicht zu neiden hatten.

Das Zusammentreffen mit dem englischen Diplomaten beschleunigte
ein Unternehmen, das eine Sache welche sich für die der Religion und des
legitimen Fürsten gab schändete, und dessen sich die milden und gesitteten
Toscaner stets zu schämen haben werden. Da der größte Theil der Bewohner Siena's dem von den Franzosen eingesetzten demokratischen Regi-
ment abgeneigt war, wendeten sich die Aufständischen nach dieser Stadt,
welche nur eine kleine, der Uebermacht nicht gewachsene, französische Besatzung hatte, und stürmten sie am 25. Juni 1799. Die Franzosen zogen
sich in das Fort zurück, und nun wurde die Stadt der Schauplatz der
empörendsten Gräuel. Um die Juden verfolgen und plündern zu können,
wurden sie sämmtlich für Jacobiner erklärt, ihre öffentlichen und privaten
Synagogen entweiht, dreizehn Juden lebendig auf einen aus den französischen Freiheitsbäumen errichteten Scheiterhaufen geworfen und ver-
brannt, und ein Franzose ihnen zugesellt, viele andere Juden an der
Schwelle der Tempel niedergemacht in welchen sie ein Asyl suchten,

aufopferung beburfte um zu gelten, wenig ober nichts von sich hatten bemerken lassen, jetzt aber auf einem weniger gefahrbrohenden Wege den deutschen Fürsten und Völkern als Retter des Vaterlandes gelten wollten.

Manche Erwartungen und Hoffnungen, welche namentlich der Jugend in den Jahren der Befreiungskriege mächtige Im-

---

und selbst schwangere Frauen nicht verschont — alles im Namen Gottes und des Landesherrn. Einzelnes ist fast zu grauenvoll um berichtet zu werden. Der Erzbischof Zondadari, von menschlich fühlenden Männern angefleht den Gräueln Einhalt zu thun, zögerte bis zum nächsten Tage. Jetzt begann eine scheußliche Schreckensherrschaft. Die Kerker füllten sich mit den achtungswerthesten Leuten, welche auf die bloße Beschuldigung des Jacobinismus hin eingesteckt wurden; sie wurden aber meist auch zugleich beraubt. — Die Festung ergab sich durch Capitulation, und die französische Besatzung zog nach Livorno ab. — Die Aretiner näherten sich nun der Hauptstadt Florenz, deren Einwohner auf die Nachricht von dem Verlust der Schlacht an der Trebbia gleichfalls in Bewegung gerathen waren, und Unthaten, namentlich gegen Franzosen, waren auch dort im Begriff begangen zu werden, als der Erzbischof Martini, im Gegensatz zu seinem Collegen in Siena, von anderen Priestern und menschlichfühlenden Einwohnern unterstützt, sie wenngleich mit Mühe verhinderte, wobei denn doch Mißhandlungen Einzelner nicht unterblieben. Aber auch Verhaftungen fehlten nicht, besonders nachdem Windham angekommen war, und auch der Ghetto war im Begriff geplündert zu werden. Von innen wie von außen, hier von dem erwähnten Mari wurden unverschämte Forderungen zu einem strengen Verfahren gegen die angeblich Französischgesinnten gestellt. Jener hätte gern in Florenz die Wiederholung der Sieneser Scenen gehabt. Trotz der Abmahnungen des österreichischen Generals Baron d'Aspre, an den von Florenz aus eine Deputation abgeschickt worden war um seinen Beistand

pulse zu heroischen und erfolgreichen Thaten gewesen waren, waren freilich bis dahin unerfüllt geblieben. Die Bedeutung der Mitwirkung des Volkes bei diesen Kriegen war verkleinert worden, ja man ging mitunter so weit dem Bewußtsein derselben im Volke mit Hohn entgegenzutreten, und es hatte sich nach und nach dadurch eine Verstimmung erzeugt, welche,

für die Stadt gegen die Unruhigen innerhalb derselben und die von außen sich nähernden Aufständischen zu erlangen, rückte nach einer durch Windham vermittelten Art von Capitulation am 1. Juli Lorenzo Mari an der Spitze von 2500 Mann theils Infanterie theils Cavallerie in Florenz ein, mit ihm zu Roß seine Gattin zwischen dem Protestanten (so in unserm Original) Windham und einem das Crucifix hoch emporhaltenden Barfüßermönch. Mit ihrem Einzuge begann Mari mit aufreizenden und insolenten Ansprüchen und schändlichen Handlungen. Die achtungswerthesten Leute wurden unter der Beschuldigung des Demokratismus entweder in zum Theil elende Kerker geworfen, wie z. B. der frühere Erzbischof von Pistoja, da Ricci, der vom Pöbel gemißhandelt und auf ausdrücklichen Befehl Mari's eingekerkert wurde, oder in ihren Häusern eingesperrt und bewacht gehalten, und es ward zu diesen Handlungen der Name des österreichischen Commandirenden gemißbraucht. — Endlich wurden die Aretiner gezwungen sich zu entfernen — was den englischen Minister sehr verdroß (increbbe assai). —

Wir fügen dem noch hinzu, daß nachdem die Schlacht bei Marengo (14. Juni 1800) in Italien alles geändert hatte, die Franzosen im October Arezzo einnahmen, und die Unbilden der Aretiner auf's furchtbarste rächten, aber — die Häupter der Insurrection hatten sich bei Zeiten in Sicherheit zu bringen gewußt, und Signora Mari durfte noch achtzehn Jahre nachher in Florenz sich ihrer Thaten rühmen und Pharo spielen. —

Daß nun diese Frau sich wohl gehütet hatte, gegen die Freundin von den Unthaten welche ihren Feldzug für Thron und Altar beglei-

da man auf anderen Seiten sich nicht gänzlich dem Gefühle ihrer Berechtigung verschließen konnte, zu Befürchtungen Anlaß geben mochte. Aber wären diese auch begründet gewesen, die Maßregeln welche man nun ergriff waren nicht geeignet sie zu mindern. Sie hat noch lange nachgetönt und sich zu Zeiten lauter vernehmlich gemacht als zu

---

teten irgend ein Wort verlauten zu lassen, oder auch durch irgend etwas ihren anderweiten unsittlichen Wandel zu verrathen, versteht sich für jeden der die Letztere im Leben gekannt, oder sie auch nur aus ihren eigenen Aeußerungen in diesem Buche kennen gelernt hat, von selbst, wie denn beispielsweise ihre früher (S. 35 d. B.) aus ihrem italienischen Tagebuche von uns angeführte Aeußerung über die italienische Sitte der cavalieri serventi sich unmittelbar an die oben mitgetheilte Notiz anschließt. Hätte sie sie auch nur auf gleicher Stufe mit den dort so scharf getadelten Frauen glauben können, sie hätte wahrlich nicht „vor ihr knien mögen". Aber bei der Masse der sich an sie Andrängenden war sie nicht im Stande gewesen, diese Frau als das kennen zu lernen was sie war. — Davon, daß sie sie auf ihrer Rückreise in Florenz besucht hätte, findet sich übrigens in ihrem, in dieser Beziehung sehr genauen, Tagebuche nichts. —

Aber man erlaube uns an die berichtete, die Menschlichkeit schändende Episode noch eine Betrachtung anknüpfen zu dürfen. Wir lesen mit Entsetzen von den in Ostindien durch Mohamedaner und Hindu an Engländern verübten Gräueln. Sie schreien zum Himmel. Aber sind die hier berichteten, in Siena verübten, weniger himmelschreiend? Mag einzelnes noch Grauenhafteres in Indien geschehn sein, wenngleich auch hier von „Einzelnem fast zu grauenvoll um berichtet zu werden" die Rede ist, aber wird es in dem Verhältnisse furchtbarer sein, als das sittliche Bewußtsein der Bekenner jener Religionen unter dem christlichen steht? Und hier sind die Thäter Christen, und Christen die im Namen Gottes zu handeln vorgeben. — Und wer ist, wenn nicht der

anderen, und wer könnte behaupten, daß sie schon gänzlich verklungen sei*).

Mich persönlich mußte vieles was ich damals Männern geschehn sah deren früheres Wirken für die Sache des Vaterlandes, deren reinen ja großartigen Sinn ich kannte, auf's schmerzlichste ergreifen, und um so schmerzlicher als ich im Geleit dieser Ereignisse hie und da eine Entsittlichung sich kund-

---

Anstifter dieser Gräuelthaten — denn um ihn dessen mit Fug beschuldigen zu können scheinen genügende Beweise nicht vorzuliegen — doch Der mit dessen Connivenz sie geschehn, ja wir dürfen sagen der sie förderт? — Der Repräsentant Englands. Die Scheußlichkeiten, welche in dem Augenblicke beginnen als die Rotten, deren Geleiter, wenn man nicht sagen darf Führer, er ist, Siena genommen haben, und deren Augenzeuge er hatte sein müssen, hindern ihn nicht den Einzug dieser Truppe in Florenz zu fördern, ja mit Ostentation an ihrer Spitze und in Gesellschaft jenes Mari einzuziehn, der „in Florenz gern die Wiederholung der Scenen von Siena gehabt hätte", und nur mit Mühe dahin gebracht worden zu sein scheint sich an geringeren Unthaten genügen zu lassen. —

Möchte sich doch einer jener rache- und blutdürstenden Mitarbeiter an der in England so einflußreichen »Times«, die den menschlich fühlenden General-Gouverneur von Indien, Lord Canning, fast zu einem Landesverräther stempeln möchten, weil er zu verhindern strebt daß der Schuldlose mit dem Schuldigen untergehe, sich einmal dieser Episode aus den französischen Revolutionskriegen und der Rolle welche der Vertreter Großbritanniens in derselben gespielt hat erinnern. Vielleicht durchzuckte ihn die Ahnung einer Nemesis welche Unthaten nicht zählt sondern wägt, und er dürstete nicht mehr nach dem Blute — auch der Schuldlosen unter den Mahomedanern und Hindu. (Anfgs. Novbr. 1857.)

*) Dies wurde Endes der dreißiger Jahre ausgesprochen.

geben sah, von der ich glaubte daß sie nach den letzten Kriegen, deren schönstes Ergebniß ich in einer Läuterung ja Heiligung des deutschen Charakters gesehn hatte, das Gemüth keines Deutschen mehr beflecken könne. Spionage und Angeberei schlichen sich in vertraut geglaubte Kreise ein, und Schleiermacher wurde wegen einer in einem solchen über den König*) gethanen Aeußerung denuncirt, welche, was die Sache betraf, ihn nicht graviren konnte, der Form nach aber zu mißbilligen gewesen wäre, hätte er sie, was jedoch niemals geschehn wäre, öffentlich, nicht aber in einem vermeintlichen Freundeskreise gethan. Ich kenne die Sache genau, da ich für Schleiermacher mehre sie betreffende Piècen zu seinen Acten copirte. — Er wendete sich zuletzt mit einer offenen Auseinandersetzung des Sachverhältnisses an den König selbst. —

Ich verweile nicht gern bei dieser Epoche. Ich habe während derselben Tage erlebt die mir zu dem heißen Wunsche Anlaß gaben sie nicht erlebt zu haben. Für eine wahrhaft fördernde Geselligkeit wie man in den nächsten Jahren nach den Kriegen sich ihrer zu erfreuen hatte, wirkte sie, wenigstens nach meinen Ansichten von dem Zwecke gesellschaftlicher Zusammenkünfte, vernichtend. Es gab jetzt Stoffe der Unterhaltung die man nur mit Mißstimmung auftauchen sehn konnte, und über welche, waren sie nun einmal nicht zu beseitigen, ein großer Theil der Gesellschaft sich gar nicht, oder mit großer Zurückhaltung, oder mit geringer Wahrhaftigkeit äußerte, und war alles dies etwa nicht der Fall, so trat oft der unangenehmere

---

*) König Friedrich Wilhelm III.

ein: ein heißer Kampf entgegenstehender Ansichten und Ueberzeugungen, den niemals eine Einigung, höchstens eine oft sehr spät beachtete Rücksicht auf den übrigen Theil der Gesellschaft endete. —

Die Wogen beruhigten sich nach einigen Jahren wieder, nachdem es sich zum Schmerze der Einen und zur Genugthuung der Anderen gezeigt hatte, daß das Kind des mit so vielem Geräusch kreisenden Berges doch im Grunde nur eine Maus gewesen war; die Oberfläche der Gesellschaft erschien wieder eben und glatt, ich konnte mich der Geselligkeit wieder erfreuen, bis die plötzlich hereinbrechenden Ereignisse des Jahres 1830 erwiesen, daß die Gährung dennoch in der Tiefe fortgewühlt hatte. Die Befürchtungen, und zwar diesmal ernstgemeinte, hatten sich jetzt freilich nach einer anderen Seite hin gewendet, und es wurden nun politische Fehler dort zugestanden wo sie früher lebhaft bestritten oder doch vornehm ignorirt worden waren. Aber sowie die diesmaligen Befürchtungen sich theils als übertrieben, theils als völlig unbegründet erwiesen hatten, wendete sich das Blatt von Neuem, und Aeußerungen welche den Fürchtenden entschlüpft waren wurden von diesen tief bereut und offener oder versteckter zurückgenommen, was wieder von anderen Seiten mit einem Mißbehagen das sich mehr oder minder ernst oder spöttisch äußerte aufgenommen ward.

Der Riß welcher dadurch der Gesellschaft zugefügt wurde, war nicht wie der frühere vorübergehend, er ist noch heute bemerkbar. Der officielle Theil derselben ward, durch die gemachte Erfahrung gewitzigt, nicht bloß in seinen Aeußerungen über Politik, sondern auch über viele andere Gegenstände zurückhaltend; theils um nicht durch einen Contrast Absichtlichkeit bemerkbar werden zu lassen, theils um überhaupt nicht von den Strudeln des Gesprächs fortgerissen zu werden, und so dennoch unversehens an eine der Klippen zu gerathen die man ängstlich zu vermeiden strebte. Es ist dadurch, Dank sei es der leidigen Politik, für jede nicht aus völlig homogenen Elementen bestehende Gesellschaft viel Geist und viel Liebenswürdigkeit verloren gegangen. Doch ist zuletzt dieser kleinere Verlust in der neuesten Zeit, wo der Bankerott der Gesellschaft, in Folge von Parteiungen die sich schroffer als je entgegenstehn, in meinen Augen ein erklärter ist, kaum noch bedauernswerth. Und so gewährt mir diese Gesellschaft denn auch keine Freude mehr. Die Geselligkeit bin ich freilich nicht im Stande aufzugeben, und würde mir auch den Willen dazu verübeln, doch nur in einem kleinen Kreise vertrauter Freunde fühle ich mich wohl. —

Aber jetzt, da ich somit am Ziele meines Lebens in der Gesellschaft stehe, ist mein Blick, glaube ich, freier und geeigneter zur Umschau über die Wandelungen geworden, welche ich seit den frühen Jahren in welchen ich in sie eintrat mit ihr durchgemacht habe. Manches sie Betreffende habe ich schon erzählt. Ein erschöpfendes Bild davon zu geben würde für Jeden schwierig sein. Es erforderte nicht bloß eine Darstellung der politischen Ereignisse sondern auch eine der geistigen und sittlichen Zustände eines langen Zeitraums, welche zugleich die aller Klassen umfaßte, denn von oben herab und, genau betrachtet, auch von unten hinauf hat die in der Mitte stehende eigentlich gute Gesellschaft nothwendig Einwirkungen erleiden müssen. Fern sei es daher von mir dies unternehmen zu wollen. Aber einige einigermaßen ergänzende Züge kann ich meinen bisherigen Mittheilungen wohl noch hinzufügen. Sie werden nach dem Gesagten jedoch nur ziemlich aphoristischer Natur sein können. —

Die Gesellschaft war von der Zeit meines Eintritts in dieselbe bis etwa in das erste Jahrzehnt dieses Jahrhunderts hinein eine von der jetzigen in vielen Beziehungen wesentlich verschiedene. Ich habe in meinen bisherigen Mittheilungen manche der Momente berührt welche diesen Unterschied zum Theil bedingen mußten. Man hat jene Gesellschaft in neuerer Zeit oft unsittlich genannt. Will man die Unsittlichkeit damit als einen der charakteristischen Züge der ganzen damaligen Gesellschaft bezeichnen, so muß ich den Vorwurf entschieden ablehnen. In Betreff mancher, und zwar vielleicht ihrer geistig eminirendsten Mitglieder, mag er in einem Punkte nicht unbegründet sein, und möglicherweise hat im Allgemeinen in dieser Beziehung damals eine etwas laxere Moral geherrscht als jetzt. Ich sage vielleicht. Denn ich sehe in der heutigen Gesellschaft so viel bewußte Unwahrheit und Heuchelei, daß jetzt vielleicht das nur mit dichten und trügenden Schleiern bedeckt wird was damals nicht allzu ängstlich verheimlicht ward. Man verwechsele aber den letztern Umstand nicht etwa mit einem frechen Affichiren. Ein solches würde zu einem Schluß auf eine Gewohnheit der Unsittlichkeit berechtigen, und auch die Sittlichkeit des übrigen Theils der Gesellschaft in nicht allzu günstigem Lichte erscheinen lassen. Der Grund lag anderswo. Während jetzt die Sinnlichkeit vielleicht wegen einer mit ihr verbundenen Rohheit ängstlich nach Verborgenheit streben muß, war sie damals bei den Wenigsten ohne ihr ästhetisches Moment, ja ich darf sagen daß ich Fälle ernstlichster, tiefster und offen eingestandener Reue kenne wenn sie sich einmal ohne diesen Begleiter geltend gemacht hatte. Die Sinnlichkeit war, wenn ich mich so ausdrücken darf, mit einer Art reinigenden Princips gemischt welches zu verletzen man sich scheute, und die „Lucinde" ist gewissermaßen aus der Idee dieses Verbandes hervorgegangen.

Daß ein solches Raffinement nicht sein Gefährliches gehabt hätte, bin ich eben so wenig willens zu behaupten, als ich überhaupt mit dieser Darstellung eines Sachverhältnisses eine Rechtfertigung beabsichtige. Es hat Selbsttäuschungen genug erzeugt, in deren Folge Objecten sinnlichen Verlangens oft Gaben des Geistes und Herzens beigelegt wurden welche sie nicht besaßen, und diese Ueberschätzung ist später oft schmerzlich empfunden worden. — Eines jedoch darf ich mit Wahrheit behaupten: auf die anderweite Sittlichkeit und Ehrenhaftigkeit der großen Mehrzahl der Männer welche diesen Verirrungen anheimfielen, so wie auf ihr emsiges und meist höchst erfolgreiches Streben, ihre geistige Begabung, sei es in ihnen äußerlich angewiesenem oder in selbstgewähltem Berufe, nützlich zu machen haben sie keinen Einfluß geübt.

In Verbindung mit jenem Vorwurf der Unsittlichkeit ist noch ein anderer und anscheinend noch schwererer erhoben worden, welcher vorzugsweise, wenngleich nicht ausschließlich, die Mitglieder der damaligen sogenannten guten Gesellschaft Berlins traf. Die Bedeutung, ja die Heiligkeit des ehelichen Bundes sei mißachtet worden, tadelswürdige Verhältnisse Verehlichter seien nicht selten, und die Folge davon seien bedauerlich häufige Ehescheidungen gewesen. Die Wahrheit des Thatsächlichen der letzteren Behauptung ist nicht zu läugnen.

Doch auf eine Verkennung der Bedeutung wie der Heiligkeit der Ehe ist daraus nicht zu schließen, vielmehr auf eine von der heutigen abweichende Ansicht über die nothwendigen Bedingungen eines beiden Theilen wahrhaft förderlichen Ehebundes.

Als ein solcher wurde nur derjenige erkannt, in welchem Geist und Gemüth des Ehepaars völlige oder doch beiden Theilen genügende Befriedigung fand, mit der Lösung des innern Bandes aber wurde das eheliche Verhältniß als die Heiligkeit der Ehe profanirend, ja als zu einem Concubinat herabgesunken erachtet. In nothwendiger Folge dieser Ansicht ward denn auch die Trennung eines solchen, nur noch äußerlich bestehenden, Bandes nicht als ein Uebel sondern als eine Wohlthat, ja als eine Nothwendigkeit für beide Ehegatten angesehn; nur durch die Lösung einer von jetzt an als unsittlich zu betrachtenden Verbindung konnte der verletzten Idee der Ehe Genugthuung gegeben werden. Solchen Trenpungen wurde denn auch nicht entgegengetreten, es wurde eher auf die Beseitigung ihnen etwa entgegenstehender äußerer Hindernisse hingewirkt. — Mir selbst ist das Letztere hin und wieder zum Vorwurf gemacht worden. Habe ich darin gefehlt, und ein Theil der jüngeren Generation scheint in der That die damalige Ansicht zu verwerfen oder gar zu verdammen, so bekenne ich offen meinen Irrthum, oder wenn man es so nennen will, meine Schuld. Aus einer frivolen Auffassung der Bedeutung der Ehe ist jene Ansicht wahrlich nicht hervorgegangen. In unserem ganzen Kreise, und er umfaßte Personen deren hohe Sittlichkeit über allem Zweifel stand, wurde sie getheilt, und in Folge davon erfüllte es uns denn auch wahrhaft mit Schmerz wenn wir Ehen aus rein äußerlichen Rücksichten schließen sahen.

Ich mache kein Hehl daraus, und um so weniger als der treffliche Freund selbst es sein ganzes Leben hindurch für seine Pflicht hielt seine Ueberzeugungen mit aller Offenheit zu bekennen, daß Schleiermacher diese Ansicht theilte und in vorkommenden Fällen förderte. Wir sprachen uns einst, es war längere Zeit vor seiner Verheirathung, mit der Aufrichtigkeit welche zwischen uns herrschte, und bis in Einzelnes eingehend, über das was wir von einander dächten und für einander empfänden aus. „Uns bindet Freundschaft an einander, die reinste, treuste, hingebendste!" rief ich zuletzt hingerissen von der so anregenden und seitens des Freundes so geist- und gemüthvoll geführten Unterhaltung aus. „Aber niemals, niemals könnte, dürfte ich Dir als Gattin angehören!" — „Du hast ein großes Wort ausgesprochen!" antwortete der Freund. „Denn wenn dann für Dich der Rechte käme, oder für mich die Rechte, wie dann?" —

Ich habe schon zugestanden, daß in Folge dieser in den gebildeten Kreisen Berlins ziemlich verbreiteten Ansichten die Ehescheidungen innerhalb derselben häufiger waren als jetzt. Ich räume auch ein, daß, was oft Anstoß erregt hat, nicht selten nach einem langen, leeren, freudenlosen oft peinvollen, die Sehnsucht eines liebebedürftigen Gemüths gänzlich unbefriedigt lassenden ehelichen Bunde, schon während der Dauer desselben eine anderweite Herzensverbindung eingegangen worden war. Aber mag es dafür heute nicht um so viel mehr die Ehegatten innerlich gänzlich unbefriedigt lassende, ja ihnen verderbliche, wenn auch, zu doppeltem Zwange, vor der Welt mit der Unwahrheit welche diese oft „Anstand" nennt, ertragene Ehen geben?

Verhältnisse der hier bezeichneten Art durchwebten damals die Gesellschaft und trugen nicht unwesentlich zu ihrer Färbung bei. Strebten die Betheiligten auch sie zu verbergen, sie verriethen sich dennoch schon um so mehr, als die damalige Gesellschaft in der Erkenntniß der verschiedensten Gefühlsregungen eine viel größere Virtuosität besaß als die heutige. Es entspannen sich da ganze Romane, entwickelten sich, verwickelten sich, und endigten mit einer befriedigenden, mitunter, wenn auch seltener, mit einer tragischen Katastrophe. Und der ganze Verlauf derselben — und es spielten fast in jedem geselligen Kreise einige solche — wurde mit eben so viel herzlicher Theilnahme als psychologischem Interesse verfolgt, und bildete in kleinen vertrautesten Kreisen einen anregenden Gegenstand des Gesprächs. — Verschweigen will ich jedoch nicht, daß manche solcher getrübten und der Trennung nahen Ehebündnisse in Folge in der zwölften Stunde geänderter Entschlüsse ungelöst blieben, und zwar waren es dann gewöhnlich die Frauen welche den entscheidenden Schritt nicht zu thun vermochten; theils weil sie jedes fernere eheliche Glück der Rücksicht auf eine mit der Ehe eingegangene Verpflichtung unterordneten, theils, wenn sie Mütter waren, weil Befürchtungen für die Zukunft ihrer Kinder sie bestimmten. Achtung und Anerkennung solcher Selbstverläugnung fehlten seitens der Gesellschaft auch in solchen Fällen nicht. —

Ich habe ausgesprochen, daß die Mitglieder der damaligen geselligen Kreise bessere Kenner der Herzen waren als dies heute der Fall zu sein pflegt. Und will ich mich auch nicht zur Richterin darüber aufwerfen, ob nicht eine unseren damaligen Ansichten über das eheliche Verhältniß entgegengesetzte Auffassung, wie sie heute oft bekundet wird, ihre Berechtigung haben dürfte, im Betreff des Grundes jenes geübteren Blicks in das Innere der Menschen jedoch möchte ich der damaligen Zeit einen bedeutenden Vorzug vor der jetzigen zusprechen, dürfte ich gleich auch in diesem Punkte einer sehr abweichenden Ansicht begegnen.

Die Menschen waren sich damals mehr als jetzt gegenseitig Objecte der Betrachtung, und zwar — ich nehme nicht Anstand es auszusprechen — weil mehr Liebe zu den Mitmenschen in ihnen wohnte als heut, wo sich der Egoismus tief in die meisten hineingefressen hat. Allerdings weiß dieser sich gegenwärtig in alle Gewänder, selbst in das der Menschenliebe, zu hüllen; aber dem ungetrübten Blicke erscheint er drum nur als ein raffinirterer. Damals fand von vorn herein ein liebevolles Eingehn in die Individualität Anderer statt, selbst bevor man diese ihrem Wesen nach noch genau erkannt hatte, diesem folgte aber das ernste und redliche Streben sie richtig zu erfassen. Und hierbei bewährte sich denn auch hinsichts des einzelnen Menschen das Wort des Dichters, daß man nur in das volle Menschenleben hineinzugreifen habe um es überall wo man es packe interessant zu finden. Daher war denn meistens bald ein Interesse gewonnen, welches, verbunden mit dem aus dem Gesagten mit Nothwendigkeit hervorgehenden Umstande daß man den Individualitäten der Anderen vollkommene Rechnung trug, ächte und dauernde Freundschaftsbündnisse erzeugte. Und für diese forderten die Freunde nicht Gleichheit der Gesinnung nach allen Richtungen hin, sie gestalteten sich vielmehr oft um so fester als man Stoff zu gegenseitiger Ergänzung in sich fand.

Mit diesem Denken über die geistigen und Gemüthsevolutionen der Anderen ging als verwandt ein Reflectiren über die eigenen Hand in Hand, und war man nur irgend aufrichtig gegen sich, so war auch hieraus genügend zu lernen. Und dieses Reflectiren über sich und den Anderen bildet auch fast drei Jahrzehende hindurch einen Grundzug wie einen Hauptgegenstand in dem brieflichen Verkehr der damaligen gebildeten Welt bis hinauf zu den Koryphäen der Literatur, namentlich der schönen. Ohne diese, ich wiederhole es, aus einer ächt humanen Gesinnung hervorgegangene, geistige Disposition hätte der „Werther" einerseits nie entstehn, andererseits nie so elektrisch wirken können wie er gethan.

War die von mir behauptete Liebe und Humanität, waren jene Freundschaftsbündnisse ächter Art, so mußten sie sich in vorkommenden Fällen werkthätig bewähren. Und das haben sie wahrlich mannichfach gethan. Aber nicht Befreundete allein haben sich freudig für einander gemüht und freudig Opfer für einander gebracht, manche und zwar auch der ausgezeichnetsten Mitglieder unserer Kreise haben dies eben so mit allem Eifer für außerhalb ihrer Kreise Stehende gethan. Und in Fällen in denen sie unmittelbar zu helfen außer Stande waren mußte dies oft mit Aufopferung einer Zeit geschehn, von welcher sie sonst nicht gern eine Stunde den bedeutendsten und oft für Mit- und Nachwelt erfolgreichsten wissenschaftlichen Bestrebungen entziehen mochten. —

Andere Generationen sind erstanden. Ich stehe unter ihnen, eine Ruine. Vor mir neues — mir nicht immer verständliches — Leben, hinter mir ein Leichenfeld. Aber noch ragt aus der neuen grünenden Welt in unversiegbarer Jugend ein Genosse der alten Zeit hoch empor. Möge, wer sich ein unparteiisches Urtheil über meine Behauptungen bilden will, seine Rastlosigkeit seinen Mitmenschen zu dienen und sie zu fördern betrachten. Oft muß er sie durch am Schreibtische durchwachte Nächte zahlen. —

Auch war die Dauer jener Freundschaftsbündnisse keine vergängliche. Sie waren meist alle Geleiter bis an das Grab. Man hat in neuerer Zeit aus veröffentlichten Briefwechseln mehrer geistigen Notabilitäten gern den Schluß gezogen, daß sie ziemlich vorübergehender Natur waren. Will man genau prüfen, so wird man in den meisten Fällen diese Ansicht nicht stichhaltig finden. Grade die strebendsten Geister und eigenthümlichsten Denker konnten im Laufe der Jahre in ihren Ansichten am merklichsten divergiren, und dann am wenigsten hoffen sich gegenseitig zu überzeugen. Sie schwiegen gegen einander als sie nicht mehr glauben durften einander fördern, oft sogar noch einander verstehn zu können. Aber hat man den Willen redlich zuzusehn, so wird man finden daß auch hier die Trennung in den meisten Fällen nur eine der Geister war, und daß die Herzen sich drum nicht weniger zugewendet blieben.

Man hat außerdem aus einer gewissen, jetzt, vielleicht nicht ohne Fug, beseitigten stark auftragenden Ausdrucksweise auf eine Ueberschwänglichkeit und daher Unwahrheit des Gefühls geschlossen. Es waren dies eben Formen die aus der Conversationssprache in den brieflichen Verkehr übergegangen waren. Jede Zeit hat ihre eigenthümlichen Redemünzen, und kennt den wahren Werth derselben. Die jener Zeit hatten ein reicheres, schmuckvolleres Gepräge, wurden aber doch nur nach ihrem Gehalt an edlem Metall geschätzt. Ob die heutigen, einfacher ausgeprägten, mehr von diesem enthalten dürfte in Frage stehn. —

Die Treue war es vor Allem was geachtet wurde, und diejenigen welche ohne die durchgreifendsten Gründe, auch nur in einzelnen Fällen, gegen sie fehlten unterlagen dem Tadel. Rahel z. B. welche im Allgemeinen ein überaus reges Gefühl für Freundschaft hatte, und bei welcher sich gleichfalls die Theilnahme für den Befreundeten auf jede geistige und Gemüthsbewegung desselben erstreckte, daher die meisten ihrer derartigen Beziehungen nur der Tod hat lösen können, war doch auch im Stande manche derselben aufzugeben, mitunter in Folge augenblicklicher Stimmungen, wie diese denn bei ihrer großen Lebhaftigkeit oft wechselnd waren. Ueber den Grund der Lösung solcher Verhältnisse befragt, war ihre Antwort und Entschuldigung gewöhnlich: „Es kann ja nicht Alles ewig dauern!" und bei ihr konnte eine Erwiederung solcher Art nur auf einen Mangel an besseren Gründen deuten. Wie viel Bewunderung man ihr auch, und mit vollem Recht, in der Gesellschaft zollte, ein wie leuchtendes Bild in dieser auch von ihr entworfen werden mochte, diese Antwort fehlte selten in demselben als ein Schattenstrich. —

Mögen andere Interessen heute maßgebend sein, mag das Leben an Breite, und, der Masse des Stoffes nach, an Inhalt gewonnen haben, mag der Einzelne sich mehr in der Gesammtheit verlieren und daher an individueller Geltung aufgeben müssen, mag daher eine Zeit wie die von welcher ich hier sprach, mit ihren Gebrechen und ihren Tugenden nie wieder heraufzubeschwören sein, mögen immerhin diese Tugenden der jetzigen Generation fast gänzlich mangeln; das nicht zu unterdrückende Gefühl dieses Mangels dadurch beschwichtigen, daß man ihn zu einem Verdienst erhebt, und in Folge davon auch die reinen und edlen Gefühle an denen jene Zeit reich war als heute glücklicherweise mit der Wurzel ausgereutete krankhafte Auswüchse mitleidig belächelt, wie ich dies jetzt oft erlebe, heißt denn doch, meiner Ansicht nach, nur das Urtheil des Fuchses über die ihm zu hoch hängenden Trauben wiederholen. Nenne man mich immerhin eine „Lobrednerin der vergangenen Zeit". Ganz fremd ist mir auch die gegenwärtige nicht, und wer weiß, ob diese mit

ihrem kalten Verstande, ihrem schlecht verhehlten oder gar sich
keck brüstenden Egoismus, ihrem vorherrschenden Streben
nach materiellen Gütern, jener Zeit der Hingebung an die
Mitmenschen und des erfolgreichen Strebens nach geistigen
Gütern von der Nachwelt vorgezogen werden wird! —

www.ingramcontent.com/pod-product-compliance
Lightning Source LLC
Chambersburg PA
CBHW032127010526
44111CB00033B/158